Groiß · Telesko (Hg.)
BENEDIKTINERSTIFT ALTENBURG

GEFÖRDERT DURCH DAS LAND NIEDERÖSTERREICH

Albert Groiß · Werner Telesko (Hg.)

BENEDIKTINERSTIFT ALTENBURG

MITTELALTERLICHES KLOSTER UND BAROCKER KOSMOS

CHRISTIAN BRANDSTÄTTER VERLAG

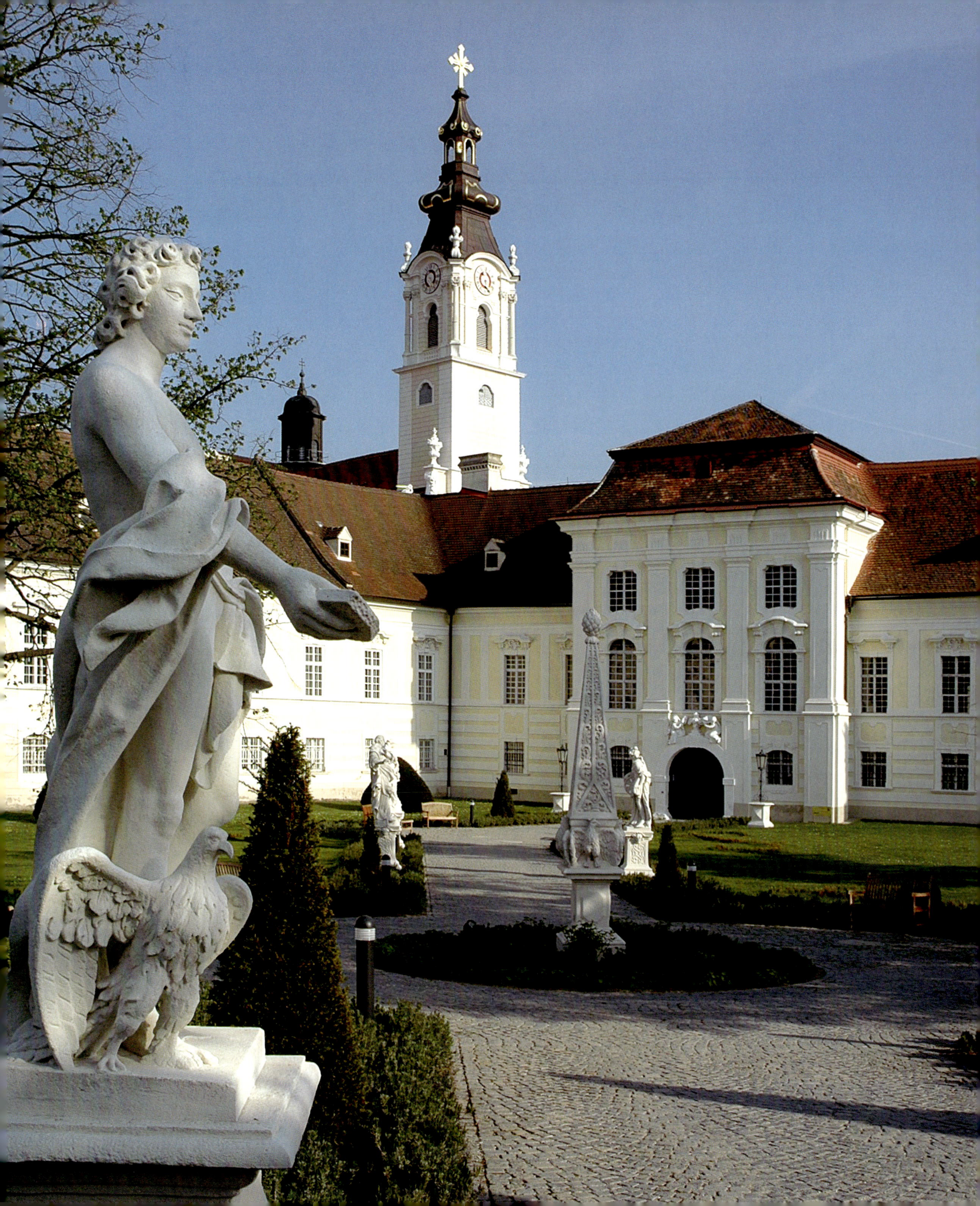

Inhalt

Grußwort des Abtes und Vorwort der Herausgeber 6

I. „MIT GOTTES HILF"

Albert Groiß: Streiflichter zur Geschichte der Benediktinerabtei Altenburg 8

II. DAS MITTELALTERLICHE KLOSTER

Doris Schön, Martin Krenn und *Johannes M. Tuzar:* Archäologische Untersuchungen.
Geschichte ans Licht gebracht 34
Werner Telesko: Handschriften und liturgische Geräte – Schätze aus dem Mittelalter 52
Karin Winter und *Kathrin Kininger:* Stiftsarchiv – Gedächtnis des Hauses 56

III. DER BAROCKE KOSMOS

Andreas Gamerith: Künstler – inspiriertes Zusammenspiel 60
Andreas Gamerith: Johannishof – allegorisches Präludium 70
Friedrich Polleroß: Marmorsaal – Festsaal des Lichtes 74
Andreas Gamerith: Prälatenhof – Wohn- und Repräsentationsraum für den Abt 80
Andreas Gamerith: Kaiserhof und Kaiserstiege – Religion und Wissenschaft 88
Andreas Gamerith: Kaiser- und Marmorzimmer – Räume für den Herrscher 93
Herbert Karner: Sale terrene – Welten zwischen Wasser und Erde 98
Andreas Gamerith: Veitskapelle – Sieg des Kreuzes 105
Herbert Karner: Vestibül der Bibliothek – vierfach geordnete Schöpfung 107
Werner Telesko: Bibliothek – Tempel der Weisheit 112
Andreas Gamerith: Krypta – eine außergewöhnliche Abtsgruft 122
Andreas Gamerith: Sakristei – die hohe Kunst der Allegorie 128
Werner Telesko: Stiftskirche – marianischer Kosmos 132
Andreas Gamerith: Äußerer Chorabschluss und Ostfassade – monumentaler Schlussakkord ... 144

IV. DAS KLOSTER HEUTE

Albert Groiß: Das Klosterleben im beginnenden 21. Jahrhundert.
Bemühungen für Seelsorge, Kultur und Natur 148

Bibliographie zur Geschichte des Stiftes Altenburg 169

GEGENÜBER:
Eingang in die Klosteranlage (Johannishof)

Grußwort

Wie die Lektüre des vorliegenden Bildbandes deutlich zeigen wird, sind die großartigen Kunstwerke und die Geschichte des Stiftes Altenburg von kompetenten Autoren völlig neu und vertieft dargestellt worden. Das Buch zum „Barockjuwel des Waldviertels" zeigt hier erstmals auch in Wort und Bild das „Kloster unter dem Kloster", nicht zuletzt auch die Neugestaltung verschiedener Gärten und Veränderungen im Zuge der laufenden und notwendigen Sanierungen.

Ich selbst bin erst im Sommer 2005 als Abt in diese Klostergemeinschaft gewählt worden. So ist verständlich, dass sich mir der Reichtum der über 850-jährigen Geschichte dieses Hauses erst langsam erschließt. Darum habe ich mit großem Interesse das Werden dieses Werkes verfolgt und erlebe es als große Bereicherung, dass dieser Band die Geschichte, Kunst und das Klosterleben im beginnenden 21. Jahrhundert entsprechend würdigt.

Ich danke den Herausgebern P. Albert Groiß und Werner Telesko für diese Initiative und den unermüdlichen Einsatz! Ein großes Vergelt's Gott aber auch den verschiedenen Autoren, die sich alle unserem Haus verbunden fühlen und mit großem Engagement und mit Fachkenntnis ihre jeweiligen Bereiche bearbeitet haben.

Nicht zuletzt gebührt auch dem Christian Brandstätter Verlag Dank für die Umsetzung des Bildbandes in bewährter Qualität!

Ich wünsche der vorliegenden Publikation viele interessierte Leser und verbinde damit die Hoffnung, dass noch viel mehr Menschen unser Kloster kennen lernen und auch für sich persönlich als einen spirituellen Ort entdecken!

ABT CHRISTIAN HAIDINGER
Ostern 2008

Vorwort

Rund 25 Jahre nach der Herausgabe des ersten Bildbandes über die Benediktinerabtei Altenburg – *Stift Altenburg und seine Kunstschätze* –, in dem P. Gregor Schweighofer OSB, Hanna und Gerhart Egger sowie Gerhard Seebach erstmals eine umfassende Geschichte des Stiftes bis zur Nachkriegszeit, erstmals eine Interpretation der mittelalterlichen Räume und erstmals eine ausführliche ikonographische Deutung der Fresken, Stuckaturen und Sandsteinplastiken vorgenommen haben, haben Sie nun einen in Wort und Bild völlig neuen Bildband über das „Barockjuwel im Waldviertel" und das „Kloster unter dem Kloster" in Ihren Händen.

Die Österreichische Kunsttopographie aus dem Jahr 1911, die von Hans Tietze über die Denkmale des politischen Bezirkes Horn erstellt wurde, war überhaupt das erste Werk, in dem die Architektur und die Ausstattung des Stiftes Altenburg umfassend gewürdigt wurde. Tietze meint, dass das Stift von Abt Placidus Much OSB „in einigen Punkten die stolzesten seiner Konkurrenten übertrifft", „es hat die reichste Folge üppiger Stuckdekorationen, die uns aus dem XVIII. Jahrhundert erhalten sind, und es besitzt in seiner Bibliothek den großartigsten, in der Krypta darunter den originellsten Raum in einem österreichischen Kloster." Der Autor konnte auf die Archivalien zurückgreifen, die Abt Honorius Burger OSB und P. Friedrich Endl OSB geordnet und teilweise ediert hatten. Die Beschreibung gibt ein Bild der Räumlichkeiten und deren reichen Ausstattung vor dem Zweiten Weltkrieg wieder – woraus ersichtlich ist, wie hoch die Verluste des barocken Inventars sind, das zwischen 1940 und 1947 verloren ging.

Die Restaurierungen nach dem Weltkrieg und die Vorbereitungen für die beiden Landesausstellungen 1963 und 1975 machten auch die Kunsthistoriker auf das außergewöhnliche spätbarocke Stift Altenburg aufmerksam, sodass immer mehr Studien zu Einzelfragen der Künstler und deren Werk in Altenburg in Angriff genommen wurden. Hanna Egger war schließlich die Erste, die in ihren Arbeiten zwischen 1981 und 1983 das Gesamtprogramm der barocken Klosteranlage zu deuten versuchte und als „Inventor" den barocken „Bauabt" Placidus Much OSB hervorhob. Auch Friedrich Polleroß befasste sich 1985 mit dem Gesamtprogramm der Bilderwelt des Stiftes und ordnete mit Hilfe des „Lichtes" die Zusammenhänge der Räumlichkeiten um die Stiftskirche bzw. die Prälatur.

Im Stiftsführer *Benediktinerabtei Altenburg. Spiritualität – Geschichte – Kunst* wurde 1994 das Programm der Räume mittels des Schlüssels der monastischen *lectio divina* für das heutige Mönchsleben zu deuten versucht.

Hatten sich P. Friedrich Endl OSB um 1900 als Erster sowie später P. Gregor Schweighofer OSB mit Gerhard Seebach in den 1970er Jahren mit den „Kellern" des Stiftes auseinandergesetzt, so konnte auf Initiative von Abt Bernhard Naber OSB ab 1983 das Geheimnis des mittelalterlichen Vorgängerbaus immer weiter gelüftet werden. Mit der archäologischen Ausgrabung des kompletten Kreuzganges aus dem 14. Jahrhundert und dessen Überdachung gingen die nähere Erforschung und die archäologischen Untersuchungen durch das Bundesdenkmalamt (Abteilung für Bodendenkmale) in den anschließenden Regularräumen, der Altane, der Veitskapelle und im Bereich der Stiftskirche einher. Mit der Überdachung der größten mittelalterlichen Grabungsfläche in Österreich durch das Architektenteam Jabornegg & Palffy 2007 ist nun die komplette spätmittelalterliche Klosteranlage als „Kloster unter dem Kloster" für die Besucher zugänglich – und erstmals zusammenfassend im vorliegenden Bildband dargestellt.

Das Benediktinerstift Altenburg – als mittelalterliches Kloster mit seinem darüber liegenden barocken Kosmos – stellt in der sakralen Landschaft des „Klösterreichs" einen einmaligen Ort dar. Die Öffnung zur Welt von heute, die Deutung des christlichen Lebens mittels der neuen Gartenanlagen und Sonderausstellungen in den Räumen der beiden Klosteranlagen, die pastorale Sorge für die Menschen im Einzugsgebiet des Klosters und das innige Gebet der Mönche sind Beiträge, wie Leben heute gemeistert werden und gelingen kann.

Wir wünschen Ihnen angenehme und erhellende Stunden beim Blättern und Lesen in diesem Band – und natürlich bei Ihrem Besuch im Benediktinerstift Altenburg!

P. ALBERT GROISS OSB
Stift Altenburg
WERNER TELESKO
Wien

I.
„MIT GOTTES HILF"

Streiflichter zur Geschichte der Benediktinerabtei Altenburg
Von Albert Groiß

GRÜNDUNG DES KLOSTERS

„[…] ein Kirchl […] mit Gottes Hilf gestifftet zu einem mönchischem nach der Regl S. Benedicti Leben" heißt es in der ältesten Übersetzung der Altenburger Stiftungsurkunde aus dem beginnenden 17. Jahrhundert. Der so genannte „lateinische Brief" des Bischofs Reginbert von Passau, ausgestellt in Krems am 25. bzw. 26. Juli 1144, ist das älteste Dokument im Altenburger Stiftsarchiv. Der Bischof stimmt der Gründung einer „Cella" zu, welche die verwitwete Gräfin von Poigen, die „nobilissima Domina" Hildburg und ihr Sohn Hermann, auf ihrem Gut Altenburg mit Hilfe von Benediktinermönchen errichtete. In diesem Dokument wird auch das Recht auf freie Abtwahl und das Tauf- und Begräbnisrecht festgehalten. Ziele der Klostergründung waren das Mönchsleben nach der Regel des hl. Benedikt und der Gebetsgottesdienst für die Stifterfamilie. Im Jahr 1734 stellte Paul Troger (1698–1762) die Stifterin am neuen Hochaltarbild der Stiftskirche unter den Aposteln am Grab Mariens und neben dem Klosterpatron, dem hl. Lambert von Maastricht, dar. 2002 hob man die sterblichen Überreste in einer Metallschatulle aus dem „Stiftergrab" in der Stiftskirche vor dem Nepomuk-Altar.

Die einzelnen Phasen der Klosterstiftung lassen sich folgendermaßen rekonstruieren:

Graf Gebhard von Poigen, der Ehemann Hildburgs, beginnt in Stein bei Altenburg (14. Jahrhundert: Tursenstein; heute: „Ödes Schloss") eine neue Burg zu bauen, die auch sein Sohn Hermann zu seinem Sitz erwählte. Damit war die alte Burg namens Poigen (Puigin) frei geworden. Wie weit die alte Burg im Klosterneubau nach dem Tod Gebhards Verwendung fand, kann man nicht genau sagen – vielleicht stieß man bei den archäologischen Grabungen auf der Altane im Sommer 2005 erstmals auf Mauerzüge der Burg Poigen. Jedenfalls ist aus der Stiftungsurkunde ersichtlich, dass die Stifterin und ihr Sohn das Kloster auf eigene Kosten für die Mönche erbauten („cenobio a se constructo"), da die Dotierung mit Gütern im Unterschied zu anderen Klostergründungen mehr als bescheiden ausfiel und ein Klosterbau dadurch nicht möglich gewesen wäre. Erst dann konnten Mönche nach der Regel des hl. Benedikt einziehen, um ungestört den Gottesdienst feiern zu können. Nur das Lamberti-Patrozinium untermauert die Klostertradition, dass die ersten Mönche aus St. Lambrecht in der Steiermark sich auf das Abenteuer Klostergründung im Waldviertel einließen. Die Übergabe der Stiftung an Passau und die Ausfertigung der Stiftungsurkunde am

OBEN: *Der hl. Benedikt übergibt dem ersten Abt von Altenburg seine Regel*
GEGENÜBER: *Mauerzüge der Burg Poigen im Jahr 2005*

25./26. Juli 1144 in Krems als letzter Akt bilden den Abschluss der Klostergründung von Altenburg.

So organisierten die Grafen von Poigen-Rebgau mit ihren Familienzweigen Rebgau, Hohenburg und Stein, die bis Anfang des 13. Jahrhunderts das Horner Becken („Poigreich") in Besitz genommen hatten, auch das kirchliche Leben. Die Babenberger begannen seit der Mitte des 11. Jahrhunderts das Waldviertel, das in den Urkunden des 9. bis 13. Jahrhunderts „Nortwald" genannt wird, zu erschließen. Nach dem Aussterben des Grafen von Poigen-Rebgau wird die Einflussnahme des Babenbergerherzogs Leopold V. spürbar. Vielleicht kam 1188 schon die Vogtei über das Stift Altenburg an den Herzog.

KLOSTERBAU UND ZERSTÖRUNGEN

Mit Friedrich II. erlosch 1246 das Geschlecht der Babenberger in männlicher Linie. Unter Berufung auf das *Privilegium minus* erhoben Friedrichs Schwester Margarete und seine Nichte Gertrud Anspruch auf seine Nachfolge. Gertrud heiratete 1248 den Markgrafen Hermann von Baden, dem Papst Innozenz die Schenkung des Herzogtums Österreich durch seine Frau bestätigte. Doch weder Adel noch Kirche brachten dem Herzog Sympathien entgegen. Bei seinem Feldzug gegen Eggenburg und die Herren von Kuenring fügte Hermann auch dem Kloster Altenburg großen Schaden zu, da die Herren von Maissau Untervögte des Klosters waren und wahrscheinlich während des Interregnums die Vogtei überhaupt an sich gerissen hatten. Der Schaden in Altenburg scheint sehr groß gewesen zu sein, daher schenkte Gertrud vier Monate nach dem Tod ihres Mannes am 6. Februar 1251 dem Kloster die unter ihrem Patronatsrecht stehende Pfarre Röhrenbach als Ersatz für die vielen Schädigungen („ad recompensanda dampna et dispendia multituda") durch Hermann von Baden. Die Klosterkirche und die Veitskapelle mussten umfassend renoviert und die Altäre rekonziliiert werden. Die Bischöfe bewilligten den Helfern beim Wiederaufbau der Veitskapelle sowie der Kirche, deren Altäre zu Ehren der Heiligsten Dreifaltigkeit, der glorreichen Jungfrau Maria und dem Märtyrerbischof Lambert geweiht wurden, einen Ablass von 40 Tagen, den Abt Ulrich (urkundlich erwähnt zwischen 1260 und 1282) am 15. Juli 1265 zu Altenburg verkündete. Um 1260 begannen groß angelegte Bauarbeiten, in deren Verlauf die Stiftskirche, alle Klostergebäude und die Trakte, die den Gästen und Schülern dienten, erneuert wurden. Verschiedene Schenkungen und Stiftungen zugunsten des Klosters konnte Abt Ulrich übernehmen, Altenburg wurde zur Begräbnisstätte verschiedener Adeliger wie Markquard von Streitwiesen oder Ulrich von Kotzendorf. 1276 bezeichnete sich Stephan von Maissau zum ersten Mal als der vom König von Böhmen, Ottokar Přemysl, bestellte Vogt des Klosters. Er stellte sich allerdings auf die Seite Rudolfs von Habsburg und wurde nach seinem Einsatz 1278 in der siegreichen Schlacht von Dürnkrut zum obersten Marschall von Österreich ernannt. Unter Abt Chunradus I. (oder Konrad; urkundlich zwischen 1282 und 1289 erwähnt) erhielt das Kloster von Ritter Konrad Dremel von Hymberg die Schenkung seines Hofes in Röhrenbach bei der Kirche – die heute noch dort befindliche Pfarrwirtschaft. Der 25. Mai 1288 gilt mit der Weihe eines „öffentlichen Altares" als die Geburtsstunde der Pfarre Altenburg; es scheint ein wesentlicher Teil des gotischen Kirchenneubaues fertig gestellt gewesen zu sein.

Der Einfall der Kumanen im Jahr 1304, einem reiter-nomadischen Turkvolk, von dem heute noch der „Kumanenstein" als einzigartiges Denkmal früher Schlachtmemoria zeugt, konnte die positive Entwicklung nicht stören.

Die größten mittelalterlichen Bauunternehmungen wurden unter Abt Seifried I. (reg. 1297–1320) veranlasst. Seifried stammte aus dem Geschlecht der Herren von Plank und war eine der großen Abtpersönlichkeiten des Mittelalters. Seine imposante Grablege wurde bei den archäologischen Untersuchungen in der Stiftskirche im Jahr 2002 entdeckt. Aus dieser Bauphase zeugen nach den Ausgrabungen vom Ende des 20. Jahrhunderts bzw. Anfang des 21. Jahrhunderts vor allem der gotische

Kreuzgang, das Abtshaus und die Veitskapelle. Als Leiter der „äußeren Klosterschule" für die Söhne der Adeligen und Herrschaftsbesitzer baute er einen Freundeskreis auf, der sich mit den Geschicken des Klosters befasste. Diesem adeligen Kreis gehörten die Burggrafen von Gars am Kamp, die Streune von Schwarzenau, die Sunnberger von Raschala und Asparn, Otto von Mainburg, Siegfried von Plank, Heinrich von Kaja, Heinrich von Stockern und Ulrich von Maissau an.

Die Spitalsstiftung der Sunnberger, die das Wasserschloss Sonnberg am Göllersbach bei Hollabrunn besaßen, sollte sich für die weitere Geschichte des Klosters als nicht unproblematisch erweisen.

Hadmar von Raschala erwählte um 1300 als Erster der Söhne Hadmars von Sunnberg Altenburg zu seiner Begräbnisstätte. Auch sein Bruder Hadmar von Asparn vermachte testamentarisch Abt Seifried und seiner Gemeinschaft eine Reihe von Zahlungen. Nach dem Tod seiner zweiten Frau 1303 stiftete er zusätzlich einen Jahrestag und lud die ganze „Gmein" des Klosters nach Asparn ein. Dabei wird erstmals ein Personalstand des Klosters angegeben: Abt, Prior, zehn Priester, vier Diakone und zwei „Letzner" (Lektoren). Die Namen der Konventualen zeigen, dass nur Postulanten „edler" Herkunft aufgenommen wurden. 1308 werden nochmals alle Stiftungen Hadmars zusammengefasst, insbesondere aber die Verpflichtungen des Klosters gegenüber der Spitalsstiftung; der Bau eines eigenen Spitals in der Nähe der Veitskapelle dürfte 1307 abgeschlossen worden sein. Dadurch hatte der Konvent die Bürde übernommen, dass die Zahl der Bedürftigen im Spital jeweils mit der Zahl der Priester im Kloster übereinstimmen müsse. Genau geregelt wurde die Zahl und Qualität der Speisen für die Kranken, Kleidung und Bettzeug. Die „Dürftigen" im Spital sollten wie die Konventbrüder versorgt sein. Außerdem musste Abt Seifried die Pfarre Asparn mit einem „guten" Priester besetzen, der wiederum zwei Hilfspriester anstellen musste. Zusätzlich forderte Hadmar einen feierlichen Jahrtag am Montag nach St. Koloman und ein ewiges Licht auf dem Altar der von ihm gestifteten Kapelle, wo täglich drei Messen zu lesen sind. Bei Nichterfüllung der Stiftungspflichten würde alles an die Zisterzienserinnen von St. Bernhard fallen, wenn diese ablehnten, würde das ganze Stiftungsgut an die Kirche Asparn zurückgehen. Trotz Verbesserung der Stiftung nach dem Tod Hadmars um 1321 durch seinen Sohn Kraft und dessen Gemahlin Katharina mussten die Mönche ärmlich leben, um das Spital zu erhalten. Dennoch konnten sie

LINKS: *Grablege des Abtes Seifried*
RECHTS: *Mittelalterlicher Kreuzgang*

nicht verhindern, dass den Siechen im Spital kaum die nötige Pflege geboten wurde. Bittgesuche des Abtes im Jahr 1349 um die Inkorporation der Pfarren Röhrenbach und Strögen wurden vom Kardinallegaten Guido lediglich zur Hälfte erfüllt, nur Strögen wurde wirklich inkorporiert. Herzog Albrecht III. (1365–1396) stiftete wegen der unerträglichen Schuldenlast des Klosters das „Gottesheilssalz", ein Privilegium zum kostenlosen Erwerb von Salz, das der Versorgung und Sanierung der Wirtschaftsbetriebe diente. Ebenso durfte das Stift von 1374 an im Altenburger Hof in Wien (Krugerstraße 4) Eigenbauwein ohne Bezahlung der Bürgersteuer ausschenken. Auch Herzog Albrecht IV. erwies sich als Wohltäter des Stiftes und übergab 1396 die Feste Tursenstein am Kamp, die ehemalige „Neue Burg" der Poigen-Stein mit allem Zubehör, mit der Auflage, dass sie abgebrochen und nicht wieder aufgebaut werden dürfe.

Die Sunnberger Spitalsstiftung überlebte wegen der großen Belastungen kaum ein Jahrhundert. Gemeinsam mit der Garser Stiftung blieb nur noch ein „Gespende" (Spende) an die Armen. Diese beiden „Gespende" waren 1544 bereits auf den 4. Dezember zusammengelegt. Es kamen an diesem Tag rund 1000 Arme ins Kloster, von denen jeder einen halben Liter Wein, einen Laib Brot und ein Stück Fleisch erhielt. (Erst 1785 wurde dieser Brauch von Josef II. eingestellt.).

ZWEITE STIFTUNG

Im Gegensatz zur schwierigen Stiftung der Sunnberger stehen die Schenkungen der Burggrafen von Gars. Deren Stiftungen Anfang des 14. Jahrhunderts waren so zahlreich und gut dotiert, dass sie heute noch als „zweite Stifter" verehrt und wie die Gründerfamilie der Poigen mit einem Requiem jeweils am 9. Oktober bedacht werden. Die Schenkungsbriefe von Rapot und Heidenreich, Burggrafen von Gars ab dem 8. Dezember 1314, wurden durch die Stiftung von Gertraud, der Witwe des Grafen Heidenreich, überboten und am 6. Dezember 1327 verbrieft. Als Sieglerin dieser wohl größten Stiftung in der Geschichte des Klosters tritt Gertraud selbst auf, dann folgt ihr Schwiegersohn Stephan II. von Maissau und Rapot der Burggraf, Gertrauds Schwager. Zur Zeit der „Zweiten Stiftung" war Albertus Monacensis Abt (reg. 1327–1333). Er ist möglicherweise mit Alber, dem Sunnberger von Raschala, ident. Die gestifteten Lehen und Hofstätten verteilten sich auf die Orte Manigfall, Straning, Hertweigs, Kaltenbach, Niederschleintz, Kalladorf, Grafenberg, Frauenhofen, Neubau, Burgerwiesen, Oberlaa und Mühlfeld. Sieben Urkunden der von Gertraud und ihrer Tochter Agnes getätigten Käufe für Altenburg sind im Stiftsarchiv erhalten, acht fehlen. 1327 wurde eine zusammenfassende Urkunde ausgestellt, wobei darin die Wünsche geäußert wurden, die Gertraud für die Feier der täglichen Seelenmesse für ihren Mann Heidenreich und die Begehung des Jahrestages äußert und dem Kloster „ewigleich" zur Pflicht machte: Dabei wurden neben den Messverpflichtungen auch die Kerzen am Grab ihres Gatten, die Verpflegung der Pferde der Männer, die zum Jahrtag ins Stift kommen, und die Eier und „Phruent" Wein für den Zelebranten der Totenmesse festgelegt. Weiters sollte man am Montag vor dem Kolomanitag für acht Pfund Pfennige Wein, Brot und Fleisch kaufen und an arme Leute verteilen. Falls die Verpflichtungen nicht eingehalten werden, würde die ganze Stiftung an das Kloster Zwettl fallen, das dann die tägliche Messe und den Jahrtag in der festgelegten Form übernehmen müsste.

DAS JAHRHUNDERT DER KATASTROPHEN

Nicht nur für das Spätmittelalter, sondern auch für die gesamte Klostergeschichte Altenburgs gilt das 15. Jahrhundert als das Jahrhundert der Katastrophen, bedingt durch einen Großbrand im Jahr 1380 und die Verluste des Zehents der Pfarre Horn an die Maissauer und der Spitalsstiftung der Sunnberger an Reimprecht von Wallsee 1413. Abt Seifried III. (reg. 1380–1396) übernahm 1380 die Leitung des Klosters, dessen Wiederaufbau wegen der Schuldenlasten gefährdet war. Daher gewährte auf

Bitten des Abtes Bischof Johann von Passau 1384 die Inkorporation der Pfarre Röhrenbach. Dem Brand scheint auch das Spital zum Opfer gefallen zu sein, sodass es auf Zeit gesperrt werden musste. Dennoch war um 1400 die Klosterschule und das Skriptorium intakt, früheste Namenseintragungen der Schreiber und Verfasser von Altenburger Manuskripten gibt es ab dieser Zeit. Es scheint reges wissenschaftliches Interesse geherrscht zu haben: Als Verfasser und Schreiber treten immer wieder ein Frater Paulus und der Prior Stephan Neythart de Staynekke auf. Mit ihnen arbeiteten die Fratres Berichtoldus, Martinus, Johannes de Czwettla und Frater Chunradus de Tulna. Von Letzterem stammt eine *Regula Sancti Benedicti*, ein beigebundenes Martyrologium und ein Nekrologium von 1411 zur Verwendung bei der Prim. Von Stephan von Staynekke ist eine Abschrift des *Malogranatus* des Zisterzienerabtes Gallus erhalten.

Den größten Schicksalsschlag für das Kloster bedeuteten allerdings die Hussiteneinfälle in Niederösterreich. Jäh riss die Erweiterung des Bibliotheksbestandes ab: Durch die Hussitenstürme 1423, 1427 und 1430 wurde das Kloster verwüstet und brannte ab. Die „Hussitenchronik", die Handschrift *Dampna Monasterii Altenburgensis*, schildert in einer Aufzählung die Gräuel der Verwüstungen und zeigt auf, welche Ausstattung das Kloster damals ihr eigen nennen durfte (z.B. Orgel, Turmuhr, liturgische Gefäße, Kirchenfenster, Statuen und Heiligenbilder etc.).

Mit dem Wiederaufbau begann man schon 1430; als die Hussiten jedoch erneut einfielen, steckten sie das Dormitorium in Brand, verwüsteten die Werkstätten und verwendeten das Oratorium, das schon wieder in brauchbarem Zustand war, als Stall. Abt Chunradus II. Achtsnit (Konrad; reg. 1417–1449) hatte wegen der herrschenden Not das Kloster verlassen und sich in Göttweig aufgehalten, die Obsorge für das Haus überlies er drei oder vier Mönchen. Die Urkunden sind offensichtlich vor den größten Zerstörungen in Sicherheit gebracht worden, da mehr als 300 Urkunden aus der Zeit vor 1427 erhalten geblieben sind.

Herzog Albrecht V. stellte 1433 das Stift Altenburg mit all seinen Untertanen und Gütern unter seinen besonderen Schutz und verpflichtete Ulrich von Eytzing, Hauptmann zu Eggenburg, und den Burgpfleger Koloman Grasser von Gars dem Kloster stets beizustehen. Am 1. Juli 1437 wurden die Klosterkirche und die Kapelle des Klosters durch Weihbischof Matthias wieder geweiht, an den folgenden Tagen die ebenfalls von den Hussiten zerstörten Kirchen in Strögen, Röhrenbach und Fuglau. Die Bauten wurden mit sparsamsten Mitteln renoviert und einfacher ausgeführt als die älteren Bauteile.

Wieweit die „Melker Reform" in Altenburg aufgenommen wurde, kann wegen der schwierigen Lage des Konventes nicht genau nachgewiesen werden, doch wahrscheinlich war sie indirekt eine Kraftquelle und Ansporn, das Klosterleben nach dem Vorbild von Subiaco und Melk zu erneuern und weiterzuführen. Verbindungen von Altenburger Mönchen zu Benediktinern in Subiaco und natürlich auch zu Melk können nachgewiesen werden. Im Stiftsarchiv befindet sich bis heute das *Caeremoniae regularis observantiae* aus dem Jahr 1407 aus Subiaco und ein Brevier der Melker Reform von 1480.

Die Inkorporation von Röhrenbach und Strögen für die Festigung der wirtschaftlichen Situation wurde durch den Passauer Bischof abermals bestätigt. Der Bischof überließ es der Diskretion des Abtes, die dortigen Säkularpriester zur Aufgabe ihrer Pfarre zu bewegen und mit Mönchen aus dem eigenen Kloster zu besetzen, um die Einkünfte aus den Pfarren für das Kloster verwenden zu können. Im Jahr 1448 betrug die Zahl der Mönche wieder zwölf, 1453 wurde ein neues Grundbuch angelegt, das „Michaeli-Grundbuch", das bis heute die wichtigste Quelle für den Nachweis des mittelalterlichen Grundbesitzes bildet.

Schon ein Jahr nach der Erhebung von Abt Stephan Vetz (urkundlich zwischen 1466 und 1484 erwähnt) traf den dreizehnköpfigen Konvent die nächste Katastrophe: Der Sohn des böhmischen Königs Georg von Podiebrad, des „Hussitenkönigs", namens Viktorin von Böhmen, drang in Niederösterreich ein und zerstörte Altenburg abermals.

Raubritter und andere Adelige schlugen sich auf seine Seite und erpressten von Klöstern und glaubenstreu gebliebenen Adeligen große Geldsummen. Die „Zwettler Annalen" berichten darüber hinaus von einer abermaligen Feuersbrunst 1493 in der Stiftskirche von Altenburg. Am 14. August 1494 wurde sie jedoch vom Passauer Weihbischof Nikolaus wieder rekonziliiert und vier Altäre geweiht. Zur finanziellen Verbesserung des Stiftes wurde zudem den Wohltätern ein Ablass erteilt.

REFORMATION UND GEGENREFORMATION

Abt Andreas „der Altenburger" (reg. 1511–1518) war der Erste, der die Pontifikalien (Mitra und Stab) tragen durfte; auf ihn geht auch das älteste Stiftswappen (drei Berge und drei Rosen) zurück, das auf dem marmornen Grabstein an der Kirchenapsis erhalten blieb. Bei seinem Tod bestand der Konvent aus 14 Mitbrüdern, einer Zahl, wie sie im Hoch- und Spätmittelalter für Altenburg üblich war. Seine Nachfolger im äbtlichen Stande wurden durch die Kriegsbeiträge gegen die vordringenden Türken und die Befestigung Wiens hart zur Kasse gebeten. Abt Gallus (reg. 1519–1552) musste außerdem noch gerüstete Fußsoldaten und Pferde stellen, Pretiosen und Messkelche abliefern und dem Landesfürsten Darlehen geben, die nie zurückbezahlt wurden. Um das Vordringen der Türken zu verhindern, wurde die Steuerfreiheit der Kirchen aufgehoben. Altenburg zahlte zwischen 1510 und 1519 durchschnittlich 190 Pfund Pfennige im Jahr. 1525 wurden vom Stift 400 Gulden Darlehen gegeben. Im Jahr 1529 wurde den Prälaten befohlen, den vierten Teil ihrer Güter mit Gold auszulösen – Altenburg bot 36.000 Gulden und musste dafür Besitzungen in 20 Ortschaften verkaufen. Die Erhöhung der Türkensteuer stieg sukzessive: Ab 1542 wurde ein Prozent des jährlichen Brutto-Einkommens des Prälaten als „taxierte Gült" gefordert, dem Altenburger Abt daher 250 Pfund Pfennige vorgeschrieben, 1561 waren dies schon 675 Pfund Pfennige. Dazu vergleiche man, dass die inkorporierte Pfarre Strögen ein jährliches Einkommen von sechs Gulden verzeichnete, der Pfarrer sich kaum davon erhalten konnte und drei Gulden Steuer zahlen musste, in Röhrenbach lag das Einkommen bei vier Gulden! Am 30. Oktober 1555 wurde dem Abt verboten, Güter oder Lehen des Klosters ohne kaiserliche Genehmigung zu verkaufen, zu verschenken oder zu vergeben. Im April 1579 richtete Abt Georg Striegel (reg. 1576–1583) an Erzherzog Ernst einen Brief, um seine missliche Lage zu schildern. Das Gotteshaus und die Klos-

Grabplatte des Abtes Andreas

termühle lägen danieder, das Waisengeld und die Besoldung der Angestellten könnten seit sechs Jahren nicht mehr ausbezahlt werden, eine Schuldenlast von 4000 fl. sei bei seiner Amtsübernahme bereits vorgelegen. Außerdem stünden die Rückzahlungen der früheren Darlehen an die Kaiser Ferdinand und Maximilian noch an. Der Klosterrat antwortete dem Abt entsetzt, dass „dergleichen von keinem Prälaten bisher begehrt worden" sei. Solche alte Schuld dürfe man nie einfordern und man legt ihm dar, dass er seine Administration „gar zu hoch, prächtig und übermässig" angelegt habe.

Noch schlimmer als die finanziellen Verpflichtungen an den Hof wurde allerdings die Verbreitung der Lehre Martin Luthers in Wien und Innerösterreich. Die neue Lehre fasste gerade im Waldviertel bei den unmittelbaren Nachbarn des Klosters rasch Fuß: Die Herren der Puchheim in Horn und Wildberg, die Grabner in Rosenburg, Teufel in Gars und Buchberg, Kuefstein in Greillenstein und die Schneckenreut in Breiteneich schlossen sich bald der Reformation an und mit ihnen ihre Untertanen. Die katholischen Pfarrer wurden auf den Patronatspfarren durch protestantische Prediger ersetzt. Das Stift Altenburg befand sich im ständigen Kleinkrieg mit den protestantischen Adeligen, aber auch mit aufständischen Bauern, sodass es Mitte des 16. Jahrhunderts zu einem wirtschaftlichen und kulturellen Niedergang kam. Die Regierung in Wien versuchte, die Übelstände in den Klöstern durch Visitationen im Rahmen zu halten, was in Altenburg anfänglich gelang: In den Visitationsprotokollen von 1543/1544 wird das ehrbare Leben und die gute Disziplin der Altenburger Konventualen hervorgehoben. Auch Postulationen, wie jene des P. Leopold Rueber 1543 nach Göttweig oder jene des Priors Placidus Schaffer nach Melk 1546, sind positive Zeugnisse für Altenburg.

Bei der Übernahme des Klosters durch Abt Leopold Lasberger (reg. 1552–1575) wird das Kloster als „ein Stainhauffen" bezeichnet. Bei einer neuerlichen Visitation 1562 wurde festgestellt, dass der Konvent zahlenmäßig sehr schwach sei, der Gottesdienst nicht fleißig gehalten würde, im Kloster Unfriede herrsche, die Klosterkirche baufällig sei und in die inkorporierten Pfarren das Luthertum eingedrungen sei. In den 23 Jahren, denen Abt Leopold dem Kloster vorstand, sind sechs Todesfälle von Konventualen bekannt, zwischen 1564 und 1575 gar keine – so klein war die klösterliche Gemeinschaft! Nur 1555 war P. Clemens Mayr „entlaufen", 1579 wurde P. Blasius Kirchmayer zum „Apostaten". Auch der von einem sehr kleinen Konvent aus dem Schottenstift in Wien als Abt postulierte Prior Georg Striegel hatte es nicht leichter, da von Kaiser Maximilian II. (1564–1576) die freie Religionsausübung für den Adel gestattet wurde und so die protestantischen Adeligen immer selbstherrlicher gegenüber dem Kloster auftraten.

Eine Wende zum Besseren zeichnete sich erst unter Abt Kaspar Hofmann (reg. 1583–1587) ab. Der Melker Professe wurde bereits 1578 als Abt nach Kleinmariazell postuliert und von dort 1583 als Abt nach Altenburg. Er ersuchte Erzherzog Ernst um die Zustimmung zur Aufnahme eines Darlehens von 1000 Gulden, das er binnen zwei Jahren zurückzuzahlen versprach, außerdem verkaufte er die Mühle zu Manigfall samt Zubehör und Gründen um 1600 Gulden. Neben der Restaurierung der Klostergebäude ließ Kaspar Hofmann das „Abtstöckl" mit einem festen Turm für die Bücher und Pretiosen errichten. Leider wurde er 1587 in sein Mutterkloster Melk zurückgerufen, um dort mittels seiner Führungsqualitäten innere Konsolidierung und wirtschaftlichen Wiederaufbau zu ermöglichen.

Die Forderungen des Kaiserhauses nach Geld, bewaffneten Untertanen und gerüsteten Pferden zum Kampf gegen den osmanischen Feind erreichten 1594 ihren Höhepunkt. Zudem setzten die protestantischen Herren Puechheim von Horn und die Kuefsteiner dem Kloster ständig zu. Ab März 1597 kam der große Bauernaufstand dazu, bei dem 1000 Aufständische mit ihrem Hauptmann Martin Angerer das Dorf Altenburg und die umliegenden Orte plünderten. Die Befestigungsanlagen des Stiftes, mit deren Bau Abt Kaspar Hofmann begonnen hatte, verhinderten die Einnahme des Klosters durch die Aufständischen – doch unersetzliche Werte gingen damals verloren, nicht nur im Kloster, sondern auch in den Pfarren Strögen und Röhrenbach. Im Stift gab es nach der Berufung von Kaspar Hofmann nach Melk 1588 nur noch zwei Konventualen, die einer Ernennung eines neuen Abtes durch den Kaiser (Klosterrat) zustimmen mussten. Nach dem gegen ihren Willen eingesetzten Propst von Ardagger als Abt von Altenburg, Andreas Pirch (reg. 1588–1598), der nicht einmal Benediktiner war, wurde der Melker Prior Martin Schachenhuber im Jahr 1597 wieder vom Klosterrat als Oberer für Altenburg ernannt. Das heißt, dass das Kloster ohne Konvent war und nur aufrecht erhalten blieb, weil es den landesfürstlichen oder kirchlichen Behörden gelang, geeignete Personen zum Vorstand (Abt) zu bestellen bzw. wählen (postulieren) zu lassen, die für den Bestand und die Erhaltung bzw. die Wiedergewinnung der Rechte und des Besitzes des Stiftes sorgten. Martin Schachenhuber brachte in seinen nur drei Jahren die „Zweite Melker Reform" nach Altenburg und versuchte grundlegend das klösterliche Leben zu erneuern.

Mit Abt Thomas Zienner (reg. 1600–1618) wurde wieder ein Melker Profess „wegen Mangel eines Konventes und weil kein Elektor" vorhanden war, durch den passauischen Vizeoffizial in Wien zum Vorsteher in Altenburg bestimmt; als einer der bedeutendsten Altenburger Äbte bemühte er sich, einen Konvent zu sammeln, der wegen Zerstörungen, Überfällen, fehlender Neueintritte und des verbreiteten Geists des Luthertums nicht mehr vorhanden war, und das zum Teil verwüstete Stift wieder in guten Zustand zu setzen. Die Einsetzung einer Gebetsverbrüderung mit Melk 1617 und die Errichtung einer Rosenkranzbruderschaft in Altenburg zeugen vom Bemühen um ein geistliches Leben im Sinne der tridentinischen Reformen. Der aus einer illegalen Verbindung eines „Presbyters" mit einer *Soluta* geborene Spross trat vermutlich unter Kaspar Hofmann in Altenburg ein, ging aber wahrscheinlich nach seinen Studien in Wien mit Abt Kaspar nach Melk. Für ihn und seine beiden Brüder, die auch Geistliche wurden, war es ein mühevoller Weg, aus Rom jene Absolutionsurkunde zu erhalten, die sie Kindern aus einer legitimen Ehe gleichsetzte und ihnen bürgerliche Ehren und Rechte garantierte. In Frater Georg Helrigl fand der Abt bei der Erneuerung des klösterlichen Lebens einen wertvollen Helfer. Dieser verfasste 1602 eine Abschrift der *Ceremoniae observantiae regularis* nach der Melker Reform sowie fünf weitere Handschriften und wurde 1608 Prior und Pfarrer in Strögen. Abt Thomas wurde vielfach ausgezeichnet: 1602 erhob Kaiser Rudolf II. ihn und seine Brüder in den Ritterstand für das Reich und die Erblande. Er gab ihnen die Lehenbesitzfähigkeit und besserte ihr Wappen auf. 1603 wurde Abt Thomas „Commisarius bellicus", zum Kriegskommissar des Waldviertels. 1611 ernannte ihn Kardinal Franz von Dietrichstein zum „Protonotarius Apostolicus Lateransensis Aulae Sacrique Palatii Comes". Es gelang dem Abt, die monastische Disziplin wieder herzustellen, die Zahl der Mönche zu vermehren, die Mauern des Klosters neu zu befestigen, am Kamp die „Thomasmühle" (heute Rauschermühle, Ziennermühle) von seinen „Verordneten Ambts-Besoldungen und Verehrungen" zu erwerben und durch einen Friedensschluss mit dem protestantischen Hans Jakob Khuefsteiner von Greillenstein der Pfarre Röhrenbach zu helfen.

1618 wählten acht Mitbrüder P. Georg Hellriegl aus ihren Reihen zum Abt, doch wurde er von den landesfürstlichen Kommissaren wegen seines hohen Alters gedrängt, die Wahl nicht anzunehmen. So nannte der passauische Offizial weitere Namen, die zur Postulation geeignet seien: Schließlich wurde der Wullersdorfer Pfarrer und Melker Benediktiner Jonas Anser, ein Mann der nachtridentinischen Generation, zum Abt gewählt. 1619 eroberten mit dem beginnenden Dreißigjährigen Krieg die „protestantischen Stände" unter der Führung des Reichhart (Hartnid) von Puechheim das Kloster und besetzten von 1619 bis 1620 das Stift. Getreide, Wein, Vieh, Waffen und Rüstungen wurden von den meist räuberischen Adeligen geraubt. Als erster Geschichtsschreiber Altenburgs zählt Honorius Burger deren Namen auf und alles, was gestohlen wurde: eine silberne Monstranz, sieben silberne Kelche, einen ganzen Ornat, eine Inful aus Gold, einen Stab mit Silber beschlagen und vieles mehr. Der Abt flüchtete nach Wien, die Konventualen suchten in Nachbarklöstern Zuflucht, nur der Prior Georg Placidus Federer blieb zurück. Erst 1620 wurden die adeligen Rebellen ihres Vermögens für verlustig erklärt, Reichhard von Puechheim in Krumau eingekerkert und später hingerichtet. Am 21. Februar 1621 feierte Abt Jonas Anser (Gans; reg. 1618–1622) nach fast hundertjähriger Unterbrechung erstmals wieder in Horn eine katholische Messe, die Pfarre wurde allerdings den Jesuiten übergeben.

Ihm folgte sein Prior als Abt, Georg Placidus Federer (reg. 1622–1635). Obwohl er das Kloster mit 17.000 fl. Schulden übernahm, die wegen der Darlehen an die Kaiser Ferdinand I., Maximilian II. und Matthias entstanden waren, zeichnete er sich durch seine ausgeprägte soziale Gesinnung aus. Er war um das Wohl seiner Untertanen besorgt, die durch die Brände, Kriegswirrnisse und Ablieferungen von Lebensmittel an das Kriegsvolk schweren Schaden erlitten hatte. Der Abt ließ ihnen meist die Hälfte der normalen Abgabe von Weizen, Korn und Hafer nach. Eintritte von Novizen hielten sich in Grenzen: Noch für das Jahr 1624 wird mitgeteilt, dass neben dem Prälaten nur noch der jüngst erst eingetretene P. Martin Hofmann im Stift anwesend sei; größer als ein halbes Dutzend war der Konvent auch später nicht.

Als gebürtiger Altenburger folgte Prior Zacharias Frey (reg. 1635–1648) als Abt. In den letzten Jahren des Dreißigjährigen Krieges kamen die Schweden 1645 auch nach Altenburg und plünderten und brandschatzten unter ihrem General Linnard Torstenson im Kloster und quartieren sich in Horn ein. Während der Abt in Melk und Wien Zuflucht suchte, gelang es dem Prior Mathias Hofmann unmittelbar vor dem Schwedeneinfall Wertgegenstände und Urkunden im Dominikanerkloster in Krems zu verstecken – doch auch dort wurden sie vernichtet! Abt Zacharias erlitt bei seiner Rückkehr ins Kloster am 11. März 1648 einen Schlaganfall, der Konvent bestand damals aus neun Patres und einem Novizen.

BAROCKES ALTENBURG

Angesichts des im Dreißigjährigen Krieg zerstörten „Alten Klosters" waren die Wahlkommissäre der Ansicht, dass nur einem „im geistlichen und weltlichen Leben, Wandel und Doktrin, wie auch in Wirtschaftssachen erfahrenem" Benediktiner das Amt des Abtes von Altenburg zugemutet werden könne. Diesen fand man in Benedikt Leiss (reg. 1648–1658), wieder einem Professen aus Melk. Geprägt durch die Reformideen Abt Kaspar Hofmanns, promovierte der noch nicht fünfundzwanzigjährige Doktor aus Wien als Kleriker am Germanicum in Rom und wurde in der Lateranbasilika

Portrait des Abtes Benedikt Leiss

Epitaph des Abtes Maurus Boxler

in Rom zum Priester geweiht. Die Spätwirkungen der Melker Reform ließ in Altenburg die vorreformatorische Tradition wieder aufleben – die Zahl der Kapitulare stieg in den kommenden zehn Regierungsjahren des neuen Abtes von neun auf 15 Mitbrüder. Abt Benedikt engagierte sich mit dem Freiherrn Joachim von Windhag vor allem als Kommissar der Gegenreformation im Waldviertel, während sein Prior Leopold Scriba aus Melk die Leitung des Konventes innehatte. Die durch zweifachen Blitzschlag 1650 und 1652 abgebrannte Kirche musste erneuert werden, doch sollte das gesamte Stiftsgebäude als Hochburg gegen den Protestantismus ein Wahrzeichen der Gegenreformation im Waldviertel werden. So wurde die grundlegende Entscheidung gefällt, das „Alte Kloster" nicht mehr zu renovieren und gänzlich aufzugeben. Die Abtragung und Zuschüttung des gotischen Kreuzgangs, die Wiedererrichtung der Kirche und den Neubau eines großen Konventgebäudes als Südtrakt konnte Abt Benedikt mit Hilfe des Waidhofener Maurermeisters Bartholomäus Lucas noch beginnen, ehe er 1658 in Wien verstarb.

In Maurus Boxler (reg. 1658–1681) erhielt der Altenburger Konvent einen würdigen Nachfolger für die Zukunft des Klosters. Der aus der Schweiz stammende Abt hatte 1645 in Wien Philosophie inskribiert und war 1652 als Novize in Altenburg eingetreten. Die Zahl des Konvents stieg 1664 auf 21 und 1674 auf 31 Mitbrüder. Mit der Gründung einer philosophisch-theologischen Hauslehranstalt im Stift begann Abt Maurus ein zukunftsweisendes Projekt, doch auch die Weiterführung der großen Bautätigkeit war ihm oberste Priorität. Er sah es als seine Hauptaufgabe, „das Angefangene fortzuführen und mit Gottes Hilfe zu vollenden". Abt Maurus und sein erster Baumeister Bartholomäus Lucas hielten sich an den *Abriss*, den erarbeiteten Gesamtplan des Stiftes, der Horner Maurermeister Hans Hochhaltinger, Lucas' Nachfolger, musste allerdings auch die Befestigungsanlagen des Stiftes wegen der Türkengefahr verstärken, bevor er an den Bau der Prälatur schreiten konnte.

Maurus Boxler ließ im Zusammenhang mit der Errichtung der Hauslehranstalt 1678 vom Buchbinder Ludwig Conrad aus Wien 2178 Bücher des Klosters einheitlich in dauerhaftes Schweinsleder binden – darunter auch die erhaltenen mittelalterlichen Handschriften – und in einem neu gebauten Saal unweit der Hauptstiege aufstellen. Aus der Hauslehranstalt sind zahlreiche Skripten der Kleriker erhalten; die Kleriker wurden auch immer wieder nach Wien oder Salzburg zum Studium entsendet.

Bereits Benedikt Leiss gelang es, die wirtschaftliche Situation des Klosters zu verbessern; Maurus Boxler konnte 1665 mit dem Kauf von Gut St. Marein, zu dem das Schloss mit Gärten und Meierhof gehörten, den Besitz erheblich vermehren. Beim Tod des Abtes waren trotz der großen Bautätigkeit und der ständigen kriegerischen Auseinandersetzungen nicht nur alle Passiva getilgt, sondern standen sogar Bargeld und Aktivkapital zur Verfügung.

Eine äußerst kluge Wirtschaftsführung zeichnete auch Abt Raimund Regondi (reg. 1681–1715) aus, der ebenfalls (trotz hoher Türkensteuern und „Darlehen" an den Kaiser: am 14. Juli 1683 stand Großwesir Kara Mustafa als Oberbefehlshaber der Türken vor Wien) bedeutende Ankäufe tätigen konnte: So kamen die Freihöfe Mühlfeld und

Reith, drei Freihöfe in Nussdorf, die Herrschaft Drösiedl bei Aigen und der Freihof in Laa in Klosterbesitz. Andere Objekte, wie die Drösiedler Hofmühle oder Weingärten in Stiefern, wurde abgestoßen. Aigen war mit dem Kauf von Drösiedl zwar zunächst nur Patronatspfarre, doch übernahm je ein Priester aus dem Konvent von 1718 bis 1953 auch die Stelle des Pfarrers. Raimund Regondi stammte aus einer Mailänder Familie und hatte vor seinem Eintritt in Wien Philosophie studiert. Vielleicht kam von daher seine Freundschaft mit dem berühmten Augustiner und Hofprediger Abraham von Santa Clara, der seine Wahl zum Abt sehr begrüßte. An der Ausstattung der Stiftskirche und Prälatur wurde weitergearbeitet, die Wallfahrtskirche St. Marein und der Ausbau des dortigen Schlosses wurden vorangetrieben.

Eine punkto Gemeindeseelsorge zukunftsweisende Entscheidung war, 1689 die Pfarre Horn von den Jesuiten zu übernehmen. Im Tausch trat das Stift dafür die Pfarre St. Margarethen an der Sierning an die Jesuiten ab und gab nach Forderung auch das Patronatsrecht über die Pfarre Stiefern an das Hochstift Passau ab. Am 18. Februar 1694 übernahm mit P. Aemilian Sigeth der erste Altenburger Benediktiner die Pfarre Horn.

Im Jahr 1701 übergab Kaiser Leopold I. dem Stift Altenburg unter dem Titel eines „Gegengeschenkes" für die Erlegung von 10.000 Gulden zum Zweck der Fortifikation der Festung Arad die Abtei Tihany am Plattensee in Ungarn als Filialabtei. Die aus Altenburg entsendeten Patres wurden allerdings von den ungarischen Mitbrüdern boykottiert, da sie kein Ungarisch verstanden. Dazu kam ein großer finanzieller Aufwand, Tihany nach dem Ungarnaufstand und den Türkenzügen zu sanieren. Daher entschloss sich Raimund Regondi 1710, seinen Prior P. Amand Rayser, einen in wirtschaftlichen und in spirituellen Belangen erfahrenen Mann, zum Filialabt von Tihany zu ernennen. Dennoch hatte auf Dauer Altenburg mehr Schaden als Nutzen, sodass Tihany unter Abt Placidus Much dem Erzabt von Pannonhalma unter Ersatz der bisherigen Auslagen übergeben wurde. Raimund Regondi starb im Altenburger-Hof in Wien;

die 21.000 Gulden an Schulden erklären sich durch ein großes Darlehen an Kaiser Karl VI.

Die überragendste Persönlichkeit unter den Barockäbten Altenburgs ist zweifelsohne Abt Placidus Much (reg. 1715–1756). An „seinem" Barockstift erfreuen sich die Augen der Besucher und Gäste, in „seinen" Räumen beten, leben und arbeiten die Benediktiner bis heute. Er war ein Barockabt voll Geist, Energie, Schöpfer- und Tatkraft und inspiriert von fast ungeheuerlichen Plänen, die er auch zu realisieren vermochte. Demut und Pracht, aus der Liturgie getränkte Spiritualität und Lebensfreude zeichnen sein Lebenswerk aus. Er war mit seinen Mitbrüdern und Mitstreitern der nie-

Portrait des Abtes Placidus Much

derösterreichischen Stifte eng verbunden und verwandt: Much ist mit Berthold Dietmayr in Melk, Gottfried Bessel in Göttweig oder Melchior Zaunagg in Zwettl in einem Atemzug zu nennen.

Placidus Much war wie die meisten Äbte in der ersten Hälfte des 18. Jahrhunderts in den niederösterreichischen Stiften Kind einfacher Eltern. 1685 wurde er als Sohn des Weinbauern Johann Michael Much und dessen Frau Barbara in Straning bei Eggenburg geboren und hatte acht Geschwister. Im Alter von 25 Jahren schloss er sein Philosophiestudium in Wien ab und trat 1707 ins Kloster Altenburg ein. Anschließend studierte er in Wien Theologie und erwarb auch an dieser Fakultät den Magistertitel. Seine Aufgabe nach der Priesterweihe bestand aus Lehrtätigkeit für den eigenen Klosternachwuchs an der von Maurus Boxler gegründeten hauseigenen philosophisch-theologischen Hauslehranstalt. Kaum dreißigjährig wurde er am 19. Mai 1715 zum Abt des Stiftes Altenburg gewählt und am 15. August desselben Jahres in der Pfarrkirche zu Krems benediziert.

Mit den groß angelegten Umbauten im Stift wurde fast 15 Jahre zugewartet, zuerst ließ Abt Placidus 1721 gemeinsam mit Graf Leopold von Kuefstein die Pfarrkirche von Eich Maria in Röhrenbach restaurieren. Dann folgte über dem Heiligtum in Maria Dreieichen anstelle der nach 1656 errichteten Holzkapelle der erste Kirchenbau aus Stein auf dem Molderberg. Die Förderung der Wallfahrt gelang gemeinsam mit dem Grundherren Graf Philipp Josef Hoyos, mit dem bis 1732 alle früheren Streitigkeiten beigelegt werden konnten. 1733 war die Kapelle, deren Innenausstattung die Gattin von Graf Hoyos übernommen hatte, fertig gestellt.

Nun erst ging es an das Großprojekt im Stift, das zu einem Wahrzeichen im Waldviertel werden sollte: Als wichtigste Mitarbeiter und Fachleute gewann Abt Placidus den aus Melk bekannten Bau- und Maurermeister Josef Munggenast aus St. Pölten, einen Neffen und Schüler Jakob Prandtauers, und über diesen den bereits in Melk und Zwettl tätigen Maler Paul Troger aus Welsberg in Südtirol. Da ein Kontrakt mit Munggenast fehlt, gibt eine Bestätigung Munggenasts aus dem Jahr 1731 über den Erhalt von 100 Gulden erste Nachricht von seiner Tätigkeit in Altenburg. Sein Jahreslohn scheint jeweils 190 Gulden ausgemacht zu haben. Für die baulichen Vorhaben in Altenburg und den späteren Neubau von Maria Dreieichen ernannte Abt Placidus seinen Mitbruder P. Kilian Gundinger aus Frauenhofen zum Baudirektor. Über das Ausmaß und die hervorragende spätbarocke Ausstattung der klösterlichen Prunkräume wird in den weiteren Kapiteln dieses Buches ausführlich gesprochen. So wird die Schaufront des Stiftes gegen Osten gedreht und durch Zuschütten des mittelalterlichen Außenbezirks die Altane als Aussichtsterrasse zum Kamp geschaffen. Im „zarten Stil" des Spätbarock öffnen sich Höfe wie ausgestreckte Arme zum Dorf Altenburg und ragen turmhohe Trakte mit grotesken Malereien und Büchern der Weisheit in die von dichtem Wald umgebene Landschaft. Die Deutung von Fresken und Stuck-Emblemen durch Kunsthistoriker und Theologen, die Beobachtung der Farben, Materialien und Handwerkstechniken bei Restaurierungen geben heute wieder einen tiefen Einblick in das Denken, die Frömmigkeit und das Leben des Altenburger Konvents.

Während Nachbarklöster wie Göttweig oder Klosterneuburg nur teilweise fertig gebaut werden konnten, gelang es Abt Placidus Much, in „seinem" Kloster nichts unvollendet zu lassen und das Kloster ohne Schulden seinen Nachkommen zu übergeben. Die barocke Manuskriptgeschichte von 1780 nennt als Finanzierungsquellen an erster Stelle die „kluge, wohlgeordnete und weise Ökonomie des Abtes", dann die damals „sehr ruhigen und beglückten Zeiten" unter Kaiser Karl VI. Weiters bestand der Konvent laut der Turmurkunde von 1733 aus 35 Brüdern, darunter 13 Adeligen, von denen P. Vincentius aus Bologna, P. Amandus Schickh und Frater Bertholdus Stirzer von Pergfeld Erbschaften von etwa 200.000 Gulden dem Kloster einbrachten. Zu weiteren Einnahmen führten die Ämter, die Abt Placidus im niederösterreichischen Landhaus bekleidete: 1723 war er über den Vorschlag des Prälatenstandes Raitherr (Rechnungsprüfer) der drei oberen Stände geworden; 1732 übernahm er das Verordnetenamt, womit er eines der wichtigsten Ämter der Stände Niederösterreichs innehatte. Die Aufgaben des Verordnetenkollegs waren die Durchführung der Landtagsbeschlüsse, die Führung der Landesgeschäfte zwischen den Landtagen, somit auch die Ausschreibung der Landtage und die Überwachung der ständischen Verwaltung. 1741 wurde Abt Placidus außerdem zum Mitglied des Ausschusses des Prälatenstandes gewählt. Für sein Amt im Land erhielt der Abt 6000 Gulden, für sein zweites Amt im Prälatenstand 3000 Gulden Jahresgehalt, womit der Abt Wesentliches für den Bau in Altenburg beitragen konnte. Zuletzt wurde auch – wie bereits erwähnt – die Filialabtei Tihany in Ungarn an Pannonhalma verkauft.

Eine Besitzvermehrung gelang 1754 mit der Übernahme der Feste Eggenburg samt Landgericht in das Eigentum des Stiftes, da die Stadt ein Darlehen von 30.000 Gulden nicht zurückzahlen konnte. Für die Entwicklung der klösterlichen Landwirtschaft erwarb Placidus Much 1755 die Herrschaften Limberg, Wisent und Sachsendorf von Maria Katharina Gräfin von Götzen.

Über die Persönlichkeit Abt Placidus Muchs erfahren wir noch über seine Totenrotel und die Trauerrede nach seinem Tod am Maria Himmelfahrtstag 1756. Die Totenrotel betont das Lebensvorbild des Abtes und seine Aufrechterhaltung der klösterlichen Ordnung. Er habe sich durch persönliche Bescheidenheit ausgezeichnet, sich mit den „gemeinsten Speisen" begnügt und sich in seiner Kleidung kaum von den Mitbrüdern unterschieden, wie auch das noch erhaltene Abtporträt zeigt. Natürlich wird erwähnt, dass er die alte Kirche erneuerte und großartig ausschmückte, die Klostergebäude renovierte und vergrößerte, wobei vor allem auf die neue Heizung durch Kachelöfen in den Mönchszellen hingewiesen wird. Stolz wird erzählt, dass er drei große Güter für das Stift erwarb und politisch tätig war. Der Klosterneuburger Chorherr Gregorio Grueber hob in der am 13. September 1756 gehaltenen Trauerrede die Tugenden der Gerechtigkeit, der mit Vernunft gestärkten Weisheit, der Mäßigkeit und der Stärke im Leben des Verstorbenen hervor. Weiters betonte er, dass „die Sparsamkeit an ihm so viel mehr zu loben war, als er alle gesammelten Schätze wiederum unter die armen Handwerker und Taglöhner in Erbauung seines so schönen und weitläufigen Stiftes ausgespendet" habe.

Einstimmig wurde von den 27 Professen des Stiftes der Nachfolger Abt Placidus Muchs gewählt: Abt Justus Stuer (reg. 1756–1762). Er soll sich durch besondere Freundlichkeit, Herzlichkeit, Gastlichkeit und Liebe zu den Armen ausgezeichnet haben; in seinen fünf Jahren als Abt sind 17 Kandidaten ins Kloster eingetreten. Vor seiner Abtwahl unterrichtete er als Professor der Theologie an der Hauslehranstalt, war später Prior und 15 Jahre Pfarrer in Röhrenbach. Mit dem Tod Kaiser Karls VI. waren die *ruhigen und beglückenden Zeiten* zu Ende gegangen und mit dem Beginn des „Siebenjährigen Krieges" stiegen die Forderungen Kaiserin Maria Theresias zur Deckung der Kriegskosten. Justus Stuer bemühte sich trotz aller finanziellen Belastungen das zu vollenden, was sein großer Vorgänger nicht ganz hatte abschließen können. Für die 1743 fertig gestellte Bibliothek, die noch nicht mit Büchern eingerichtet gewesen sein soll, kaufte Abt Justus viele „merkwürdige" Bücher an – sowie zahlreiche Instrumente und Musikalien für den Figuralchor. Ebenso wurde 1756 von einem Klosterratsbeamten festgehalten, dass das Archiv nicht eingerichtet ist und die Prälatur und die 21 Gästezimmer (im Kaiserhof) nicht möbliert seien.

Auch Abt Willibald Palt (reg. 1762–1768) wollte fertig stellen, was rund um die neuen Stiftsgebäude noch nicht vollendet war. Der 1717 in Frauenhofen geborene Benediktiner war ebenfalls Professor an der philosophisch-theologischen Hauslehranstalt, Subprior, Prior und fünf Jahre Pfarrer in Röhrenbach, bevor er die Nachfolge von Abt Justus antreten konnte. Er erstand vom neben dem Stift ansässigen Stuckateur Johann Georg Hoppel die Johannishof-Wiese, die er planieren und mit einer Mauer umgeben ließ, damit die Stiftseinfahrt ein gepflegtes Aussehen bekäme. Im ebenfalls mit einer Mauer umgebenen großen Stiftspark wurde ein Salettl und eine Orangerie er-

LINKS:
Diamanten-Pectorale
RECHTS:
Barockes Salettl

richtet; außerdem scheinen die Gartenanlagen erstmals angelegt worden zu sein (Konventgarten, „Großer Stiftspark" und Apothekergarten). Der weltoffene Barockabt ließ sich von Martin Johann Schmidt (Kremser Schmidt) mit einem Brustkreuz aus platingefassten Diamanten porträtieren, einem Geschenk von Kaiserin Maria Theresia, das immer noch im Stiftsbesitz ist und eine der wertvollsten Pretiosen der Sammlungen darstellt. Zur Jagd wurden auch Konventualen eingeladen; im Refektorium wurden die hölzernen Bänke durch Ledersessel, die Holzteller und Holzlöffel durch Silberlöffel und Zinnteller ersetzt. Die wirtschaftlich wichtigste Entscheidung war der Erwerb der Herrschaft Wildberg, wenn auch vom Kaufpreis von 101.500 Gulden nur 41.500 Gulden aufgebracht werden konnten und die Schulden auf seinen Nachfolger weitergingen. Die zum Schloss Wildberg gehörigen Wälder, die Reviere von Wildberg und Irnfritz bilden bis heute das Rückgrat der forstlichen Einkünfte für das Stift. 1771 mussten die Besitzungen in Oberlaa bei Wien verkauft werden.

JOSEPHINISCHES UND AUFGEKLÄRTES KLOSTERLEBEN

Dass das Stift Altenburg im josephinischen Österreich einer Aufhebung entging, doch stark von den Zeitströmungen des aufgeklärten Staatskirchentums beeinflusst wurde, ist den 52 Regierungsjahren von Abt Berthold Reisinger (reg. 1768–1820) zu verdanken. Er überlebte Maria Theresia, Josef II. und dessen Nachfolger Leopold II. – die aufgeklärten Herrscher warteten normalerweise den Tod eines regierenden Abtes ab, um dann einen ihnen wohlgesinnten „kaiserlichen" Prior auf drei Jahre für das disziplinäre Leben und einen Kommendatarabt (auch aus einem anderen Orden) für das wirtschaftliche Leben eines Klosters einzusetzen. Stift Altenburg blieb von diesem kaiserlichen Vorhaben verschont.

Abt Berthold Reisinger wird als Kunstliebhaber beschrieben, dem es aber an wirtschaftlicher und menschlicher Kenntnis mangelte. Abt Ber-

Barockorgel mit Abtswappen

thold ließ erstmals die barocke Stiftskirche renovieren, neue Altaraufbauten bei den Seitenaltären mit Reliquien zweier „ganzer Leiber" aufstellen, Tabernakel am Hochaltar und Chorgestühl verändern und 1772 bei Anton Pfliegler ein kunstvolles Orgelwerk anfertigen, über dem sein Abtswappen schwebt. Auch ein kostbarer Kelch wurde in Wien angefertigt und Ornate aus schwerem Gold- und Silberstoff angeschafft.

Doch schon in den sechziger, vor allem aber in den siebziger Jahren des 18. Jahrhunderts griffen die maria-theresianischen, aufgeklärten Reformen auf das kirchenpolitische Gebiet über, mit jenem Geist, der als Josephinismus bekannt wurde. So wurde auch in Altenburg von 1776 bis 1794 die Aufnahme von Kandidaten verboten. Neue Pfarren und Lokalien wurden dem Stift zugeteilt, das dort überall Pfarrhäuser und Schulen errichten musste. So erweiterten zusätzliche Pfarren bis in die Mitte des 20. Jahrhunderts das Altenburger Pfarrsprengel: Dietmannsdorf (1784–1963), Ludweis (1784–1963) und Oberretzbach (1784–1852) besetzte man mit je einem Priester aus dem Konvent; der Wallfahrtsort Maria Dreieichen wurde nach der Liquidierung der Pfarre Rietenburg bei Horn zu einer eigenen Pfarre erhoben und entging so der josephinischen Aufhebung.

1783 wurde nach rund 120 Jahren die für den Konvent so wichtige hauseigene philosophisch-theologische Hochschule geschlossen; die Kleriker mussten wie alle Ordenskandidaten und Seminaristen das Generalseminar in Wien unter der Aufsicht des Staates aufsuchen. Da auch das „Gespende" an den Stiftertagen 1785 aufgehoben wurde, richtete man den Brauch des so genannten „Kreuzessens" ein: Nach dem Tod eines Konventualen wurde an seinem Sitzplatz im Refektorium ein Kreuz aufgestellt; 30 Tag hindurch wurde seine Essensration an Arme gegeben. 1785 errichtete Abt Berthold eine Trivialschule für die Kinder der Untertanen im Stift, in der der Lehrer gänzlich vom Kloster erhalten wurde und den Kindern aus dem Dorf Altenburg keinerlei Kosten für den Unterricht erwuchsen. Für die im Jahr 1810 vorgeschriebene Ablieferung des Silbers wurde ein großer Teil des Altargeräts und Tafelsilbers abgegeben.

Beim Tod des am längsten regierenden Abtes in der Geschichte Altenburgs zeigte sich, dass die Zahl der Konventmitglieder von 40 im Jahre 1780 wegen der „Aufnahmesperre" von Klosterkandidaten auf 25 im Jahr 1821 gesunken war. Die Stiftsgebäude, die Gebäude auf den Herrschaften, Pfarren und die Schulen waren in schlechtem Erhaltungszustand und die Auswahl der Administratoren und Herrschaftsbeamten auf den Gütern war sehr nachteilig für das Stift, sodass es zu großen Liegenschafts- und Besitzverkäufen kommen musste. Der Schuldenstand betrug fast 113.000 Gulden.

Unter Abt Alois Messerer (reg. 1821–1842) verschlechterte sich die wirtschaftliche Situation des Stiftes weiter; ständig mussten neue Darlehen aufgenommen werden. 1827 wurde schließlich von der niederösterreichischen Landesregierung die Führung einer ordentlichen Stiftsrechnung vorgeschrieben, die zur Überprüfung vorgelegt werden musste. P. Honorius Burger wurde 1828 als Kanzleidirektor, Stiftskämmerer und Kellermeister eingesetzt und wurde seit 1836 zusammen mit P. Rai-

Lithographie von Abt Honorius Burger

Sphingen im Johannishof

mund Albrecht Koadministrator. Alois Messerer fiel gleich zu Beginn seiner Amtszeit die Aufgabe zu, den am 20. Juli 1820 durch Blitzschlag abgebrannten Turm der Stiftskirche wieder herzustellen. Er begann damit erst elf Jahre später, hielt sich dabei aber nicht mehr an den Plan von Josef Munggenast, sondern nahm sich die Turmkuppel „bei den Barmherzigen" Brüdern in Wien zum Vorbild.

Honorius Burger war der logische Nachfolger als Abt (reg. 1842–1878), obwohl er bei der Wahl nur 13 von 23 Stimmen erhielt. Über die Maßnahmen, die er als Abt setzte, sind wir aus seiner eigenen Hausgeschichte mit dem Titel *Geschichtliche Darstellung der Gründung und Schicksale des Benediktinerstiftes S. Lambert zu Altenburg in Nieder-Oesterreich* aus dem Jahr 1862 unterrichtet. Honorius Burger gilt als der erste neuzeitliche Historiker Altenburgs, die Kenntnis der Besitzgeschichte des Klosters dokumentierte er durch die Edition der Altenburger Urkunden der Jahre von 1144 bis 1552 in den *Fontes Rerum Austriacarum* (Band 21) im Jahr 1865 – so waren für die Neuorganisation des landwirtschaftlichen Betriebes nach der Auflösung der Grundherrschaften 1848 die wichtigsten Unterlagen zur Hand. Die Neuorganisation der Landwirtschaft bewirkte, dass der Kaiserhof zum „Wirtschaftshof" degradiert wurde: Die Sphingen vor der Kaiserstiege versetzte man in den Johannishof, ein Kuhstall wurde 1859 als Nordtrakt des Hofes neu gebaut, die ebenerdigen Räume im Kaiserhof wurden Pferde-, Ochsen-, Schweine- und Schafställe, die Sale terrene und die Marmorzimmer des Kaisertraktes, die „ohnehin leer standen", verwendete man als „Schüttboden" (bis 1954). So kam es, dass Erzherzog Rainer, der um 1885 bei seinem Besuch auch die Kaiserzimmer sehen wollte, mit Recht sagen konnte: „Stift Altenburg hat den schönsten Schüttboden der ganzen Monarchie." Überall im Stift, vor allem im Prälaten- und Kirchhof, wurden statt der Sale terrene und offenen Arkaden Arbeiterwohnungen und Werkstätten, Lager- und Vorratsräume eingerichtet. Damit waren die Weichen für die Entwicklung der Stiftsökonomie für die kommenden 100 Jahre gestellt. Als die Bezirkshauptmannschaften und die Bürgermeistereien errichtet wurden, übernahm der Abt sogar das Amt eines Bürgermeisters für Altenburg.

Obwohl der in Horn geborene Burger nur die herkömmliche theologische Ausbildung in Wien absolvieren konnte, sind seine historischen Aufsätze nebst seinen künstlerischen Arbeiten (Graphiken von Stifts- und Ortsansichten) von großem Wert. Voll und ganz schloss er sich den 1848 in Kremsmünster verfassten *Vorschlägen zur Kloster-Reform* an, aufgrund derer es 1859 zur Gründung der Benediktinerkongregation "Von der unbefleckten Empfängnis Mariä" kam. Eine Reihe von josephinischen Maßnahmen wurden rückgängig gemacht, einheitliche Bekleidung, die Einhaltung strengerer Klausurvorschriften und die Verrichtung von Teilen des Chorgebetes wieder eingeführt. Der Versuch, die Stiftskirche zu renovieren, blieb in den Anfängen stecken, doch zahlreiche Teppiche, Ornate und Pretiosen für die würdige Feier des Gottesdienstes wurden angeschafft. 1853 verschloss man die "uralte" Stiftsgruft unter der barocken Veitskapelle durch ein Ziegelgewölbe, und am Ortsfriedhof legte man einen eigenen "Herrenfriedhof" an, in dem die Äbte und Konventualen bestattet werden sollten. Am 21. Juli 1878 verstarb Abt Honorius und wurde am neuen Friedhof in der mittleren Äbtegruft begraben.

KLOSTER ALS PFARRHOF

Die Patres waren durchwegs von der Pfarrseelsorge auf den Stiftspfarren bestimmt, auch die Nachfolger von Honorius Burger: Sie kamen von den verschiedenen Seelsorgsposten auf den Stiftspfarren durch Abtwahl in die klösterliche Kommunität. Abt Placidus Leidl (reg. 1879–1889) hatte nach der Aufhebung des josephinischen Generalseminars wie alle seine Mitbrüder vier Jahre Theologie an der wieder errichteten Hauslehranstalt im Stift Melk studiert, deren Professoren jedoch nur aus dem Schulbetrieb des Stiftsgymnasiums kamen und keine nennenswerten theologischen Arbeiten hinterließen. Als Abt trat Placidus Leidl kaum in Erscheinung, er ließ sich sogar bei den Säkularfeiern 1880 in Rom und Montecassino vertreten. Sein Nachfolger Ambros Delree (reg. 1889–1903) übernahm nach der Einsetzung als Kaplan und Pfarrer wenigstens für vier Jahre die Funktion eines Kämmerers, bevor ihn der Konvent zum Abt wählte. Die Landwirtschaften in Drösidl, Limberg, St. Marein und Strögen wurden verpachtet. In Altenburg errichtete man auf Stiftsgrund im Jahr 1892 ein neues Volksschulgebäude und gab die Schule im Stiftsbereich auf. Ebenso überließ das Stift der Gemeinde Mold ein Schulgebäude. Auch Abt Augustin Mayrbäurl (reg. 1903–1918) war seit seiner Priesterweihe 1869 in der Pfarrseelsorge tätig und bereits 60 Jahre, als er Abt wurde. Der "große Schweiger" wollte eine fällige Sanierung der Stiftsgebäude nicht angehen.

Mit Ausbruch des Ersten Weltkriegs wurde in den Marmorzimmern des Kaisertraktes sofort ein Rekonvaleszentenheim für verwundete Soldaten eingerichtet, doch stellte der Konvent nicht nur Räume, sondern auch die Mittel für die Verpflegung und ärztliche Betreuung zur Verfügung. Neben der Bezahlung der üblichen "Kriegsanleihen" ab 1914 mussten auch Glocken aus Stift und Pfarren, Metall, Wolle, Pferde, Schlachtvieh und Getreide abgeliefert werden. Die Kleriker bekamen ihre theologische Ausbildung bei den Jesuiten in Innsbruck. 1918 lebten zehn Patres im Stift, zwölf Patres als Seelsorger auf den Pfarren, zwei als Administratoren der Wirtschaftshöfe und einer als Feldkurat außerhalb der Gemeinschaft. Zum neuen Abt wurde der siebenunddreißigjährige Feldkurat Odilo Kautzky (reg. 1918–1923) gewählt. Von ihm erwartete der Konvent, dass er die Probleme, die während des Krieges entstanden waren, gut meistern würde. Mit der Aufnahme seines ersten Novizen, Frater Odilo Flagel, wurde 1918 das gesamte Chorgebet wieder eingeführt.

Angeblich noch auf Wunsch des verstorbenen Abtes übernahm P. Thomas Strommer 1918 das Kammeramt. Er versuchte 1922 mit einem Dampfsägewerk und 1924 mit einem Graphitwerk neue Stiftsbetriebe aufzubauen. Mit Darlehen wurden der Bau einer Stromleitung vom Elektrizitätswerk in Rosenburg nach Altenburg und die Installationsarbeiten im Stift und in den Werkstätten finanziert; auch eine Telefonleitung wurde von Horn bis ins Stift gelegt. Für die Sorge um den Klosternachwuchs wurde ein Juvenat errichtet; die Schüler, die am Gymnasium in Horn ihren Unterricht erhielten, hatten nur einen kleinen Beitrag für ihren Unterhalt im Stift zu bezahlen. Die Umwidmung des Rekonvaleszentenheims zu einem Landesjugendheim erforderten Kredite, die zu Argwohn im Konvent führten. Abt Odilo resignierte 1923 „freiwillig" und zog sich auf Schloss Wildberg, später nach Maria Plain in Salzburg und dann ins südmährische Garschöntal zurück, wo er 1941 starb.

Nach diversen Seelsorgsposten war Abt Ambros Minarz (reg. 1923–1940) seit 1919 Subprior und Novizenmeister in Stift. Auch er war von P. Thomas Strommer als Prior, Kämmerer und Administrator abhängig. Nach Beendigung der Inflation durch das neue Währungsgesetz 1925 warfen die Wirtschaftshöfe, die in Eigenregie geführt wurden, wieder Erträge ab. Dies bewog Thomas Strommer, 1929 den Wirtschaftshof des Schlosses Breiteneich um 350.000 Schilling zu kaufen, obwohl nur 50.000 Schilling bar bezahlt werden konnten. Nicht voraussehen konnte er, dass die Konjunktur der Landwirtschaft schon 1930 rasant zu fallen begann und sich das Kloster verschuldete.

Im Konvent gab es oftmals Neubesetzungen in den Seelsorgsämtern, viele Novizen – darunter auch Diözesanpriester – traten ein, doch nur wenige davon beendeten ihr Noviziatsjahr. Auch wurde es üblich, dass Benediktiner aus anderen Klöstern in Altenburg aushalfen, wie der Kunsthistoriker und Maler P. Roman Jacobs aus Siegburg oder der Bibliothekar P. Leander Helmling aus dem Kloster Emaus in Prag. Neben der Neuordnung und Katalogisierung der Stifts- und Archivbibliothek war Letzterer auch Kursleiter im 1925 eröffneten Exerzitienheim. Jesuiten nutzten dieses für die Abhaltung von dreißigtägigen Exerzitien. Kein Geringerer als Hugo Rahner stellte hier vor einem Kreis junger Priester 1937 seine „Theologie der Verkündigung" vor. Renoviert wurden der Stuck in der Prälatur, die Räume in der Klausur und die Verblechung der Laterne über der Kirchenkuppel. 1923 wurde in Salzburg das neu errichtete Benediktinerkolleg eingeweiht, in dem nun die Kleriker von Altenburg während ihres Theologiestudiums leben sollten und die Weichen auf eine eher monastische Ausbildung gestellt wurden.

Der erste Radioapparat hielt 1927 Einzug im Refektorium des Klosters; auch wurden erstmals ein Badezimmer und eine Hauswasserleitung eingerichtet. 1929 besuchten Abt Laurentius Zeller von Trier und Abt Simon Landersdorfer von Scheyern als apostolische Visitatoren ohne große Auswirkungen das Stift; am 8. Dezember 1930 wurde die Österreichische Benediktinerkongregation mit der Kongregation vom hl. Josef vereinigt. Eine wichtige Persönlichkeit im Konvent war P. Friedrich Endl, der über Jahrzehnte als Gastmeister, Waldmeister, Archivar und Heimatforscher wirkte. Im Jahr seines fünfzigjährigen Piesterjubiläums „entdeckte" er 1931 hinter vermauerten Türen und Fenstern unter dem Kapitelzimmer das „Alte Kloster"; erste Ausgrabungen förderten Teile des mittelalterlichen Kreuzgangs zu Tage. Bereits ein Jahr später wurde in den etwas restaurierten Räumen des Alten Klosters während der Sommersaison eine Buschenschenke eröffnet und der erste Eigenbauwein ausgeschenkt.

AUFHEBUNG DES KLOSTERS WÄHREND DES NATIONALSOZIALISMUS UND RUSSISCHE BESATZUNG

Mit dem Einmarsch der deutschen Truppen in Österreich am 12. März 1938 wurden erste konkrete Repressalien auch in Altenburg spürbar: Der Altenburger Bürgermeister und der Oberlehrer wurden verhaftet, Abt Ambros Minarz wurde gezwungen, anstelle der rotweißroten Fahnen eine Hakenkreuzfahne aufziehen zu lassen. Am 17. und 18. März kam es zu ersten Hausdurchsuchungen und heftigen Vorwürfen durch die SA, da Abt Ambros noch einige Akten verstecken und Briefe verbrennen wollte. Auch der Konvent, das Priorat und das Kammeramt wurden durchsucht. Man bestellte einen Stiftsbediensteten zum kommissarischen Verwalter, doch diese Maßnahme wurde am nächsten Tag wieder rückgängig gemacht. Das Gemischtwarengeschäft der Schwestern Emma, Auguste und Josefine Schlesinger im Ort Altenburg wurde „entjudet" und „arisiert" – die Familie konnte sich in die

Emigration retten. P. Maurus Eder erhielt 1938 Bezirksverbot, P. Andreas Wilhelm wurde 1944 verhaftet und 1945 für drei Monate ins KZ Dachau verschleppt. Nach verlangter Abtretung von landwirtschaftlichen Flächen des Stiftes zur Anlegung eines Truppenübungsplatzes und Militärflugplatzes nördlich von Altenburg wurde der fast siebzigjährige Abt Ambros Minarz am 14. März 1940 wegen einer wahrscheinlich fingierten „Beihilfe zur Fahnenflucht" zu einem Jahr Gefängnis verurteilt. Er hatte einem aus einem Wiener Lazarett geflüchteten Soldaten Zivilkleider gegeben.

Im Gefängnis legte der Abt am 5. April 1940 sein Amt zurück; im Stift wurde P. Gregor Schweighofer die Administration mit Ausnahme der „Spiritualia" übertragen. Dieser machte sich in den äußerst schwierigen Zeiten des Nationalsozialismus, des Zweiten Weltkriegs und der Nachkriegszeit unter größtmöglichem persönlichen Einsatz um das Kloster und seinen Besitz verdient. Offiziell übernahm der Prior des Wiener Schottenstiftes, P. Maurus Knappek, am 10. September 1940 die apostolische Administration des Stiftes zwischen 1940 und 1947. Zwei Tage später kam es zur ersten Aufhebung des Stiftes in seiner achthundertjährigen Geschichte: Die Patres hatten innerhalb weniger Stunden das Kloster und bis zum Abend den Kreis Horn zu verlassen. Das Notwendigste durfte als Handgepäck mitgenommen werden, P. Gregor gelang es als Archivar und Bibliothekar die wertvollsten Handschriften und Pretiosen abzutransportieren. Nach Protesten des Administrators über das Bischöfliche Ordinariat der Diözese St. Pölten wurde erklärt, dass es sich um keine Enteignung des Klosters, sondern nur um eine Beschlagnahmung der Klosterräume zum Zwecke der Heimführung „Volksdeutscher" aus Bessarabien und der Bukowina handle. So durften tatsächlich die Patres nach Altenburg zurückkehren und die Verwaltung weiterführen, doch nur die Stiftskirche und die Sakristei betreten. P. Leander Bachinger war bis 1946 Pfarrer.

Es wurde 1940 außerhalb des Stiftsgeländes ein Notkonvent eingerichtet. Im Juli 1941 waren 478 Umsiedler im Stift untergebracht. Zur endgültigen Enteignung auf Grund des Paragraphen 2 der „Verordnung über die Einziehung von volks- und staatsfeindlichem Vermögen" kam es allerdings am 29. April 1941. Nur die Pfarrseelsorger durften in Altenburg bleiben, der Administrator ging nach Wien ins Schottenstift. Der Gauhauptmann von Niederdonau, Dr. Sepp Mayer, übernahm die kommissarische Leitung des Stiftes. Zur Bewirtschaftung der Forst- und Gutsbetriebe in Altenburg, Wildberg, Wappoltenreith, Breiteneich, Limberg und Wiesent wurden wegen des Arbeitskräftemangels zunächst polnische Kriegsgefangene, dann ukrainische, französische, belgische und russische aus dem Lager Gneixendorf eingesetzt. Im Sommer 1944 kamen zusätzlich aus Ungarn deportierte jüdische Familien über das Arbeitsamt Horn in die Gutshöfe Altenburg, Wildberg und Wiesent. Ende Oktober 1941 wurden die untergebrachten Bessarabiendeutschen per Bahn über Dresden und Danzig nach dem damaligen Litzmannstadt (heute Lodz) gebracht, ab November zogen bis zu 546 überwiegend aus Serbien stammende Umsiedler in die Klostergebäude. Nach der Auflösung des Umsiedlungslagers im Winter 1942/1943 richtete die Militärbehörde ein Reservelazarett der Deutschen Wehrmacht ein, am 1. Oktober 1944 wurde ein Kriegslazarett aus Siebenbürgen nach Horn verlegt und in den Konventzimmern des Stiftes die chirurgische Abteilung eingerichtet. Da die Front immer näher rückte, wurde Altenburg zum Frontlazarett, in dem in den letzten Kriegsmonaten 38 schwer verwundete junge Männer starben. Mit dem Vormarsch der Roten Armee wurde das Lazarett am 7. April 1945 endgültig aufgelöst, ein Monat später verließ die letzte Abteilung des „Altenburger Militärkommandos" nach Sprengung der Munitionsvorräte und Fliegerabwehrkanonen das Stift. Damit begann auch eine Zeit der Plünderungen des noch vorhandenen Stiftsinventars, das in der Prälatur und den Archivräumen deponiert worden war.

Nach der Kapitulation der Deutschen Wehrmacht zogen am 2. Juli 1945 2000 Soldaten der Roten Armee ein und blieben bis Mai 1946. Niemand durfte mehr das Kloster betreten, auch nicht die Kirche. Nach elf Monaten, am 25. Mai 1946, übergab Oberst Dragunsky dem Administrator P. Maurus Knappek die geräumten, doch vollends verwüsteten und ausgeplünderten Stiftsgebäude. Die Inventarverluste zwischen 1940 und 1946 waren enorm.

„SUCCISA VIRESCUNT" – WIEDERERBLÜHEN DURCH NEUBEGINN

„Neues Leben erblüht aus Ruinen" – der Wahlspruch des benediktinischen Mutterklosters in Montecassino gilt auch für Altenburg. Nach den nötigsten Aufräum- und Sanierungsarbeiten in der Stiftskirche, den Zimmern des Konvents, Küche und Speisekammern – vor allem Türen, Fenster und Fußböden mussten repariert bzw. erneuert werden – konnte der Konvent im September 1947 das klösterliche Leben wieder aufnehmen. Am 19. November 1947 wurde der bisherige apostolische Administrator P. Maurus Knappek zum Abt gewählt (reg. 1947-1968). Der Stiftsbesitz wurde erst am 29. Februar 1948 offiziell von der Landesregierung zurückgegeben. Um die Wirtschaftsbetriebe wieder in Gang zu bringen, holte man die ehemaligen Mitarbeiter zurück und nahm viele Flüchtlingsfamilien aus dem süd- und nordmährischen Raum auf. 1949 wurden jene Parzellen neu vermessen, die während des Krieges an Dorfbewohner verkauft worden waren und 1950 ein endgültiger Kaufvertrag ausgestellt. 1955 wurde der 100 Jahre alte Kuhstall im Wirtschaftshof als Getreidespeicher aufgestockt, damit die von der Landwirtschaft genutzte Sale terrene und die Kaiserzimmer für Ausstellungen verwendet werden konnten. Die folgenden Restaurierungen an Dächern, Fassaden, Sandsteinskulpturen, Kunstmarmor und Vergoldungen konnten nur mit knappen Geldmitteln und unter Zeitdruck vorgenommen werden. Der Bau von sanitären Anlagen, die Erneuerung von Elektroinstallationen, Anschaffungen von Maschinen und Werkzeugen für die Landwirtschaft und den Forstbetrieb, überhaupt der Neuaufbau der Wirtschaftsbetriebe und einer funktionstüchtigen Verwaltung mit Hilfe von Mitarbeitern waren die vordringlichsten Aufgaben in den ersten Nachkriegsjahren. Auch wurden aus Mangel an genügend Mitbrüdern – die letzte Priesterweihe war 1938 – das Patronat von Messern (1952) und die Pfarren Aigen (1953), Dietmannsdorf und Ludweis (1962) an die Diözese St. Pölten abgetreten.

1952 verkaufte das Stift das Schloss Wildberg, das während der russischen Besatzung Sitz der Altenburger Administration war, ebenso weitere weniger bedeutende Gebäude und Liegenschaften. Die Klausur wurde auf den ersten Stock des Klausurtraktes verkleinert, im Erdgeschoß wurden die Küche und Wohnungen für Angestellte und pensionierte Haushälterinnen eingerichtet. Erste Novizen traten 1950 in die Gemeinschaft ein, die danach zum Studium nach Salzburg oder in das Benediktinerkolleg S. Anselmo in Rom kamen. Auf ihren Wunsch wurde ab 1954 wenigstens die marianische Schlussantiphon nach der Komplet gesungen, sonst wurde beim Chorgebet aus dem Brevier nur rezitiert. Nach dem Vorbild des Wiener Schottenstiftes wurde 1961 die Institution der Altenburger Sängerknaben gegründet; erster Chorleiter war Leopold Friedl und langjähriger Präfekt P. Bernhard Naber. Für die Sängerknaben, das Juvenat und eine Gruppe des 1964–1968 im Stift untergebrachten Canisiusheimes für spätberufene Priesterstudenten adaptierte man den barocken Gast- und Kaisertrakt als Wohn- und Studienort. 1956 und 1963 begann die kulturelle Öffnung des Stiftes mit den Ausstellungen *Kunst in Waldviertler Klöstern* und der niederösterreichischen Landesausstellung *Paul Troger*. Dazu wurden die kunsthistorisch so wertvollen Räume saniert (Kunstmarmor der Bibliothek), und Kunsthistoriker beschäftigen sich erstmals mit dem Fresken- und Stuckprogramm des „Barockjuwels des Waldviertels".

Das Zweite Vatikanische Konzil versuchte man rasch umzusetzen: Zur Abtsbenediktion von Abt Ambros Griebling (reg. 1968–1978) wurde entsprechend der Liturgiereform (1963) ein Volksaltar für die Stiftskirche gebaut, zur täglichen Konventmesse versammelten sich die Mitbrüder in Konzelebration in deutscher Sprache. Der „stei-

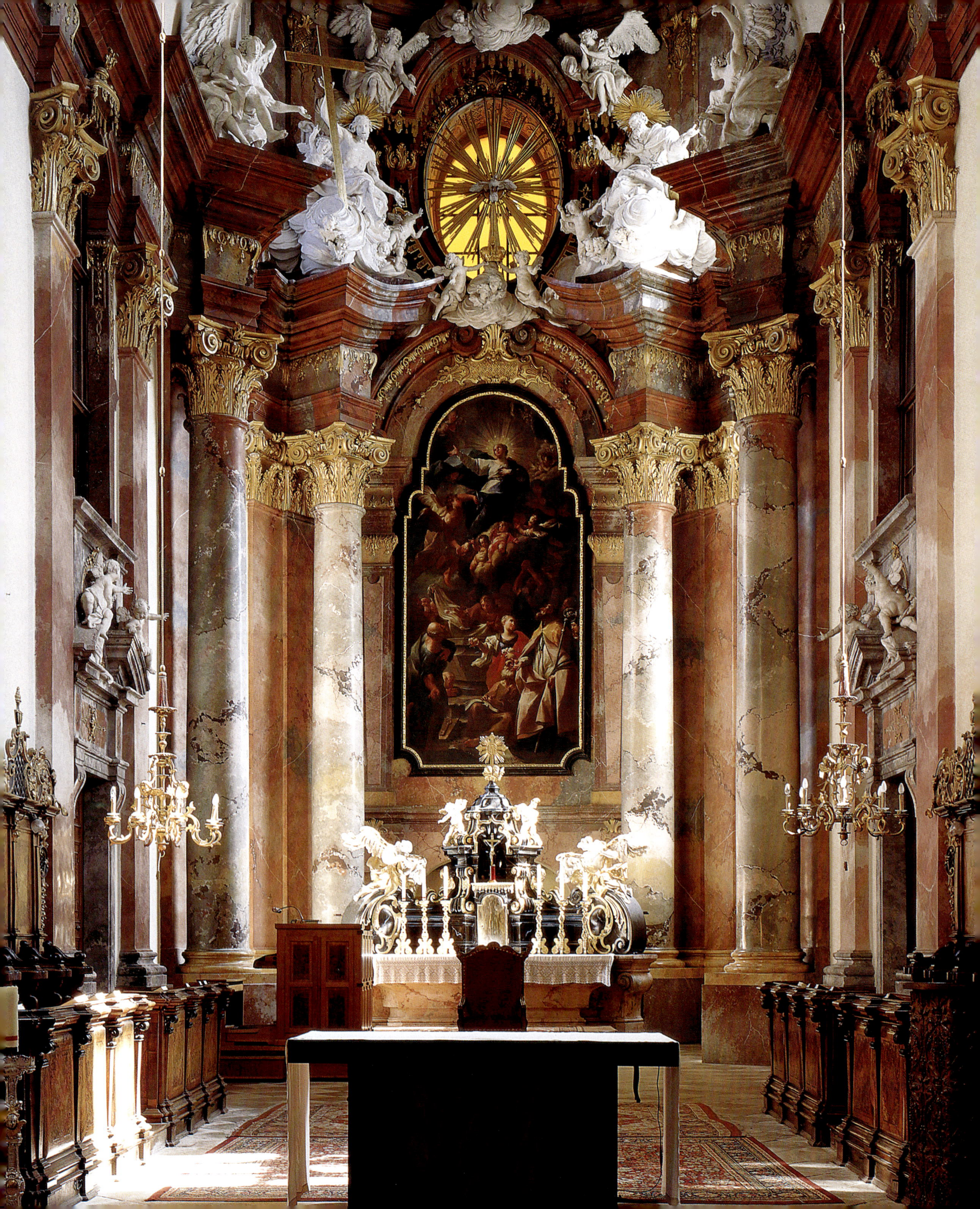

nerne Saal" wurde als neue Chorkapelle eingerichtet. Zur Gestaltung der Hochämter und Sonntagsmessen wurden vermehrt die Altenburger Sängerknaben herangezogen, die durch jährliche Auslandsreisen und Konzerttätigkeit auf das Stift immer mehr aufmerksam machten. Natürlich gingen unter der Baudirektion von P. Gregor Schweighofer die Restaurierungsarbeiten weiter: Zur zweiten niederösterreichischen Landesausstellung in Altenburg 1975 mit dem Thema *Groteskes Barock* konnten alle Außenfassaden und die grotesken Malereien in der Krypta und der Sala terrena im Kaisertrakt renoviert werden.

Für die weiteren 27 Jahre leitete Abt Bernhard Naber (reg. 1978–2005) eine kleine Kommunität in einer neuen Zeit. Obwohl seine Arbeitsschwerpunkte im Schulunterricht am Gymnasium und bei den Sängerknaben lagen, blieben nur vier Mitbrüder, die er als Novizen einkleidete, über die feierliche Profess hinaus in der Gemeinschaft. Da auch junge Brüder ohne den Wunsch nach einer Priesterweihe eintraten, wurden vermehrt Pfarren „excurrendo" vom Kloster aus betreut und Horn blieb ohne Hilfe der früheren Kapläne. Dennoch bewirkte der Abt sowohl im spirituellen, kulturellen als auch wirtschaftlichen Bereichen außerordentlich viel: Um das Chorgebet würdig zu feiern, entschied man sich, Teile der Vesper und Laudes zu singen. Eine abendliche Vigil bereitet den Sonntag und die Hochfeste vor. Monatliche Einkehrtage mit Exhorten des Abtes, wöchentliche Bibelgespräche oder die Konventexerzitien in einem anderen Kloster (meist in Seitenstetten) sollten den Mönchen ein vertieftes geistliches Leben ermöglichen. Für die Stiftskirche und die Chorkapelle wurden Chororgeln angeschafft, neben den Sängerknaben gestalteten überregionale Kirchenchöre oder Gastchöre die Gottesdienste. Um den wunderbaren Raum der Bibliothek zu nützen, wurden Festivals wie „Allegro vivo" oder eigene „Sommerspiele Stift Altenburg" für Theateraufführungen gefördert. Die „Altenburger Musikakademie" erlaubt jungen Talenten auf Tasteninstrumenten die Begegnung mit namhaften Musikern. Ausstellungen zu Themen Altenburgs ermöglichten Besuchern das Stift mit immer neuen Einblicken zu erkunden: Im Jahr 1994 wurde mit *Das Alte Kloster. Baukunst und Mönchsleben im mittelalterlichen Altenburg* erstmals der 1983–1986 archäologisch ergrabene Kreuzgang aus dem 14. Jahrhundert mit den anschließenden Regularräumen zugänglich gemacht, der mittelalterliche Außenbezirk mit Abthaus und Zellen in der Ausstellung *Fundort Kloster. Archäologie im Klösterreich* 2002. Zum Jubiläum 1998 wurde Paul Troger als „der Maler des Himmels" vorgestellt und das Fresko der Kaiserstiege restauriert. Anlässlich des „Jahres der Bibel" 2003 wurde die Große Stiftsbibliothek als „begehbare Bibel" und 2004 Altenburg als das „engelreiche Stift" mit der Ausstellung *Vor dem Angesicht der Engel* und einer Fundraising-Aktion gemeinsam mit dem ORF Niederösterreich („Engel für Engel für Engel") bekannt gemacht.

Immer noch mussten Kriegsschäden, die damals nur notdürftig saniert werden konnten, nach neuesten konservatorischen Methoden in einer „Generalsanierung" behoben werden – so die Hauptkuppel der Stiftskirche, zahlreiche Giebel- und Portalfiguren aus Sandstein aus dem 18. Jahrhundert, Fassaden, Stiftsdächer im Kaiser- und Prälatenhof u.v.m. In der Stiftskirche wurde im Jahr 2002 als Belüftungs- und Heizsystem das „Melker System" eingebaut, bei den Grabungsarbeiten dazu erschloss man sechs Fußboden-Niveaus und auch das Grab der Stifterin Hildburg. Ebenso wurden die Dächer und Fassaden aller inkorporierter Stiftskirchen instand gesetzt. Um Gäste beherbergen zu können, wurden erdgeschoßige Lagerräume im Prälatenhof zugunsten von Seminarräumen und einer Ikonenkapelle adaptiert und begonnen, Gästezimmer mit Nasszellen einzurichten.

Die Neuorganisation der Wirtschaftsbetriebe vereinte die bisherigen vier Landwirtschaftsgüter, der Hof in Breiteneich wurde im Jahr 1996 verkauft. Auch der Forstbetrieb wurde in zwei Reviere zusammengefasst und Forsthäuser verkauft. Wichtige Erlöse brachten Parzellierungen in Altenburg, Breiteneich und Irnfritz und Erbschaften befreundeter Wohltäter des Stiftes. Die Errichtung einer

GEGENÜBER:
Volksaltar in der Stiftskirche ab 1968

Stifterin Hildburg mit ihrem Sohn aus dem Rotelbuch

Biomasse-Heizung (1985), die Einrichtung eines Klosterladens, die Eigenvermarktung der Stiftsweine durch Kellerführungen, „Klosterkuchl" und Klosterheurigen in Maissau, die Umstellung der Landwirtschaft auf einen organisch-biologischen Betrieb waren Weichenstellungen für eine touristische, aber auch ökologische Ausrichtung des Wirtschaftsbetriebs.

Sozial engagierte man sich besonders während des Krieges in Bosnien und Kroatien durch Aufnahme von Flüchtlingsfamilien und nach der Öffnung der ehemaligen kommunistischen Länder Osteuropas (1989–1991) jeweils vor Ort: in Tschechien (Kloster Rajhrad) und vor allem in Lettland (humanitäre Hilfe durch Hilfsgütertransporte, Ausbildung von Katecheten und Multiplikatoren im pädagogischen Bereich, Unterstützung von Priestern, Aufbau eines Straßenkinderheimes in Lauderi). Im Jahr 2003 wurde mit dem „Schöpfungsgarten" im „Brunngartl" erstmals auch ein moderner Garten in das Revitalisierungskonzept eingeschlossen. Zwischen 2004 und 2006 wurde im drei Hektar großen Park ein „Garten der Religionen" 40 Jahre nach der Konzilserklärung *Nostra aetate* angelegt.

Mit Abt Christian Haidinger (ab 2005) postulierte der zwölfköpfige Altenburger Konvent aus dem Benediktinerstift Kremsmünster einen engagierten Mann, der „mit Gottes Hilf" und mit dem kleinen Konvent die notwendige „Zukunftsarbeit" leisten will. Das Kloster als „geistliches Zentrum" soll noch weiter auf dem Berge leuchten – Mittel dazu sind das Angebot eigener Kurse im Gästehaus oder „spirituelle Führungen" durch die Gärten oder die Räume des Stiftes. Kontakte zu jungen Menschen (Jugendvesper und Schule), doch ebenso zu suchenden Menschen aus dem wirtschaftlichen Bereich („Kloster auf Zeit" für Manager) werden gepflegt. 2006 wurde das von Placidus Much für die Landwirtschaft angekaufte Schloss Limberg verkauft, da es für die heutige Landwirtschaftsführung nicht mehr von Bedeutung war. Mit der Attraktivierung der barocken Altane nach den archäologischen Grabungen und statischen Eingriffen positioniert sich das Stift noch deutlicher als „Barockjuwel des Waldviertels" und „Kloster unter dem Kloster" für seine Gäste.

Bis heute wird jeweils am 4. Dezember bei der Feier eines Requiems der Stifterin und der Anfänge des Mönchslebens zu Altenburg nach der Regel Benedikts gedacht – was ist aus dem „Kirchl" und dieser „alten Burg" geworden?

II. DAS MITTELALTERLICHE KLOSTER

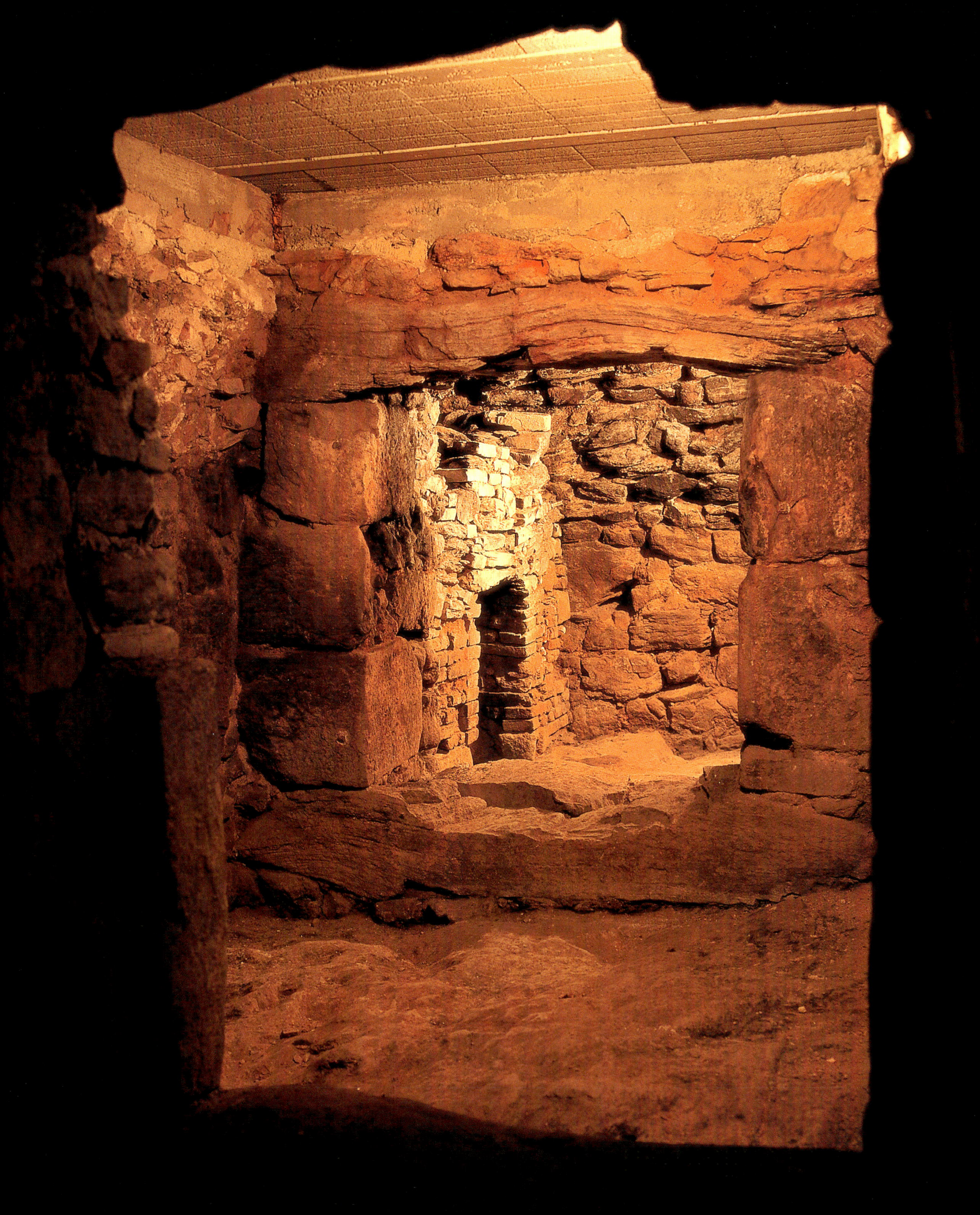

ARCHÄOLOGISCHE UNTERSUCHUNGEN

Archäologische Untersuchungen
Geschichte ans Licht gebracht
*Von Doris Schön unter Mitarbeit von
Martin Krenn und Johannes M. Tuzar*

Das mittelalterliche Stift Altenburg liegt auf einem nach Osten und Süden hin abfallenden Felssporn. Die heutige barocke Anlage wurde von Abt Placidus Much begonnen und durch Baumeister Josef Munggenast in der Zeit zwischen 1730 und 1743 errichtet, wobei große Teile der spätmittelalterlichen Klosteranlage unter dem monumentalen Ausbau verschwanden. Dadurch erhielt Munggenast eine freie ebene Fläche, hinter der die imposante Ostfassade, dem damaligen Zeitgeist entsprechend, erst richtig zur Geltung kam. Seit dem späten 18. Jahrhundert wurden im Kloster keine größeren Umbauten mehr durchgeführt.

Aufgrund von Archivalien und alten Abbildungen aus dem Stiftsarchiv war bekannt, dass seit dem Dreißigjährigen Krieg die mittelalterlichen Bauteile sukzessiv abgetragen, umgebaut oder zu-

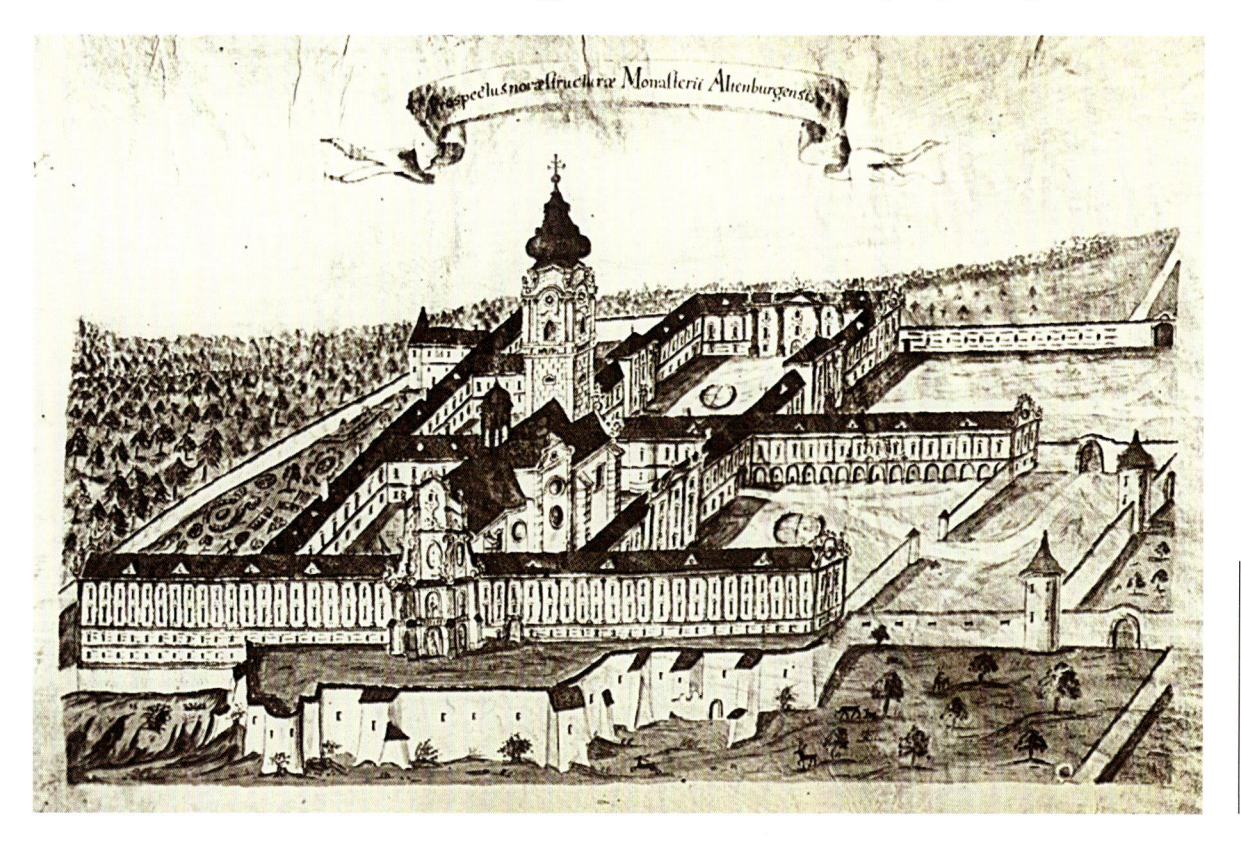

VORHERGEHENDE SEITE: *Gotische Veitskapelle*
GEGENÜBER: *Eingang zur mittelalterlichen Fußbodenheizung*
LINKS: *Plan Altenburgs von Josef Munggenast*

LINKS:
Romanisches Doppelbogenfenster
RECHTS: *Gotische Buchnische im Skriptorium*

geschüttet worden waren: So wurden zum Beispiel unter Abt Benedikt Leiss (reg. 1648–1658) der nördliche Teil des Kreuzgangs und später unter Abt Placidus Much der südliche Teil abgerissen und mehrere Meter hoch aufgeschüttet. Außerdem wurden damals auch die frühgotischen Wölbungssysteme in der Fraterie und dem Kapitelsaal aus statischen Gründen ummantelt.

DIE ANFÄNGE DER KLOSTERARCHÄOLOGIE

Ab der Mitte des 19. Jahrhunderts, sicherlich bedingt durch das Aufstreben der Natur- und Geisteswissenschaften, wurde auch im nördlichen Niederösterreich den archäologischen Hinterlassenschaften und der mittelalterlichen Architektur mehr Augenmerk gewidmet. So befasste sich ab dem letzten Drittel des 19. Jahrhunderts der vielseitig orientierte Forscher P. Friedrich Endl OSB (1857–1945) mit der Baugeschichte des Stiftes Altenburg. 1891 beschrieb er erstmals die an den Bibliothekstrakt anschließenden, damals begehbaren Räume, den ehemaligen Kapitelsaal und die Fraterie. Wertvoll sind seine Beschreibungen der Malereien in der Fraterie, da viele Details heute nicht mehr erkennbar sind.

Unter P. Friedrich Endls Leitung wurden in den Jahren 1931 und 1932 die ersten Ausgrabungen durchgeführt. Er ließ dreieinhalb Joche des Ostflügels vom Kreuzgang freilegen, wobei Reste von Wandmalerei angetroffen wurden. Die Grabungen veranlassten ihn zu ersten Interpretationen des damals bekannten mittelalterlichen Baubestands. Im Sommer 1954 wurde unter P. Gregor Schweighofer OSB eine kleine Ausgrabung, bei der auch der spätere Abt Bernhard Naber, damals als Novize, mitarbeitete, im Ostflügel des Kreuzgangs, an der Ecke der südlichen Kirchenmauer und der Konventmauer, durchgeführt.

Ab den späten siebziger Jahren legte Gerhard Seebach im Rahmen seiner bauhistorischen Forschungen einige Sondagen an. An der östlichen Außenmauer des Kapitelsaales entdeckte er die Mauersätze einer an den Kapitelsaal östlich anschließenden Kapitelkapelle. Auch in dem durch drei in der Barockzeit ummantelten Stützen geteilten Raum, der im Süden den Kreuzgang begrenzt und von ihm als Refektorium angesprochen wurde, schachtete er einen Suchgraben aus, wobei er hier unter einem Ziegelfußboden Tontöpfe auffand.

Alle bisher beschriebenen Ausgrabungen waren von engagierten Personen mit wenigen Helfern durchgeführt worden. Allen fehlen die genaue foto-

ARCHÄOLOGISCHE UNTERSUCHUNGEN

grafische und zeichnerische Dokumentation sowie ein Verzeichnis der geborgenen Funde.

SYSTEMATISCHE AUSGRABUNGEN

Auf Betreiben von Abt Bernhard Naber OSB wurde 1983 ein umfassendes Projekt zur Freilegung und Erhaltung des mittelalterlichen Kreuzgangs ausgearbeitet. Bereits im Herbst desselben Jahres begannen unter der Leitung des Landesarchäologen von Niederösterreich, Helmut Windl, die Grabungsarbeiten. Gleichzeitig erarbeitete der Bauhistoriker Gerhard Seebach ein Restaurierungskonzept.

Mittels zweier Suchschnitte wurde festgestellt, dass vom Fußboden des Kreuzgangs bis zum barocken Hofniveau des Brunnhofes etwa vier Meter Schutt zu entfernen waren. In den Jahren 1984 und 1985 wurde der gesamte Kreuzgang freigelegt. Aus den Schuttmassen bargen die Ausgräber neben vielen Bauteilen des gotischen Kreuzgangs wie Sandsteingewänden, Kreuzrippenteilen und sechs verzierten Schlusssteinen auch unzählige Tonscherben und Ofenkacheln. Aus der Brunneneinfassung stammt ein sekundär verwendetes Fragment eines Figurenkapitells, das möglicherweise Teil der Toranlage zur Klosterkirche im Nordflügel des Kreuzgangs war.

Während der Grabungen zeigte sich, dass der Erhaltungszustand der Kreuzgangsflügel unterschiedlich war. Stellenweise war der Ziegelfußboden aus dem 16. Jahrhundert stark beschädigt. Die Wand des Südflügels wies deutlich erkennbare Freskenreste und zwei abgemauerte Türen zum Dreistützenraum (Refektorium) auf.

Ab 1985 wurden unter Anleitung von Gerhard Seebach von den Stiftsmaurern Teile des Kreuzgangs rekonstruiert. Der West- und Nordtrakt wurden wieder aufgemauert und schadhafte Bereiche des Ziegelfußbodens neu verlegt. Die aus dem Schutt geborgenen Kreuzrippen wurden nach Möglichkeit zugeordnet und versetzt. Ebenso verfuhr man mit den Fenstermaßwerken. Der Höhepunkt dieser Arbeiten war zweifellos die neue Einwölbung im Süd- und Westtrakt, wodurch der Eindruck einer geschlossenen Gangarchitektur entstand. Die moderne Überdachung folgte anlässlich des Klosterjubiläums bis 1994.

Durch die Freilegung des Kreuzgangs und der begleitenden Untersuchungen waren wichtige Vorarbeiten zur mittelalterlichen Baugeschichte des Klosters gemacht worden; dennoch waren viele Fragen offen geblieben, vor allem die Interpretation einiger Räume blieb unklar und manche Bereiche waren unzureichend dokumentiert worden.

LINKS: *Schlussstein mit Osterlamm*
RECHTS: *Romanisches Figurenkapitell*

DAS MITTELALTERLICHE KLOSTER

ARCHÄOLOGISCHE UNTERSUCHUNGEN

DIE UNTERSUCHUNGEN DER ABTEILUNG FÜR BODENDENKMALE DES BUNDESDENKMALAMTES

Ab 1993 führte der Verein ASINOE im Auftrag der Abteilung für Bodendenkmale des Bundesdenkmalamtes mehrere Grabungskampagnen im Stift durch. Anlass hierfür waren bauliche Umgestaltungen im südlichen Kreuzgangflügel, wobei das Hauptaugenmerk auf dem länglichen Raum mit den drei Mittelstützen lag, der im Süden an den Kreuzgang anschloss. Dieser Raum wurde bislang als Refektorium gedeutet und stand wie die südlich davon gelegene Fraterie bis 1993 als Obstkeller der Stiftsküche in Verwendung.

REFEKTORIUM, KIRCHE, TORTURM

Nach dem Abtragen des Betonestrichs zeigte sich ein durch spätere Einbauten (Kanalanlagen, Wasserleitungen) teilweise beschädigter Ziegelfußboden aus dem 17. Jahrhundert. Im Westen des Raumes, durch eine niedrige Mauer abgetrennt, fanden sich die Reste einer Heizanlage mit niedrigem Gewölbe und Vorraum. Bemerkenswert war, dass der vor dem Brennraum gelegene Arbeitsraum mit Keramik aus der ersten Hälfte des 15. Jahrhunderts verfüllt war.

Nach Abheben des Ziegelbodens traten im Südteil des Raumes Reste einer umgestürzten und verbrannten Holzkonstruktion und mehr als 20 zum Teil vollständig erhaltene Töpfe zu Tage. Diese Befundsituation lässt den Schluss zu, dass in diesem Raum in der ersten Hälfte des 15. Jahrhunderts ein Holzregal stand, in dem Tongefäße gelagert waren. Die Zerstörung dieser Konstruktion ist mit den Hussiteneinfällen 1427 und 1430 in Zusammenhang zu bringen.

Die bisherige Interpretation des Raumes als Refektorium lässt sich zumindest für die Zeit des 14. und 15. Jahrhunderts nicht mehr aufrechterhalten. Nach den archäologischen Befunden dürfte es sich vielmehr um einen Lagerraum mit einer Vorratskammer oder einen Küchenbereich gehandelt haben, der im Zuge der Hussitenstürme in Flammen aufging. Bei der Wiederherstellung der Gebäude wurde der Raum beschüttet und das Fußbodenniveau angehoben. Dadurch verblieben Teile der abgebrannten Vorratskammer mit der Keramik an Ort und Stelle. Zusammenfassend kann festgestellt werden, dass keine Hinweise auf die Nutzung des Dreistützenraumes als Refektorium vorgefunden werden konnten; dieses befand sich wahrscheinlich auf einem anderen Niveau, möglicherweise im ersten Stock.

Im südlich anschließenden Klostergarten konnten die Fundamente eines mittelalterlichen Torturmes mit Eckpfeilern freigelegt werden. Dieser Turm und der westlich an den Dreistützenraum

OBEN: *Grundrissplan der mittelalterlichen Anlage*
GEGENÜBER: *Während der Grabungen des Jahres 1984*

anschließende Raum bildeten eine Einfahrt in den inneren Klosterbereich, von der aus auch die Heizanlage begehbar war.

HEIZUNG

Bereits 1993 wurde die Abteilung für Bodendenkmale von Abt Bernhard Naber darauf aufmerksam gemacht, dass sich unter der Fraterie ein mit Schutt verfüllter, gewölbter Raum befindet, in den man durch eine Öffnung im Gewölbe gelangen kann. Im selben Jahr wurde der Schutt ausgeräumt und eine umfangreiche Dokumentation durchgeführt. Dabei stellte sich heraus, dass man hier auf eine sehr gut erhaltene Heizanlage gestoßen war. Mehrere Um- und Anbauten lassen auf eine lange Nutzung schließen. Der eigentliche Brennraum und das darüber liegende Tonnengewölbe waren aus statischen Gründen sekundär mit Ziegel, Schutt und Mörtel ausgefüllt worden. Die gesamte Heizung dürfte in der Barockzeit aufgegeben worden sein.

Ein abgemauerter Zugang in der Ostwand gab 1994 Anlass, in diesem Bereich der Altane einen Schnitt anzulegen. Nachdem die mächtige barockzeitliche Aufschüttung, in der sich auch ein aus Dachziegeln konstruierter Nutzwasserabfluss vorfand, entfernt worden war, zeigten sich vor dem vermauerten Zugang noch die Fundamente eines nach Osten anschließenden Vorbaues. Hier waren auf dem mittelalterlichen Estrich noch Reste von Brandspuren zu erkennen. Über dem Heizungszugang befand sich ein mächtiges, aus einem rechteckigen Steinblock gefertigtes Überlager, auf dem zwei Säulenbasen aus Kalksandstein aufgesetzt waren. In diesem Schnitt zeigte sich, dass die mittelalterlichen Klostermauern direkt auf dem Felsen fundamentiert worden waren. In den Felsen eingetieft fanden sich zwei Gräber.

Nach Abschluss der Arbeiten wurde der Bereich zu einem neuen Kellerraum gestaltet, um die freigelegten Mauern zu sichern und öffentlich zugänglich zu machen. Erst nach diesen Bauarbeiten konnte im darauf folgenden Jahr der vermauerte Zugang zur Heizanlage geöffnet werden. Bei der Abtragung der Vermauerungen konnte eine große

Spätmittelalterliche Ofenkachel: Fahnenträger mit Pferd

Menge an Ofenkacheln geborgen werden, die ins späte 15. Jahrhundert datieren und im Jahre 2000 als „Goldener Ofen von Altenburg" rekonstruiert werden konnten.

KAPITELKAPELLE

Im Jahr 1994 wurde entlang der Ostfassade, zwischen Kirchenapsis und Eingang in das Parlatorium, ein Schnitt angelegt. Wie schon durch die Sondage von Gerhard Seebach bekannt war, stieß man vor dem Kapitelsaal auf die Fundamente einer halbkreisförmigen Apsis der romanischen Kapitelkapelle. An diese setzte eine gotische Erweiterung an, deren Ostabschluss außerhalb des Grabungsbereiches lag. Zeitlich parallel zu dieser Erweiterung ist eine Gruft zu sehen, welche die romanische Apsis durchschlägt und leer vorgefunden wurde. Unter dem Kapellenboden, der nicht mehr erhalten war, fanden sich mehrere in den Felsen eingetiefte Gräber, die teilweise von der romanischen Apsis überlagert waren. Weitere Bestattungen fanden sich in der geöffneten Fläche bis zum heutigen Kirchenchor. Die meisten waren in gestreckter Rückenlage, exakt West-Ost mit dem Schädel im Westen und Blick nach Osten ausgerichtet, beigesetzt worden, einige zeigten eine abweichende, nach Südosten gerichtete Orientierung.

DIE ROMANISCHE KIRCHE

Im Areal, das südlich an den barockisierten gotischen Chor der Stiftskirche anschließt, wurde schon früher der romanische Vorgängerbau vermutet. 1994 legte man Mauern frei, die als Reste einer halbkreisförmigen Apsis interpretiert werden können. Die südliche Mauer setzte sich unter der heutigen Sakristei im Osttrakt (Konventtrakt) fort.

DER BEREICH NÖRDLICH DES KIRCHENCHORS

Im Jahr 1995 konnte im Norden des heutigen Chores ein Areal untersucht werden, in dem auf alten Abbildungen eine Seitenkapelle der gotischen Kirche dargestellt ist. Auch bot sich die Möglichkeit, zwei direkt anschließende, heute als Haustechnikraum verwendete Räume zu ergraben, die direkt unter der barocken Sakristei liegen. Neben einigen Mauerzügen, die der Seitenkapelle und einer Zufahrt zur Altane zuzurechnen sind, stieß man auf unzählige Gräber. Erstaunlich war die dichte Belegung der Bestattungen. Wie im Kreuzgang ließ sich auch hier nachweisen, dass Leichenteile noch im Sehnenverband zur Seite geräumt wurden, um Platz für neue Gräber zu schaffen. Die Datierung der Bestattungen ist derzeit noch unklar. Aufgefunden wurde außerdem eine Deponie sorgsam aufgeschichteter konischer Wasserleitungsrohre aus Keramik, die in das 15. Jahrhundert datieren.

DIE VEITSKAPELLE

Schon unter P. Gregor Schweighofer und Gerhard Seebach wurden erste Untersuchungen in einem der interessantesten Räume des Stiftes Altenburg, der Veitskapelle, vorgenommen. Unter dem barocken Kapellenraum befinden sich zwei weitere Stockwerke. Im gotischen Teil, der um 1308 unter Abt Seifried (reg. 1297-1320) errichtet worden war, fand sich bei diesen Untersuchungen eine große Anzahl von teilweise bemalten Särgen aus der Barockzeit. Im zweiten Untergeschoß konnten weitere Särge und offen liegende Skelettreste beobachtet werden. Die beiden Untergeschoße waren durch zwei Treppenanlagen mit der barocken Veitskapelle verbunden. Eine Wendeltreppe im Nordwesten des Raumes erschloss den ehemaligen Kapellenraum, eine mit einer Holzklappe verschließbare, in Raummitte gelegene zweite Stiegenanlage ermöglichte bis 1850 den Transport der Särge zur Beisetzung der Konventualen in die beiden Untergeschoße. Nach der Barockzeit wurden beide Treppenanlagen aufgegeben, teilweise abgetragen und vermauert. Im Zuge der Untersuchungen von Gerhard Seebach wurde der Stiegenabgang in beide Untergeschoße vollständig abgetragen. Dadurch bestand keine reguläre Möglichkeit mehr, in den Raum der mittelalterlichen Veitskapelle zu gelangen, lediglich über eine kleine Öffnung im Chorgewölbe direkt über dem Altar war ein Einstieg mittels Leiter möglich.

Bei den Untersuchungen seit 1994 wurde über eben diese Öffnung der gesamte Schutt, der sich im Raum der mittelalterlichen Veitskapelle angesammelt hatte, mühsam entfernt. Der Innenraum wurde gereinigt und sowohl zeichnerisch als auch fotografisch aufgenommen. Bei den Dokumentationsarbeiten konnten im Fußboden eine Reihe von figural verzierten Bodenfliesen entdeckt werden. Ähnliche Fliesen hatte schon Gerhard Seebach rund um den Altar, leider ohne erhaltene oder zugängliche Dokumentation, entfernt. Da eindeutig nachweisbar war, dass diese figural verzierten Fliesen sekundär verlegt waren, entschloss man sich, mittels einer kleinen Sondage den Fußbodenaufbau näher zu untersuchen. Dabei gelang es, das ursprüngliche Niveau der Zeit um 1308 zu definieren, da auf einer Fläche von 1,5 Quadratmetern figural verzierte Fliesen noch in situ, also in Primärlage aufgefunden werden konnten.

Bodenfliese: Jagdhunde

Im Jahre 1999 wurden die Untersuchungen in der Veitskapelle im Rahmen der Vorbereitungsarbeiten für die Ausstellung Fundort Kloster fortgesetzt. Hierbei konnten einige barocke Grablegen, die sogenannte Sunnberger-Gruft und der Westabschluss des Gruftraumes unter dem Altar freigelegt werden. Für die Ausstellung wurde der Innenraum der mittelalterlichen Veitskapelle durch eine neue Wendeltreppe der Öffentlichkeit zugänglich gemacht.

DIE STIFTSKIRCHE

Im Jahr 2002 wurden zwecks Einbau der Kirchenheizung mit Klimatisierung etwa 1,2 Meter breite Künetten entlang der Außenmauern der Stiftskirche mit einer Tiefe von 0,8 bis 0,9 Meter geöffnet. Darüber hinaus wurde für den Einbau einer Fußbodenheizung die westliche Hälfte des Chores flächig um etwa 0,4 Meter abgesenkt.

Im Zuge dieser Eingriffe wurden bedeutende Erkenntnisse zur gotischen Stiftskirche, aber auch zu den späteren Umbauphasen gewonnen. So konnte in der nördlichen Chormauer im Bereich zwischen dem dritten und dem vierten Wandpfeiler ein 2,2 Meter langes gotisches Wandgrab freigelegt werden, wobei das nischenartig in das Mauerwerk gesetzte Grab im Zuge der barocken Umgestaltung mit einer einfachen Ziegelabmauerung verschlossen war. Es zeigt einen dreigliedrigen Aufbau aus Sockelzone, Grabplatte und darüber liegender, baldachinartig gewölbter Nische. Der Sarkophag ist aus mehreren Sandsteinplatten gebildet, die an der Schauseite mit Reliefdekor in Form eines von je zwei doppelten Maßwerkfenstern eingefassten Abtkreuzes verziert sind. Das Grab ist durch eine Platte aus rotem Marmor verschlossen, deren Oberseite keinerlei Verzierung zeigt. Die über der Grabplatte befindliche Nische weist ein zweijochiges Kreuzrippengewölbe auf, dessen über die Grabkante hinausragender Südabschluss bei der barockzeitlichen Abmauerung abgeschlagen worden ist. Die beiden vierstrahligen Gewölbejoche ruhen auf einem in der Mitte der Nische aus der Wand ragenden profilierten Kragstein. Der westliche Schlussstein ist in Form einer fünfblättrigen Blüte, der östliche als gleicharmiges Kreuz ausgebildet. Aufgrund der prominenten Lage erscheint eine Zuweisung des Grabes an den Erbauer des gotischen Chores, Abt Seifried I., wahrscheinlich.

Auf der Innenseite der freigelegten nördlichen Langhausschulter des gotischen Baues wurden Reste einer flächigen Wandbemalung festgestellt. Das erhaltene Malereifragment zeigt einen perspektivischen Blick in einen Raum mit schachbrettartig angeordneten, rot-weißen Bodenplatten. Am Ende des Raumes ist eine Menschengruppe abgebildet, wobei mindestens zwei Personen durch ihr weiß-schwarzes Habit als Ordensangehörige gekennzeichnet sind. In der Mitte der Gruppe ist eine Fahne mit weißem Kreuz auf rotem Grund zu erkennen.

Dieser Befund gibt erstmals einen Hinweis auf eine renaissancezeitliche Umgestaltung des Kircheninneren. Auch zum hochbarocken Umbau der Stiftskirche unter Munggenast im 18. Jahrhundert konnten einige neue Details eruiert werden: So wurde eine große kreuzförmige Gruft mit Ziegeleinwölbung im Bereich des Hochaltars entdeckt, die bislang nur mittels einer Kamerasonde untersucht werden konnte.

Die bedeutendste Entdeckung bei den Umbauarbeiten in der Altenburger Stiftskirche stellt

ARCHÄOLOGISCHE UNTERSUCHUNGEN

allerdings die Freilegung einer kleinen gemauerten Gruft vor der südlichen Triumphbogenschulter dar, die laut Stiftstradition als Gründergruft angesprochen wird. In einem mit einer Kelheimer Platte mit eingraviertem Kreuz verschlossenen Hohlraum fand sich ein eisernes Reliquienkästchen, das in einer hölzernen Kiste deponiert war.

DIE GRABUNGEN UND BAUUNTERSUCHUNGEN DER JAHRE 2001 BIS 2007 AUF DER ALTANE DES STIFTES ALTENBURG

Ein statisches Gutachten für die Bereiche der Keller der barocken Altane, das im Herbst 2000 „Gefahr in Verzug" feststellte, führte ab 2001 zu einer Fortsetzung der Grabungsarbeiten durch den Verein ASINOE im Auftrag des Bundesdenkmalamtes. Betroffen waren jene Bereiche, die nach Abnahme der Schuttverfüllungen in einer neuen Präsentation den Besuchern zugänglich gemacht werden sollten bzw. jene Bereiche im Untergeschoß des Kaisertraktes, die für die Infrastruktur des Besucherfoyers umgebaut werden mussten.

Als erste Maßnahme wurde vor allem der Bereich der bereits früher aufgedeckten spätmittelalterlichen Gebäude an der Ostkante des Klosterplateaus gereinigt und neu dokumentiert. Für die Fundamente der Überdachung des gesamten Komplexes wurden westlich der Gebäude entlang der gesamten Länge des Baukomplexes und im Bereich des Untergeschoßes des Kaisertraktes bzw. im Südteil des Kirchhofs Grabungen durchgeführt, deren Ergebnisse nun im Einzelnen kurz vorgestellt werden sollen.

DER VORGÄNGERBAU IM BEREICH DES ABTSHAUSES

In einem archäologischen Suchschnitt westlich des Abtshauses wurde 2005 der westliche Teil eines kleines Gebäudes ergraben, das nicht nur durch das bestehende Abtshaus halb zerstört wurde, sondern auch aufgrund seiner Mauerstruktur als deutlich älter angesehen werden muss. Die Mauern dieses Bereiches wurden als einzige in der gesamten Grabungskampagne nicht mit Kalkmörtel gebunden, sondern lediglich durch Lehm. Erhalten haben sich die Nord- und die Westmauer, wobei diese in baulichem Zusammenhang mit zwei rechtwinkeligen Fundamentresten, die möglicherweise einen Eingangsbereich zu diesem Bau bilden, stehen.

Wie eine deutliche Brandschicht belegt, brannte zumindest ein Teil des Gebäudes ab, wurde jedoch umgehend neu aufgebaut, wobei es eine neue Raumeinteilung erhielt. In einer Ecke des neu geschaffenen Raumes wurde ein Ofen, bestehend aus plattigen, hochkant gestellten Bruchsteinen errichtet. Der Fußboden des Raumes bestand aus in einem Mörtelbett verlegten Ziegelfliesen. Diese Ziegelfliesen wurden als so wertvoll angesehen, dass sie bei der Aufgabe des Gebäudes entfernt wurden, denn der Versturz der Mauer liegt direkt auf der unter dem Mörtelbett vorhandenen Planierung.

Über die Funktion des kleinen Baus kann lediglich spekuliert werden, der sekundäre Einbau einer Heizmöglichkeit und der Ziegelfliesenboden deuten jedoch auf ein gehobenes Wohngebäude

OBEN: *Malereifragment mit Darstellung einer Prozession (17. Jhdt.)*
DARUNTER: *Eisernes Reliquienkästchen (18. Jhdt.?)*

hin, das aufgrund seiner Mauerstruktur und der in diesem Bereich vorgefundenen Keramik in das 12. Jahrhundert datiert werden kann.

DAS ABTSHAUS

Ab 1998 wurde der Bereich unter der von Munggenast angelegten barocken Altane ergraben. Durch die Anhebung des Niveaus für die barocke Klosteranlage waren große Teile des spätmittelalterlichen Klosters unter der Erde verschwunden. Die wieder zum Vorschein gekommenen Baubefunde übertrafen letztendlich alle Erwartungen. Die Kelleranlagen bzw. das Erdgeschoß der spätmittelalterlichen und renaissancezeitlichen Klostergebäude waren bis zu den Gewölbeansätzen der Erdgeschoßräume komplett erhalten geblieben. Sie wurden in einer neuen Grabungskampagne ab 2001 gereinigt, dokumentiert und interpretiert.

An der Südostkante des Klosterplateaus steht das Abtshaus, ein lang gestreckter Bau, der sich in seiner gesamten Grundfläche in zwei Geschoßen erhalten hat. Aufgrund der Hangsituation von Süden und Osten wird das Kellergeschoß als Erdgeschoß wahrgenommen. An der Ostseite ragt im Südteil ein kleiner im Untergeschoß rechteckiger Bauteil aus der Mauerflucht, auf dem im Erdgeschoß ein nicht eingezogener polygonaler Chor ruht. Die Baubefunde zeigen, dass sich in beiden Geschoßen je ein großer Raum befand.

Der mit einer Holzdecke flach eingedeckte Keller wurde über neun schmale Schartenfenster, deren sich verjüngende Laibungen von flachen Bruchsteinbogen überspannt werden, belichtet. Im Bereich des Unterbaus der Abtskapelle öffnet sich ein schmales Fenster, das aus genuteten Steingewänden gebildet wurde, in einen kleinen, unbelichteten Raum, an dessen Westseite sich noch eine Lichtnische erhalten hat. Über die Funktion dieses Raumes kann nur spekuliert werden, möglicherweise diente er jedoch als eine Art Schatzkammer. Betreten wurde der Keller über einen Gang an seiner Westseite, mittels einer kleinen Holztreppe, die direkt auf dem anstehenden Felsen auflag.

Abtshaus von Osten

Im Zuge der Aushubarbeiten für die Fundamente der Überdachung konnten bedeutende Erkenntnisse zur spätmittelalterlichen ebenerdigen Erschließung des Gebäudes gewonnen werden. Das Erdgeschoß wurde über ein gemauertes Vorhaus, das mit einem Ziegelpflaster versehen war, betreten. Der Innenhof westlich davon war mit einem Steinplattenboden, in dem im Bereich des Vorhauses eine Türschwelle aus Holz eingelassen war, bedeckt. Durch ein breites Portal aus abgefasten Steingewänden gelangte man in den großen Erdgeschoßraum, dessen Südmauer mit drei riesigen Fensters fast vollständig geöffnet war, wobei das mittlere Fenster durch zwei Werksteine, die konsolartig in der Mauer sitzen, begrenzt wird. Die Fensterlaibung wird über zwei genutete Werksteine

ARCHÄOLOGISCHE UNTERSUCHUNGEN

betreten, die auf einen geziegelten Fußboden führen. Einiges deutet daraufhin, dass es sich bei diesem mittleren Fenster um einen kleinen Erker, der über den Abhang hinaus ragte, handelt.

Auch an der Ostseite des Raumes haben sich drei Fenster erhalten, die jeweils tiefe Fensterlaibungen mit gegenüberliegenden Sitzflächen besitzen. Während sowohl die Fensterlaibungen als auch die Sitznischen noch aus der Bauzeit stammen, wurden die eigentlichen Fenstergewände verändert. Der Fußboden der Sitznischen hat sich in Form eines geglätteten Estriches, der gegenüber dem Raum etwas erhöht war, erhalten.

Die bauarchäologischen Untersuchungen belegen, dass ausgelöst durch die Zerstörungen des Brandes im Jahre 1380 im Abtshaus diverse Adaptierungen vorgenommen wurden, die vor allem dazu dienten, die Räumlichkeiten zu unterteilen und damit auch wohnlicher zu machen. Insgesamt wurde jedoch auch zu dieser Zeit Wert auf eine gediegene Raumausstattung gelegt. Dazu zählten einerseits Ziegelfußböden mit steinernen Türschwellen in einem neu eingebrachten L-förmigen Gang, über dem man zur Kapelle gelangte, ohne den eigentlichen Wohnraum zu berühren. Andererseits wurde in die Mauer zwischen Wohnraum und Kapelle nun ein kleines Fenster (Datierung ab der Mitte des 14. Jahrhunderts), ursprünglich wahrscheinlich der vordere Teil eines Lichthäuschens, sekundär eingebaut, um damit einen Blickkontakt zum Altar der Kapelle zu schaffen.

Analog zum Keller entstand im Nordteil des Erdgeschoßes eine neue Zwischenmauer. Im dadurch abgetrennten nördlichsten Raum wurde ein neues Fenster in die Ostmauer ausgebrochen.

Auf der Ansicht „ab oriente" des Rotelbuches des Stiftes Altenburg aus dem Jahr 1681 wird der Südteil des Abtshauses und der Abtskapelle als dreigeschoßig dargestellt. Dies wird frühestens zu diesem Zeitpunkt baulich erst möglich, da die soeben erwähnte Mauer als Fundament und Nordmauer des herausragenden oberen Stockwerkes dienen muss. Da diese Mauer jedoch nur von geringer Stärke ist, ist es fraglich, ob die Abbildung in dieser Form das Abtshaus korrekt wiedergibt, umso mehr, als kein Zugang zum Obergeschoß gefunden wurde.

Aufgrund des Anbaus eines Gästetraktes nördlich des Abtshauses kam es ab 1585 zu erneuten Umbauarbeiten am Abtshaus. Wie bereits früher betrafen sie die diversen Zugänge zum Haus. Vor allem die Kellerzugänge mussten einmal mehr verlegt werden.

Im Erdgeschoß entstanden in dieser Phase an der Ostmauer des nördlichen Raumes zwei schlanke, hohe Wandnischen, die mit Steingewänden gefasst waren. Sie dienten wahrscheinlich als Abstellmöglichkeit für Bücher. Ein Verputz, der teilweise über die Steingewände der Nischen gezogen wurde, hat sich noch bis in große Höhe erhalten. Zur Raumgestaltung gehörten auch vier kleine geziegelte Wandvorlagen, die exakt an den Kanten der Fensternische sowie in den beiden östlichen Raumecken lagen und eventuell für hölzerne Sitzbänke gedient haben. In der Nordostecke des Raumes fand sich ein weiterer Fundamentrest, der möglicherweise als Unterbau für einen hölzernen Inneneinbau fungiert haben könnte. Vom Fußboden dieser Phase hat sich lediglich ein dünner Mörtelestrich erhalten.

Dem unter Abt Placidus Much zwischen 1730 und 1743 konzipierten Umbau des Klosters mussten die spätmittelalterlichen Gebäude im Südost-

Gotisches Lichthaus

DAS MITTELALTERLICHE KLOSTER

Ansicht des Stiftes aus dem Rotelbuch (1681)

bereich des Klosterplateaus weichen. Hier entstand durch die Planung von Josef Munggenast eine große Altane, deren Oberkante im Bereich der Gewölbescheitel der Erdgeschoßräume lag. Diese wurden mit Erdmaterial aufgefüllt und damit aufgegeben. Die Kellerräume blieben jedoch über eine neue Kellertreppe, die steil in den nördlichen Kellerraum des Abtshauses führte zugänglich.

ABTSKAPELLE

Als primärer Bestandteil des Abtshauses errichtet, wird sie im Erdgeschoß über einen schmalen Gang betreten. Dessen Ostmauer ragt leicht über die Mauerflucht des Gebäudes hinaus und sitzt auf zwei Konsolsteinen, die mit steinernen Entlastungsbögen verbunden sind. Der Zugang zum Gang erfolgt durch eine abgefaste Rechtecktüre mit Trompen, über der eine mächtige Steinplatte das Nord/Süd laufende Tonnengewölbe aus Bruchsteinen abfängt. Die Kapelle war ursprünglich mit fünf schmalen Lanzettfenstern, deren oberer Abschluss heute fehlt und von denen nur mehr das südliche geöffnet ist, belichtet. In der Südmauer findet sich eine spitzbogige Lichtnische, deren Originalverputz noch Schmauchspuren zeigt. In der Nordwestecke der Kapelle hat sich ein kleiner Rest einer Portalmauer erhalten, auf der das ursprüngliche Kapellengewölbe, von dem sich auch noch Gewölbeansätze an der Westmauer der Kapelle erhalten haben, aufgesessen ist. Als Spolie wurde ein sechsstrahliger Schlussstein mit einer Rosette aufgefunden, die Rippen zeigen Birnstabprofile mit aufliegenden Stäben. Dieser Schluss-

ARCHÄOLOGISCHE UNTERSUCHUNGEN

stein kann mit großer Sicherheit dem Gewölbe der Kapelle zugeordnet werden.

Die erhaltenen Baudetails, wie die fast komplette Durchfensterung der Südmauer, aber auch die Rippenformen, weisen das Abtshaus als fortschrittlichen Bau der zweiten Hälfte des 13. Jahrhunderts aus. Offen bleibt die Funktion des Erdgeschoßraumes, der einerseits als repräsentativer Saal angesprochen werden muss, andererseits den Zugang zur Kapelle des Abtes bietet. Insgesamt unterlag das Abtshaus drei größeren Umbauphasen, die belegen, dass ehemals große Räume mehrfach unterteilt wurden, um eine optimale Nutzung zu gewährleisten. Auch die oftmals geänderten Kellerzugänge belegen, dass der ursprünglich sehr repräsentative Bau permanent neuen Gegebenheiten angepasst wurde und damit vor allem funktioneller wurde.

DER RENAISSANCETRAKT, EIN GÄSTETRAKT DES ABTES

Dieser Trakt, mit einem Knick im Nordteil, verfüllt eine Baulücke zwischen dem Abtshaus und dem nördlich anschließenden turmartigen Gebäude. An der Ostseite wird sowohl innen als auch außen deutlich sichtbar, dass der heutige Bau in zwei Bauphasen entstanden ist, wie eine Ortsteinquaderung, an der Ostfassade nach der heutigen zweiten Fensterachse von Norden, belegt. Es fanden sich keine weiteren Mauern, die diesem Bau zugeordnet werden können, allerdings deutet das Fehlen von älteren Baustrukturen im Bereich westlich des heute bestehenden Gebäudes auf eine schmälere oder ähnliche Breite, gemessen am heutigen Bau, hin. Über Aussehen oder Funktion kann jedoch keine Angabe gemacht werden.

Wahrscheinlich um 1585 entstand der heutige Bau, der im Keller den älteren Mauerbestand überbaut. Dort entstand ein großer Raum, der mit einer Stichkappentonne aus auf Schalung gemauerten Bruchsteinen überspannt wurde.

Im Erdgeschoß entstanden in dieser Phase sechs Räume, wobei die Räume je eine gemauerte Wand und je eine auf einem Mörtelbett stehende hölzerne Zwischenwand besaßen. Sie wurden durch ein gemeinsames Ziegelgewölbe, das im Osten auf Wandpfeilern ruhte und im Bereich der Fenster rundbogige Stichkappen besaßen, deren Abdrücke sich im Verputz des Raumes erhalten haben, überspannt. Die Ostmauer wurde mit sechs großen Fensterlaibungen, die aus Ziegel gebildet wurden, nachträglich durchfenstert. In fünf der Fensterlaibungen wurden Sitzbänke auf der Südseite eingebracht, während in einer Fensterlaibung die Sitzbank auf der Nordseite liegt. Im Bereich der Fensterlaibungen liegt der Fußboden aus Ziegel einige Zentimeter höher als im eigentlichen Raum, in dem sich nur Reste des Unterbodens in Form eines Mörtelestriches erhalten haben. Auf diesem zeigten sich in mehreren Räumen die Abdrücke von Nord/Süd verlegen Holzbretter eines Bretterbodens. Im Bereich der Westmauer der Zellen fanden sich die letzten Reste der sechs Türlaibungen, die mit geziegelten Fußböden ausgelegt waren.

Den Zellen westlich vorgelagert war ein nicht unterkellerter Gang, der an seiner Westseite von vier Fenstern mit stark aufsteigender Sohlbank belichtet wurde. Der Gang war mit einem Ziegelgewölbe, von dem sich jedoch nur die Ansätze erhal-

Renaissancezeitliches Zellendormitorium

ten haben überwölbt, wobei erhaltene Verputzabdrucke an der Mauer wieder rundbogige Stichkappen belegen. An seiner Nordseite wurde eine erhöht liegende Türöffnung, die den Zugang zum turmartigen Gebäude im Norden schafft, durchgebrochen. Westlich des Durchgangs entstand eine Wandnische, deren Kanten an drei Seiten mit profilierten Steingewänden versehen wurden. Der Boden war hingegen nur mit Verputz überzogen. Diese Wandnische diente wohl zur Aufbewahrung von Öllampen.

In einer weiteren Phase wurden an der Westmauer des Gangs alle Fensteröffnungen verfüllt und neu verputzt. Diese ungewöhnliche Baumaßnahme schuf einen fensterlosen Gang noch vor der Entstehung der barocken Altane. Die ungewöhnliche Position dieser Zellen außerhalb des Klausurbereiches und direkt neben dem Abtshaus deutet auf eine Funktion als hervorgehobene Gästeunterkünfte hin.

DAS TURMARTIGE GEBÄUDE – EIN BÜCHERTURM ODER EIN VERTEILERBEREICH

Bei diesem Gebäude handelt es sich um einen zweigeschoßigen turmartigen Bau, dessen Westmauer bis zum barocken Kaisertrakt durchläuft. Die Ostmauer ist bereits Bestandteil der Ostaußenbegrenzung des Klosters. Das flach gedeckte Untergeschoß wurde an der Süd- und Ostseite über je drei bauzeitliche Rechteckfenster belichtet. Etwa in der Mitte der Südmauer zeigt der an der Mauer ablesbare Ausriss, dass eine Treppenanlage vom Erdgeschoß in den westlichen Kellerteil führte, während der östlichen Kellerbereich über ein abgefastes Rundbogenportal aus Stein von Norden aus betreten wurde.

Im Erdgeschoß konnte in der ersten Phase weder ein erhaltener bauzeitlicher Eingang noch Fenster festgestellt werden. Allerdings wurde der Westteil der Nordmauer ersetzt. Möglicherweise befand sich in diesem Bereich auch der Zugang, da sich ansonsten keine Hinweise erhalten haben. Eine Datierung der ersten Phase dieses Baukörpers kann lediglich aufgrund der Mauerstruktur erfolgen, die sich in die Zeit gegen Ende des 13. Jahrhunderts datieren lässt. Sowohl die Fensterformen als auch die stilistische Form des Portals finden über einen längeren Zeitraum Verwendung.

Nach dem Brand des Jahres 1380 fanden weit greifende Umbauarbeiten statt, bei denen der Nordteil des Baus abgebrochen und damit das Gebäude stark verkleinert wurde. An der neuen Nordmauer wurde ein kleiner erkerförmiger Vorbau angefügt, der nun in einen kleinen Innenhof hineinragte. Im ersten Obergeschoß führte ein schmaler Durchgang in den Vorbau, der als Aborterker zu interpretieren ist.

Bedingt durch den Neubau des südlich unmittelbar anschließenden Gästetraktes ab den Jahren 1585, entstanden in beiden Geschoßen in der Südmauer große Durchbrüche, die den neuen Bau erschlossen. Gleichzeitig erhielt die Ostmauer zwei große Fensterlaibungen, in die noch heute eine Verputzkante hineinläuft. An der Südmauer haben sich die Abdrücke von zwei relativ schmalen Wänden erhalten, die mit dem gleichen Verputz bedeckt waren, wovon die Ansätze der Hohlkehlen Zeugnis ablegen. Allerdings zeigten sich keine Mauerabdrücke an der Nordmauer, was darauf hindeutet, dass die beiden internen Trennwände diesen Bereich nicht mehr erreichten. Eine mögliche Erklärung wäre, dass an dieser Stelle ein Treppenhaus bestand.

In der letzten Bauphase vor dem Entstehen der Altane wurde im Ostteil des Erdgeschoßes ein kurzes Stück eines Ziegelgewölbes mit Verputz eingebracht, das aufgrund der fünfeckigen Stichkappen als barocke Baumaßnahme interpretiert werden muss. Dieses Gewölbe besitzt jedoch einen beabsichtigten Abschluss im Westen, was wiederum die Frage nahe legt, ob nicht im Westteil ein Stiegenhaus bestand.

Insgesamt kann keine Aussage über die ursprüngliche Funktion des Gebäudes in seiner ersten Bauphase gemacht werden. Die hier später vorgenommenen Veränderungen waren jedoch gravierend, fast die Hälfte des Baus wurde abgebrochen, um einen schmalen Innenhof zwischen Veitskapelle und neuer Nordmauer errichten zu können.

ARCHÄOLOGISCHE UNTERSUCHUNGEN

DER BAUKÖRPER NÖRDLICH DES TURMARTIGEN BAUS

Von diesem Bau hat sich lediglich die durch die barocken Pfeilerfundamente mehrfach geteilte Westmauer aus Bruchsteinen erhalten. Sie verläuft exakt unter der Ostmauer des heutigen Kaisertrakts. Etwa in der Mitte befindet sich die Südkante eines primären Türdurchgangs, die sich nach Osten, ins Rauminnere weitet. Deutlich sichtbar wurde die Türschwelle ausgerissen. Die Mauer wurde im Osten an den Strebepfeiler der Veitskapelle angebaut. Der Nordabschluss des Gebäudes wird durch diese Kapelle gebildet, während der Ostabschluss an Stelle der heutigen Ostaußenbegrenzung liegt, jedoch nicht erhalten geblieben ist. Die Aufgabe des Gebäudes muss mit der Errichtung des Aborterkers erfolgt sein, da dieser in einen Innenhof ragt. Damit hätte dieser Baukörper eine sehr kurze Bestandszeit bzw. wird der Bau durch die zweite spätmittelalterliche Phase bereits wieder stark verkleinert.

DIE VEITSKAPELLE

Nördlich des vorhin beschriebenen Baukörpers steht die zweijochige Veitskapelle, deren Abschluss als nicht eingezogenes Polygon ausgebildet wurde. Aufgrund des barocken Umbaus, seit dem die Kapelle doppelgeschoßig ist, blieb vom ursprünglichen Gewölbe nichts bestehen. Erhalten blieben lediglich die steinernen Dienste des gotischen Gewölbes, wobei auffällt, dass der Dienst in der Südwestecke abgeschlagen wurde, um die Empore, die auf einem zweijochigem Kreuzrippengewölbe mit spitzbogigem Querschnitt ruht, sekundär einzustellen.

An der Südseite konnten im Zuge der jüngsten Umbauarbeiten zwei der primären Fenster wieder freigelegt werden. Es handelt sich um hohe zweibahnige Fenster, deren Pfosten auf stark abfallender Sohlbank erhalten blieben. Die Fenster besitzen stark gekehlte Steingewände mit Runddiensten und tragen noch Feinputz. Während der Grabungsarbeiten im Jahr 2005 wurden im Bereich der Altane Reste von Maßwerk aufgefunden, die eventuell als oberer Abschluss der Fenster rekonstruiert werden können.

Die Kapelle verfügt an ihrer Ost- und Südseite über sechs Strebepfeiler, deren Sockel sowie Kanten aus gut gearbeiteten Steinquadern bestehen, während der eigentliche Bau aus Bruchsteinen errichtet wurde. Der obere Abschluss des Steinsockels wird durch ein umlaufendes Steingesims, über dem das Mauerwerk etwas zurückspringt, gebildet. Im Bereich zwischen dem Strebepfeiler an der Südostecke des Chores und dem ersten Strebepfeiler an der Südmauer fand sich ein kleines bauzeitliches Fenster mit einem schräg nach unten abfallenden Schacht. Dieses Fenster schafft eine Verbindung zum Ossarium, das sich unter dem Fußboden der Kapelle in Form eines kleinen rechteckigen gemauerten Raumes erhalten hat. An seiner Ostseite belichtet ein primäres Fenster, dessen Sturz aus einer großen Steinplatte besteht, den kleinen Raum.

Das Ossarium wurde bislang als letzter Rest des romanischen Vorgängers der gotischen Veitskapelle interpretiert. Dagegen sprechen nun die beiden primären Fensteröffnungen im Gruftraum und an der Südfassade, denn dieser Befund deutet auf ein gleichzeitiges Entstehen hin.

Blick zur gotischen Empore der Veitskapelle

DAS MITTELALTERLICHE KLOSTER

Ossarium unter der gotischen Veitskapelle

Etwas weiter westlich wurde an der Südfassade im Bereich des ehemaligen Erdgeschoßes eine Öffnung freigelegt, deren segmentbogenförmiger oberer Abschluss bereits in die Neuzeit weist. Vor diesem Ausgang wurden sekundär verlegte figural verzierte spätmittelalterliche Bodenfliesen aufgefunden. Das Bildprogramm dieser Bodenfliesen entspricht jenem der bereits in den beginnenden neunziger Jahren des 20. Jahrhunderts freigelegten Bodenfliesen im Inneren der Veitskapelle. Inmitten dieser Fliesen lag ein großer Werkstein mit der Unterseite nach oben sekundär verlegt. Es handelt sich dabei um eine Steinplatte mit dem Grundriss eines halben Tetraeders mit gekehlter Kante, die wohl als Basis für eine Halbsäule zu interpretieren ist.

An der Nordseite verzahnt das Mauerwerk der Veitskapelle mit dem Mauerwerk des Hospitals, wofür sie aufgrund urkundlicher Quellen ab 1308 als Spitalskapelle diente.

Spätestens der barocke Umbau bedeutete das Ende der gotischen Veitskapelle. Der obere Bereich wurde teilweise gekappt und das Gewölbe eingeschlagen. Durch das Einziehen eines neuen Zwischengewölbes entstanden zwei Räume, wobei im unteren Bereich der gotische Eindruck erhalten blieb, während im oberen Bereich eine barocke Kapelle entstand, die mit dem neu errichteten Kaisertrakt baulich verbunden wurde.

DAS HOSPITAL

In der barocken Ausbauphase entstand an der Stelle des Hospitals ein Teil des Kaisertraktes, dessen Ostfassade nicht mehr direkt an der Kante des Felsplateaus liegt, sondern etwas zurückversetzt im Westen. Dadurch blieben vom spätmittelalterlichen Hospital nur mehr ein kleiner zweiräumiger Keller sowie die Ostmauer des Erdgeschoßes erhalten. Analog zum Befund an der Veitskapelle wurde auch hier deutlich, dass die Südecke des Hospitals mit dem Strebepfeiler der Veitskapelle verzahnt ist und beide Bauten somit gemeinsam entstanden sind. Da das Weihedatum dieser Kapelle mit 1308 angegeben ist kann auch die erste Bauphase des Hospitals damit datiert werden. Allerdings belegen unterschiedliche Mauerstrukturen und Baunähte mehrere Um- und Ausbauten. An einen ersten, relativ kleinen Bau aus Bruchsteinen, der über einen mit Holz gedeckten Kellerraum verfügte, wurde am Beginn der Neuzeit ein weiterer Bau aus Mischmauerwerk angefügt von dem sich ebenfalls nur die Ostmauer erhalten hat. Der Abbruch der Nordmauer ist gerade noch sichtbar. Im ehemaligen Erdgeschoß wurden fünf querrechteckige Fenster sekundär eingeschlagen. Knapp über den Fenstern hat sich der Geschoßrücksprung an der Innenseite der Mauer erhalten. Möglicherweise in der gleichen Bauphase wurde ein Aborterker angestellt.

SCHLUSSBETRACHTUNG UND AUSBLICK

Durch die nun schon seit über hundert Jahren andauernden Forschungen und seit 25 Jahren andauernden systematischen archäologischen Ausgrabungen sind wichtige Erkenntnisse zur mittelalterlichen Geschichte des Stiftes Altenburg gewonnen worden. Viele Räume konnten durch die Synthese von Archäologie und Bauforschung mit Urkunden und Archivalien interpretiert werden. Neben dem mittelalterlichen Kreuzgang und der angrenzenden Räume konnte auch entlang des Osttraktes der alte Baubestand aufgenommen werden. Viele dieser Befunde dienen dem Verständnis der inneren Struktur

ARCHÄOLOGISCHE UNTERSUCHUNGEN

einer mittelalterlichen Klosteranlage. Die durch die Grabungen zu Tage geförderten Funde geben nicht nur einen Einblick in die Sachkultur eines mittelalterlichen Klosters, sondern lassen auch anhand der Tierknochen auf den Speiseplan der Mönche schließen. Die Ernährungsgewohnheiten konnten auch an den Skeletten des mittelalterlichen Klosterfriedhofes abgelesen werden. Gesteinsanalysen wie zum Beispiel der Bauteile aus Kalksandstein haben ergeben, dass dieser im Eggenburger Raum abgebaut worden ist. Ebenso stammt ein Bauteil aus Marmor, der oberhalb des Biforenfensters im Kapitelsaal eingebaut ist, nicht aus der unmittelbaren Umgebung von Altenburg. Schon dieser kleine Einblick zeigt, dass damals reger Baustoffhandel betrieben worden ist. Freilich sind noch viele Fragen zum mittelalterlichen Altenburg offen, die nur durch neue Untersuchungen beantwortet werden können.

LITERATUR: *Seebach 1981, 36–59 – Seebach 1986 – Groiß / Haslinger 1994 – Blaschitz / Krenn 1995 – Fundort Kloster 2000 – Ulrike Piëtzka, Wolfgang Wurzer, KG Altenburg, Jahresberichte der Abteilung für Bodendenkmale 1999, hg. v. Christa Farka, Fundberichte aus Österreich 38 (1999), 13 – Ulrike Piëtzka, KG Altenburg, ebd. 39 (2000) 12 – Ulrike Piëtzka, David Ruß, Wolfgang Wurzer, KG Altenburg, ebd. 40 (2001), 14 – Ulrike Piëtzka, David Ruß, Wolfgang Wurzer, Grabungen auf der Altane in Stift Altenburg, ebd., 482–484 – Gottfried Artner, Nikolaus Hofer, Martin Krenn, KG Altenburg, ebd. 41 (2002) 12f. – David Ruß, Margit Bachner, Ursula Zimmermann, KG Altenburg, ebd. 44 (2005) 15f. – Martin Krenn, Doris Schön, KG Altenburg, ebd.16 – Margit Bachner, Martin Krenn, Doris Schön KG Altenburg ebd. 45 (2006) 13.*

Handschriften und liturgische Geräte
Schätze aus dem Mittelalter
Von Werner Telesko

Die Anfänge der Altenburger Klosterbibliothek liegen weitgehend im Dunkeln und sind noch wenig erforscht. Es ist derzeit auch nicht bekannt, ob die Mönche aus dem steirischen Kloster St. Lambrecht, die das Kloster der Hildburg von Poigen wahrscheinlich besiedelten, neben liturgischen Handschriften auch andere Codices mitgebracht haben.

Mittelalterliche Klosterbibliotheken zeichnen sich durch eine weitgehende Beschränkung des Lesestoffs auf theologische Inhalte aus. Die griechisch-römische Literatur wurde nur in einer sehr beschränkten Auswahl gepflegt. Hier sind vor allem Werke der Schriftsteller Boethius und Ovid zu finden. Es wäre es falsch zu glauben, dass Lese- und Schreibfertigkeit unter den Klerikern eine selbstverständliche Technik war. Das Buch war in der Welt des mittelalterlichen Mönchtums kein Wert-, sondern primär ein Gebrauchsgegenstand, und dies vor allem, was die liturgischen Handschriften als die zum Vollzug des Gottesdienstes unmittelbar notwendigen Codices betraf (Evangeliare, Psalterien, Sakramentare und später die Messbücher). Zum anderen ging es beim Lesen (Gebet, Studium) nicht um Unterhaltung oder Wissensbereicherung. Der Text wollte nicht nur gelesen und gehört werden, er musste im Rahmen eines Klosters auch befolgt werden (Text der *Regula Benedicti*).

Der älteste Bücherkatalog des Benediktinerstiftes Altenburg ist im Pergamentcodex Cod 359 (olim AB 13 A 22) [pag. 212] verzeichnet und mit *Annotacio omnium librorum nostrorum* betitelt. Die Handschrift stammt aus der ersten Hälfte des 13. Jahrhunderts und enthält außer den berühmten *Confessiones* des hl. Augustinus einen neumierten Hymnus *De sancto Benedicto*. Diese *Annotacio* dürfte um 1200 geschrieben worden sein und verzeichnet mit Einschluss der liturgischen Bücher insgesamt 25 Titel (vor allem patristische und liturgische Werke): *Annotacio omnium librorum nostrorum. Dialogus Gregorii. Jeronimus super Matheum. Origenes super Leviticum. Sermones Bernardi comprehensi in uno libro* (Cod. 184 [olim AB 13 F 16]). *Glose super Paulum. Exposicio Bede super actus apostolorum et super canonicas epistolas et super apokalipsim in uno volumine* (Cod. 61 [olim AB 14 D 15]). *Augustinus de doctrina christiana. Liber conff(essionum) Augustini* (Cod. 359 [olim Signatur AB 13 A 22]). *Exposicio secunde partis super psalterium. Ambrosius de officiis. Omelie due. Duo missalia et due partes. Matutinalis liber unus et due partes. Duo gradualia. Liber consuetudinum. Antipho*(narium) *feriale et unum de sanctis. Babtisterium.* Von den genannten Werken sind heute nur noch die *Confessiones* des hl. Augustinus, die *Expositiones Bedae presbyteri* (Cod. 61 [olim AB 14 D 15]) und die Predigtsammlung des hl. Bernhard von Clairvaux (Cod. 184 [olim AB 13 F 16]) erhalten. Mit Hilfe dieses Eintrags können mehrere Handschriften identifiziert und in der Entstehung vor dem 13. Jahrhundert angesetzt werden. Der Inhalt der im Eintrag verzeichneten

Schriften entspricht im Wesentlichen dem typischen Buchbestand eines Benediktinerklosters im Hochmittelalter mit dem dominierenden Schriftgut der Patristik (Väterliteratur).

Ungewöhnlich ist in Altenburg die reiche Existenz rezenter hochmittelalterlich-scholastischer Literatur des 13. Jahrhunderts: Dazu gehört etwa die *Summa constructionum* des einflussreichen Theologen Petrus Hispanus († 1277) in einer Handschrift aus der zweiten Hälfte des 13. Jahrhunderts (Cod. 348 [olim AB 13 A 11]). Ähnlich verhält es sich mit dem Altenburger Cod. 186 (olim AB 13 F 18) aus der Mitte des 14. Jahrhunderts mit der bedeutenden Schrift *Quaestiones de scripturis ab Judaeis receptis* (fol. 120r-159r) des franziskanischen Ordensprovinzials Nikolaus von Lyra OFM († 1349). In den genannten Fällen liegen die Entstehungszeit des jeweiligen theologischen Traktats und die Überlieferung in Altenburger Handschriften erstaunlich nahe beisammen, was bedeutet, dass man im Altenburger Konvent hinsichtlich der getätigten Bücherankäufe auf der theologischen Höhe der Zeit war. Cod. 348 (olim AB 13 A 11) mit einem Besitzeintrag auf fol. 105v aus dem späten 14. Jahrhundert (*Iste liber est Andree Chrumicher plebani in Czwetl*) zählt aufgrund des reichen Initialschmucks zu den künstlerisch wertvollsten Handschriften des Klosters. Quantitativ datiert der Hauptbestand der Altenburger Handschriften in die zweite Hälfte des 13. bzw. in das 14. Jahrhundert.

Cod. 61 (olim AB 14 D 15) enthält auf fol. 1r ein weiteres, jedoch kaum vor 1400 angefertigtes Verzeichnis von 62 – vorwiegend antiken – Texten in Handschriften, die ein gewisser „Magister Ebergerus" hinterlassen haben soll, dessen Identität allerdings im Dunklen bleiben muss. Erstaunlich ist besonders das hier genannte ehemals reich vorhandene antike Schriftgut mit Autoren wie Priscian, Arator, Avianus, Ovid, Aristoteles und Solon von Athen. Umfang und Auswahl der antiken Literatur im mittelalterlichen Altenburg sind – verglichen mit den europäischen Zentren der Zeit – durchaus beachtlich.

Im 15. Jahrhundert sind eine Reihe von wichtigen Bücherschenkungen an die Stiftsbibliothek zu registrieren. Es sind dies die ersten nachweisbaren Anfänge einer mittelalterlichen Bibliothek im Stift. Archäologisch konnte nachgewiesen werden, dass die Fraterie aus dem dritten Drittel des 13. Jahrhunderts als Skriptorium diente. Als Regale für Bücher, Pergament, Feder- und Schreibutensilien waren drei Nischen in die Westwand des Raumes eingelassen.

Wahrscheinlich gab es ab Abt Seifried I., dem Leiter der „äußeren Klosterschule", ein erweitertes und geordnetes Skriptorium im Kloster, wodurch auch der Bücherbestand entsprechend vermehrt werden konnte. Geistiger Mittelpunkt der mittelalterlichen Wissenschaft Altenburgs war in der Zeit um 1400 Prior Stephan Neythart de Stayneckke, der eine Reihe von Handschriften herstellte und

Ältestes Bücherverzeichnis des Stiftes

DAS MITTELALTERLICHE KLOSTER

auch als Auftraggeber genannt wird. Die spätmittelalterliche Blütezeit des Stiftes endete mit abrupt den Hussitenstürmen, die durch die Verwüstungen des Klosters einen Großteil des Archiv- und Bibliotheksbestandes für immer vernichteten.

Dem Charakter der Zeit entsprechend besteht „Buchmalerei" auch in den Handschriften des Stiftes Altenburg vorwiegend in sparsamen Initial- und Marginaldekorationen, seltener jedoch in figuralen Dekorationen wie etwa im Cod. 61 (olim AB 14 D 15), der auf fol. 1v eine Initiale mit der Figur des hl. Jakobus d. Ä. enthält. Reich illustrierte Codices, wie sie etwa für Regensburg, Salzburg und St. Florian überliefert sind, fehlen in Altenburg völlig. In den entsprechenden Handschriften des 13. und 14. Jahrhunderts bediente man sich hinsichtlich der Buchdekoration vorwiegend leicht tradierbarer Initialen und Buchstabentypen, die zumeist nur sparsam dekoriert sind. Im Vordergrund des Interesses der Illuminatoren standen Spaltleisteninitialen und Fleuronnéestäbe. Das Fehlen einer nachweisbar über einen längeren Zeitraum aktiven Altenburger „Malerschule" förderte naturgemäß die Bereitschaft zur Rezeption unterschiedlicher Stiltraditionen. In vielen Fällen kann beobachtet werden, dass die Handschriften fremdes Formmaterial übernehmen und zitieren, ohne dieses aber in eine eigenständige künstlerische Syntax zu integrieren. Deutlich wird, dass Illustrationen größeren Umfangs hinter das punktuelle Setzen von Akzenten im Initialbereich zurücktreten.

Gänzlich außerhalb der Problematisierung einer genuinen Altenburger „Malerschule" steht als „Importwerk" Cod. 91 (olim AB 6 C 4), ein Stundenbuch, das vom bedeutenden flämischen Meister Herman Scheere um 1410/1412 ausgeführt worden sein dürfte. Die Handschrift enthält eine Vielzahl von in Gold, Blau, Rot und Braun gezeichneten Initialen, die in gerahmter Form in den Schriftspiegel integriert sind.

Wie die Handschriften die entscheidende geistige Basis eines Klosters und ein wesentliches Moment der Kontinuität verkörpern, so bildet die Gruppe der liturgischen Geräte *(vasa sacra)* den Kernbestand der Ausstattung hinsichtlich der Schatzkunst und des Kunstgewerbes. „Vasa sacra" werden alle jene Geräte genannt, die im Gottesdienst der Kirche unmittelbar mit dem Leib und dem Blut Jesu Christi unter den Gestalten von Brot und Wein in Berührung kommen. Dazu gehört der Kelch für den Wein, aber auch der Speisekelch für die Aufbewahrung des Brotes, der Hostien. Heute wird häufig zur Aufbewahrung der Hostien auch eine Schale benutzt. Mit dem verwandelten, konsekrierten Brot kommt auch die Patene, der Hostienteller, in Berührung. Die genannten liturgischen Geräte wurden und werden bei der Feier der Heiligen Messe gebraucht. Außerhalb der Messe kommt besonders die Monstranz, ein Zeigegerät, mit dem konsekrierten Brot in Berührung. Sie wird bei Gottesdiensten verwendet, in denen es um die Verehrung und Anbetung des Leibes Jesu Christi in der Gestalt des Brotes geht. Sie findet aber auch bei den Prozessionen am Fronleichnamfest ihren Gebrauch. Alle *vasa sacra* mussten und müssen aus wertvollem Material und künstlerisch hochrangig gestaltet sein.

Die meisten der Gegenstände dieser *vasa sacra* wurden in Augsburg hergestellt und in der Folge an die entsprechenden Abnehmer exportiert. So hat sich in Altenburg ein silbergetriebener und vergoldeter Kelch mit einem Korb in silberner Durchbruchsarbeit aus dem Jahr 1682, wahrscheinlich eine Augsburger Arbeit, erhalten sowie ein Kelch aus dem Beginn des 18. Jahrhunderts, ebenfalls ein Augsburger Werk, das einen Edelstein- und Emailbesatz aufweist. Die Emails am Fuß und an der Cuppa zeigen Szenen aus der Passion Christi – gipfelnd in der Darstellung der Kreuzigung Christi. Besonders hervorzuheben sind zudem ein Wiener Kelch, eine vergoldete Silberarbeit, die zwischen 1764 und 1795 hergestellt wurde und ebenfalls ei-

Figureninitiale mit dem hl. Jakobus dem Älteren

HANDSCHRIFTEN UND LITURGISCHE GERÄTE

LINKS: *Spätgotisches Stundenbuch*
UNTEN: *Abtkrümme aus Elfenbein*

nen Emailbesatz sowie reiche Rokoko-Ornamentik aufweist, und eine aus feuervergoldetem und silbernem Messing gefertigte Monstranz, die um 1780/1790 zu datieren ist. Dieses Werk zeigt Louis-Seize-Ornamentik mit Fruchtschnüren. Das *Agnus Dei* (auf versiegeltem Buch) und die Engel mit Früchten weisen auf das eucharistische Opfer hin.

Neben den eigentlichen liturgischen „vasa sacra" gelangten während des Mittelalters zahlreiche kunstgewerbliche Gegenstände aus fernen Ländern in mitteleuropäische Klöster. Als bedeutendes Exemplar einer aus Elfenbein gearbeiteten Abtkrümme (Pastorale) hat sich im Stift ein Werk der zweiten Hälfte des 12. Jahrhunderts erhalten, das in Süditalien gefertigt wurde und zum ersten Mal 1576 in einem Inventar des Stiftes nachweisbar ist: Die Krümme endet in einen Drachenkopf; das Innere der Windung beherrscht ein Falke (als Symbol der Jagdfreude), der ein Kreuz im Schnabel hält und in seinen Fängen eine Ente. Unter dem Falken steht ein kleines Bäumchen. Diese Krümme gehört zu süditalienischen Arbeiten, deren Tierornamentik im Wesentlichen auf islamische Traditionen zurückgeht, die durch die Araber nach Sizilien gebracht und in der Folge in Süditalien mit christlicher Symbolik aufgeladen wurden. An das untere Ende des Elfenbeinschafts schließt ein mit bemaltem Elfenbein unterlegter vierseitiger Glasgriff mit abgeschrägten Kanten an (14. oder 15. Jahrhundert), der wohl bei einer Restaurierung des Stabes angesetzt wurde.

LITERATUR: *Tietze 1911 – Egger / Egger 1979 – Telesko 1994.*

Stiftsarchiv
Gedächtnis des Hauses
Von Karin Winter und Kathrin Kininger

Ein Archiv ist jene Truhe, jener Kasten, jener Raum, worin das Schriftgut der Geschichte eines Klosters aufbewahrt wird. Waren es im Mittelalter vor allem die rechts- und besitzsichernden Urkunden, die besonders sorgfältig gesammelt wurden, so wachsen am Beginn der Neuzeit die Akten aus einer immer strukturierter werdenden Wirtschaftsverwaltung explosionsartig an. Somit bietet das Stiftsarchiv einzigartige Dokumente, die die jahrhundertealte Tradition des Hauses belegen und den Wandel der Zeiten sichtbar machen. Einerseits bildet das Archiv das Fundament der Identität des Klosters als geistlicher Wirkungsstätte, andererseits beherbergt es Geschichte und Geschichten von Land und Leuten, geprägt durch den klösterlichen Grundbesitz. Ohne das Archiv und das Bewusstsein für die darin bewahrte Geschichte, losgelöst von den Wurzeln, wäre das Kloster eines großen Teils seines heutigen Charakters und seiner Identität beraubt.

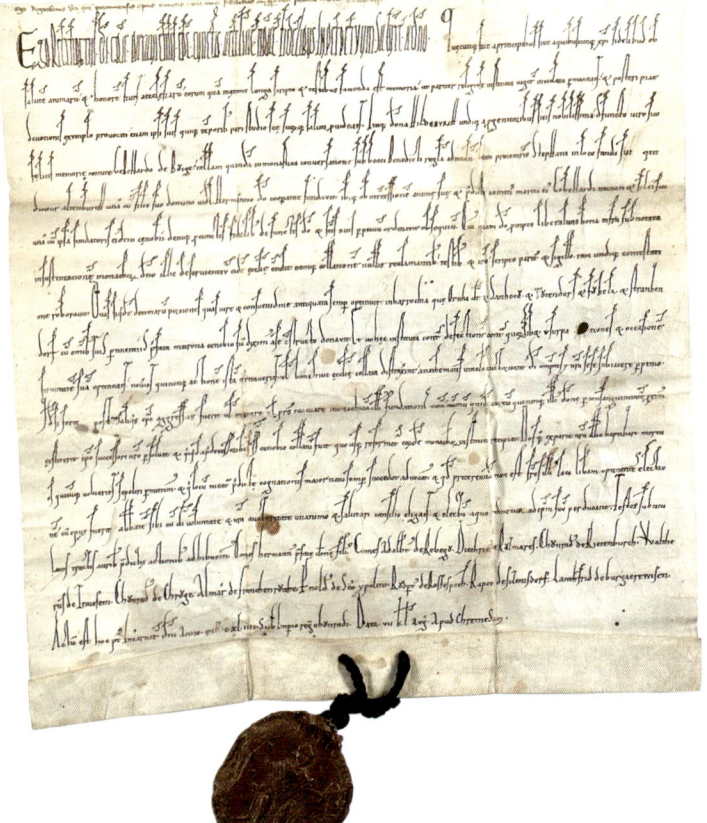

Stiftungsurkunde

DIE GESCHICHTE DES STIFTSARCHIVS

Die Geschichte des Stiftsarchivs Altenburg nimmt ihren Anfang naturgemäß im Jahr 1144 mit der Gründung des Stiftes. Am 25. Juli dieses Jahres bestätigte der Bischof von Passau in einer Urkunde die Stiftung des Klosters durch Hildburg von Poigen. Dieses Stück Pergament ist nur das erste von vielen über die Jahrhunderte gut gehüteten Dokumenten. Allerdings war auch das Archiv nicht vor den Wirren der Zeit gefeit. Waren es im Mittelalter vor allem Brände, die seinen Bestand bedrohten, so führten im 15. Jahrhundert die Auseinandersetzungen rund um die Hussitenkriege und im 17. Jahrhundert der Dreißigjährige Krieg zu größeren Verlusten. Enorme Einbußen erfuhr der Aktenbestand auch während der durch Enteignung und Okkupation für das Stift sehr bedrückenden NS- und Besatzungszeit. Nach 1955 war es das große Verdienst von P. Gregor Schweighofer OSB, das Archiv zu bewahren, zu ordnen und die vorhandenen Bestände in maschinschriftlichen Kasteninventaren zu verzeichnen.

DIE NEUORDNUNG DES ARCHIVS IM JAHR 2006

Auf Initiative Abt Christian Haidingers wurde das Stiftsarchiv Altenburg im Februar 2006 von seinem bisherigen Standort in der Prälatur in die heutigen Archivräume („Geraser Zimmer", „Zwettler Zimmer" und „Archivkabinettl") übersiedelt. Die Archivschränke, die teilweise aus der Barockzeit stammen, blieben erhalten. Daraufhin fand im Juli und August 2006 eine umfassende Neuordnung und Neuaufstellung des Archivs durch Mitarbeiterinnen und Mitarbeitern des „Instituts zur Erschließung und Erforschung kirchlicher Quellen" und mit tatkräftiger und sachkundiger Unterstützung von Abt Bernhard Naber statt. Somit konnten alle Archivalien ihren konservatorischen Ansprüchen gemäß und unter dem Aspekt der Langzeitarchivierung gelagert werden, insgesamt 529 Kartons und 1183 archivalische Bücher. Gleichzeitig wurde das Archiv durch eine Datenbank (www.kirchenarchive.at) erschlossen, und ein umfassendes Findbuch konnte angefertigt werden. Das Stiftsarchiv Altenburg zählt daher zu den fortschrittlichsten und modernsten Klosterarchiven in Österreich – ein Ausdruck dessen, dass im Stift Altenburg historische Traditionen mit den dokumentarischen Möglichkeiten des 21. Jahrhunderts auf vorbildliche Weise verbunden werden.

DIE BESTÄNDE

Die ältesten Dokumente des Archivs befinden sich in der Urkundenreihe, die von 1144 bis in das 19. Jahrhundert reicht. Erstmals systematisch erfasst wurden sie durch Abt Honorius Burger, der in der Mitte des 19. Jahrhunderts ein Urkundenbuch anlegte. Heute sind die Urkunden des Klosters in das Monasterium-Projekt (Virtuelles Archiv mitteleuropäischer Klöster und Bistümer) integriert. Alle Urkunden wurden digitalisiert und können nun unter www.monasterium.net abgerufen werden.

Auch die ältesten Bücher des Stiftes befinden sich im Archiv. Einerseits sind es die Pergament- und Papierhandschriften (44, 339), die vor der Erfindung des Buchdrucks in sogenannten Skriptorien geschrieben wurden, andererseits handelt es sich um Inkunabeln (150) und Frühdrucke (358), die aus der Anfangszeit des Buchdrucks stammen.

Den weitaus größten Teil der Archivbestände machen aber die Akten und Bücher aus, die aus der Herrschaftsverwaltung des Stiftes stammen. Zum Stift Altenburg gehörten folgende Grundherrschaften: Altenburg, Eggenburg, Pfarrherrschaft Horn, Limberg, St. Marein, Wiesent und Wildberg-Drösiedl.

Der stiftliche Grundbesitz wird vom Kloster aus verwaltet. Grundentlastungakten einer Fülle von Ortschaften sind daher im Altenburger Archiv aufbewahrt: Aigen, Alberndorf, Allentsteig, Amelsdorf, Äpfelgschwendt, Atzelsdorf, Blumau, Breiteneich, Brunn, Burgerwiesen, Burgschleinitz, Buttendorf, Dietmannsdorf, Dorna, Drösiedl, Edlbach, Engelsdorf, Franzen, Frauenhofen, Fuglau, Fürwald, Gars, Gauderndorf, Germans, Getsdorf, Gobelsdorf, Götzles, Grafenberg, Groß-Purgstall, Grub, Gumping, Haselberg, Hausmanns, Hohenwart, Horn, Irnfritz, Kainraths, Kamegg, Kleinreith, Klein-Ullrichschlag, Krug, Liebnitz, Limberg, Ludweis, Mahrersdorf, Mannigfall, Markt Röschitz, Matzles, Mayerhöfen, Mazelsdorf, Messern, Mitterretzbach, Mödring, Mold, Mühlfeld, Neubau, Neukirchen, Niederschleinz, Nonndorf, Obernalb, Oberravelsbach, Oberretzbach, Oedt, Parisdorf, Pfaffstetten, Poigen, Pulkau, Radessen, Reichharts, Röhrenbach, Sachsendorf, Scheidldorf, Schmerbach, Schwarzenreith, Sieghartsreith, Sitzendorf, St. Bernhard, St. Marein, Steinegg, Stettnerhof, Straning, Strögen, Tröbings, Ullrichschlag, Waiden, Wappoltenreith, Wartberg, Winkl, Wutzendorf, Zellerndorf, Zöbing, Zogelsdorf.

Bis zur Grundentlastung des Jahres 1848 schloss das auch Gerichtsbarkeit, Polizeiwesen, Steuereinhebung und Unterstützung von verarmten Untertanen und Waisen mit ein. Die meist bäuerlichen Untertanen mussten Abgaben und Leistungen erbringen und waren auch persönlich der Obrigkeit unterworfen. Diese vielfältigen Funktionen werden durch Grundbücher, Dienstbücher, Rechnungsbücher, Gewährbücher, Heiratsprotokolle, Gerichtsprotokolle, Kaufbücher, Steuerbücher, Gabenbücher, Waisenamtsbücher, Orts- und Untertanenakten, Steuerakten, Zehent- und Robotakten, Gerichtsakten, Jagdakten, Rentamts- und Kastenamtsjournale, Inventare und vieles mehr dokumentiert.

Die Bedeutung des Klosters als Wirtschaftsbetrieb schlägt sich auch in den Quellen des 20. Jahrhunderts nieder. Die Bestände des neuen Wirtschaftsarchivs (Rechnungswesen, Versicherungen, Steuern, Vermögensgebarung, Verwaltung/NS- und Besatzungszeit, Personal, Grundbesitz und Pacht, Forst, Ausstellungen und Veranstaltungen, Altenburger Sängerknaben) reichen bis in das Jahr 1993.

Eine weitere große Bestandsgruppe stellen die Pfarr- und Schulakten von Aigen, Altenburg, Dietmannsdorf, Frauenhofen, Fuglau, Horn, Ludweis, Maria Dreieichen, Messern, Oberretzbach, Riedenburg, Röhrenbach, Sachsendorf, Stiefern, St. Margarethen a. d. Sierning, St. Marein, Strögen und Zöbing dar, die ein Resultat der seelsorgerlichen Aufgaben des Klosters sind. Konventualen des Stiftes betreuten und betreuen noch heute sogenannte Stiftspfarren. Dadurch standen die Pfarren in enger Wechselbeziehung zum Kloster.

Desgleichen sind im Archiv Unterlagen zu Leben und Wirken von verstorbenen Äbten und Patres überliefert (Bestandsgruppe „Haus und Konvent"). Persönliche Dokumente, Tagebücher, Briefe, Familienfotos sind ebenso wie Predigtnotizen, Messintentionen und Aufzeichnungen über die ausgeübten Ämter in der Klostergemeinschaft zu finden.

Die Barockisierung des Klostersgebäudes und die spätere Bautätigkeit sind in den sogenannten Bauakten gut belegt. Beginnend mit den Künstlerrechnungen aus dem späten 17. Jahrhundert bieten diese Akten die Möglichkeit, die bauliche Entwicklung nicht nur der Stiftsgebäude nachzuvollziehen, sondern auch der zum Stift gehörigen Gutshöfe, Pfarrhöfe, Pfarrhäuser, Pfarrkirchen, Forsthäuser, Friedhöfe und Kapellen.

Die Beziehungen des Stiftes Altenburg zu anderen Klöstern – auch zu anderen Orden – werden anhand der umfangreichen Partezettelsammlung deutlich. Die jahrhundertealte Tradition der Gebetsverbrüderung unter den Klöstern wirkt bis in die Gegenwart nach.

Ebenso zu den Archivbeständen gehören Fotos, Ansichtskarten und Andachtsbildchen. Diese illustrieren den Lebensalltag im Kloster und können als ergänzende Quellen zu Ereignissen im Stift und in den Stiftspfarren herangezogen werden.

Im sogenannten Archivkabinettl wird neben der graphischen Sammlung auch die Plansammlung aufbewahrt, die teilweise detaillierte Karten des stiftlichen Grundbesitzes enthält. Im direkt an die Archivräume anschließenden „Türkensaal" werden Devotionalien (Maria Dreieichen), die Mineraliensammlung, eine Rosenkranzsammlung und Reliquien aufbewahrt. Diese Sammlungen sind aber keine Archivbestände im eigentlichen Sinn.

Komplettiert wird das Archiv durch die Archivbibliothek, in der die Publikationen zur Geschichte des Stiftes und seiner Umgebung enthalten sind. Hier finden sich auch nützliche Hilfsmittel für die Benützerinnen und Benützer des Archivs. Aufgabe des Archivs ist nicht nur die historischen Bestände zu verwahren, sondern auch neu entstehendes Archivgut aus der Verwaltung zu übernehmen und für einen abermaligen Gebrauch bereit zu halten.

Durch diesen kurzen Abriss sollte ein Teil des Klosters beleuchtet werden, der vielen unbekannt ist oder mit den Begriffen „verstaubt" und „unzeitgemäß" in Verbindung gebracht wird. Deshalb wird die Bedeutung des Archivs oftmals unterschätzt, einer Einrichtung, die die Geschichte des Benediktinerstiftes Altenburg und damit wertvolles Kulturgut behütet und präsentiert. Das Archiv begleitet die Gemeinschaft von ihrer Gründung an durch die Jahrhunderte; immer bildeten Kloster und Archiv eine untrennbar verwobene Einheit. Ebenso einzigartig wie das Stift Altenburg ist auch sein Archiv, dessen Existenz das Wissen über die Geschichte des Klosters für die Zukunft.

LITERATUR: *Wagner 1994 – Naber 1994 – www.monasterium.net – www.kirchenarchive.at.*

III.
DER BAROCKE KOSMOS

Künstler
Inspiriertes Zusammenspiel
Von Andreas Gamerith

Während die Kunstschaffenden des Mittelalters großteils anonym hinter ihre für das Kloster Altenburg geschaffenen Werke zurücktreten, können nach dem Dreißigjährigen Krieg für viele Tätigkeiten auch Künstlerpersönlichkeiten namhaft gemacht werden.

Unter Abt Benedikt Leiss unternahm der Waidhofener Maurermeister Bartholomä(us) Lucas ab 1650 die Neustrukturierung des Langhausgewölbes der Stiftskirche und gestaltete den mittelalterlichen Kirchenraum als zeitgemäßen Emporensaal um, in welcher Form er kein Jahrhundert später die direkte Voraussetzung der Planungen Munggenasts bilden sollte. In einer Reihe von Umgestaltungsarbeiten der schadhaften mittelalterlichen Gebäudesubstanz, aber auch bei der Neuerrichtung repräsentativer Teile wie der Prälatur war der Waidhofener Meister für das Stift federführend und hatte neben der Bauaufsicht auch Sorge zu tragen „daß nirgends khein Mangl erscheine, auch dass Feur' dem Closter und Gebew durch die Rauchfäng kein Schaden thuen möge" (Kontrakt des Jahres 1660). Ein Zerwürfnis mit Abt Maurus Boxler, der sich selbst auf seinem Portrait als resoluter Überwacher der Bauarbeiten abbilden ließ, beendete 1662, noch während der Errichtung des doppelgeschoßigen Arkadenganges zum Konventgarten, das Arbeitsverhältnis „in deme ihr hochw. H. Praelath also beschwerlichen und klueg [eventuell im Sinne des Dialektausdruckes für „geizig"] handeln, daß weder ich noch auch ehrlicher Maister ohne möcklichen Schaden nit bestehen kann" (Brief an den Hofmeister 1662)

Im Jahr 1664 wird der Wiener Stuckateur Georg Hiemmer für noch erhaltene Arbeiten „im Oratorio und Vorsaal" (heute Hauskapelle und Refektorium) verpflichtet, weiters entstanden die Plafonddekorationen der Konventbibliothek und des darunter gelegenen (Sommer-)Refektoriums. Mit Hiemmer, der später den Titel eines Hofstuckateurs führte, wird ein Ausstattungskünstler fassbar, der nun nicht mehr nur provinziellen Ansprüchen genügen konnte, sondern darüber hinaus durch seine Arbeiten im Wiener Palais Abensperg-Traun auf prominente Reverenzen verweisen konnte. Seine Decken gliedert der Meister durch rektanguläre Felder, die rasterartig von Rahmen eingefasst werden, wobei dazwischen gestreute, organischere Ornamentflächen mitunter die Strenge dieser Stuckrahmen überwuchern. Prägend sind die Reprisen gleichbleibender, gegossener Zierformen, die im Zusammenhang mit dem Aussparen jeder Farbigkeit den kühlen ästhetischen Reiz dieser Dekorationen ausmachen. Das am meisten belebte Werk bildet die Decke des Sommerrefektoriums, bei der zahlreiche Putti die Rollkartuschen der Gewölbezwickel bevölkern.

Die Nachfolge von Bartholomä Lucas trat der Horner Maurermeister Hans Hochhaltinger an, der etliche Filialkirchen umgestaltete und ab 1675 die Bauführung über den „Neuen Stockh" der Prälatur übernahm – wobei er sich verpflichten musste „zu disem Gebeu guete Gesöllen und kheine Lehrbueben beyzuschaffen" (Kontrakt von 1675). Vertraglich geregelt waren auch die Arbeitsstunden der „Maurergesöllen", nämlich „fruehe umb 4 Uhr zu der Arbeith, und abents um 7 Uhr wider von der

VORHERGEHENDE SEITE: *Bienenkorb als Wappen des Bauabtes Placidus Much*

Arbeith zu gehen". Bei beiden Baumeistern des 17. Jahrhunderts ist zu betonen, dass ihre Leistungen eher im organisatorischen Bereich anzusiedeln sind; keinesfalls erheben die von ihnen geleiteten Baukampagnen einen höheren Qualitätsanspruch als zweckorientiertes Maurerhandwerk zu sein.

Einen Höhepunkt in der Ausstattungskunst bedeuten die Arbeiten des Wiener Stuckateurs Jacob Schlag (1633–1679), der in den Jahren zwischen 1676 und 1678 19 Gewölbe künstlerisch gestaltete, wovon ein Großteil in den Räumlichkeiten um den Prälatenhof erhalten blieb. Schlags üppiges Formenvokabular scheint die tektonischen Strukturen seiner Gewölbe gänzlich zu verschlingen, ausgehend von Kartuschenformen überziehen Ornamente mit eingestreuten Engelchen, drallen Früchten und manierierten Grimassenköpfen den gesamten Deckenspiegel. Nicht nur der Umfang des Ensembles, das sich beinahe undezimiert erhalten hat, sondern auch die hohe Qualität der ausführenden Hand räumt den Stuckdecken Schlags in Altenburg ihre Bedeutung ein.

Nur mehr in Dokumenten fassbar sind die verlorenen Bildhauerarbeiten, die der Znaimer Matthias Angerer für Altenburg lieferte, nämlich Figuren der Heiligen Drei Könige und dreier Passionsengel neben anderen Engelsfiguren für Altäre der Stiftskirche.

KÜNSTLER DES 18. JAHRHUNDERTS

Fast eineinhalb Jahrzehnte seiner Regentschaft waren bereits verstrichen, als Abt Placidus daran ging, seinem Haus ein neues Aussehen zu verleihen. Dem klugen Ökonom war es gelungen, die Finanzen des Klosters so weit zu konsolidieren – und wohl auch die Besorgnis des Konventes zu beschwichtigen –, dass ein solches Unterfangen, das von etwa 1730 bis 1745 dauern sollte, für das Stift unter einem guten Stern zu stehen schien.

Die Klösterlandschaft Niederösterreichs erwies sich in jener Zeit als besonders baufreudig. Während sich die oberösterreichischen Stifte schon Ende des 17. Jahrhunderts daran gemacht hatten, ihren Häusern neuen Glanz zu verleihen, setzte im Land unter der Enns insbesondere der Prälat von Melk, Berthold Dietmayr, mit dem großzügigen und aufwendigen Umbau seines Hauses den Maßstab für die anderen Mitglieder des Prälatenstandes. Dass Melk nicht nur in Fragen der Repräsentanz, sondern auch bei der Künstlerauswahl tonangebend war, belegen die Klöster mit ihren Ausstattungen, bei denen oft dieselben Meister anzutreffen sind. Abt Placidus selber empfahl 1729 in einem Brief dem Klosterneuburger Propst seinen Steinmetzen Fahrmacher mit dem Hinweis, dass der Eggenburger auch für den Melker Bau gearbeitet habe.

Der Altenburger Prälat dürfte sich schon lange mit Fragen des Bauwesens auseinandergesetzt haben, der Passus im Vertrag mit dem Stuckateur und Marmoristen Holzinger, den Stuckmarmor „ohne Gebrauch des fürnis" (eine unadäquate Lackierung zur Zeitersparnis) auf Glanz zu schleifen, lässt sogar vermuten, dass der Bauherr über diverse unlautere Kniffe der Handwerker unterrichtet war. Andererseits sind die Planänderungen, die sich sichtbar am ausgeführten Bau zeigen, im Falle Schmidts zu kurz, im Falle Trogers zu breit gelieferte Altarblätter und brummige Rechnungsposten, wie sie etwa beim Steinmetzen anzutreffen sind („Auch ligen schon über zwey Jahr die 16 angefrimbt Tachfenster im Closter fertig"), deutliches Zeugnis für den nicht immer straff organisierten Ablauf auf der klösterlichen Baustelle. Das letztendlich so harmonische Erscheinungsbild der Klosteranlage ist deshalb als herausragende Leistung und als glückliches Zusammenspiel vieler künstlerischer Geister zu würdigen.

„Herr Joseph MUNKENAST, Baumeister von St. Pölten, Tyrolensis" führt in der Turmurkunde die Reihe der Künstler als Erster an. Ab ungefähr 1729 versah Joseph Munggenast (1680–1741), unterstützt von seinem Maurerpolier Leopold Wisgrill (1701–1770), die Planung des Um- und Neubaues. Drei Bestätigungen seines Gehaltes liegen aus den Jahren 1731 (100 fl.) und 1732 (100 fl., 90 fl.) vor, an Planmaterial sind vier Grundrisse zur Stiftskirche überliefert sowie ein Aufriss der Turm-

Josef Munggenast, Auf- und Grundriss des barocken Turmhelmes des Stiftskirche

fassade und des Turmhelms. Die für die Stiftskirche von Munggenast zur Diskussion gestellten Grundrissvarianten präsentieren dem Auftraggeber unterschiedliche Gestaltungsmöglichkeiten für die Neuadaptierung des Gotteshauses. Unter Beibehaltung eines Großteils des gotischen Mauerwerks sieht die erste Planfassung eine runde Zentralkuppel vor, im Presbyterium folgen zwei weitere Rundkuppeln. Die zweite Variante ventiliert bereits die ovale Hauptkuppel, die Querhausnischen sollten im Vergleich zum Alternativmodell verschmälert werden. Die in den Ecken positionierten Langhauskapellen haben ihre starre Schrägstellung des ersten Entwurfs verloren, bilden tiefere Altarnischen aus und zeichnen den schwingenden Grundriss der Kuppel nach. Ein querovales Presbyteriumsfeld, dem Langhaus folgend, sollte nach diesem Vorschlag Munggenasts ein freistehender und von vier Säulen flankierter Hauptaltar abschließen, hinter dem im gotischen Chor (und vom Langhaus wohl nicht einsichtig) ein Mönchschor eingerichtet wird. Beide Planstufen sehen die Kirchenfassade in den Verbund eines Osttrakts als Verbindungsgang zu den kaiserlichen Appartements integriert, dem die geknickten und unregelmäßigen Trakte des 17. Jahrhunderts hätten weichen sollen – ein Vorhaben, das, in den Grundmauern schon begonnen (wie Ausgrabungen gezeigt haben), schlussendlich aufgegeben wurde.

Die Kirchenpläne legen nahe, dass die Altenburger Planung nicht von vornherein auf die komplette Neugestaltung des Klosterkomplexes abzielte. Selbst der am Boden liegende Plan am Hochaltarbild, den der hl. Lambert dort der Gottesmutter empfiehlt, zeigt den Zustand der Baustelle im Jahr 1734 und ergeht sich nicht in das Gebäude zur Gänze umfassenden Idealplanungen. Das Altenburger Projekt stellte an den vielbeschäftigten Klosterbaumeister in der Nachfolge Jakob Prandtauers besondere Anforderungen: Das anfängliche Adaptierungsunternehmen von Stiftskirche und Sakristei hatte sich bald zu einem Umbau der gesamten Klosteranlage ausgewachsen, bei dem ein hoher Anteil bereits bestehender und zu erhaltender Bauten die konzeptuellen Freiheiten einschränkte. Die dekorativen Qualitäten des Munggenast'schen Bauens äußern sich in der malerischen Verschränkung der Kunstgattungen etwa in der Kirche: Die dramatische Wirkung der Malereien kommuniziert mit der einem Barocktheater abgespickten Gestaltung des Altarraumes. Das Halbdunkel des Langhauses, das unterhalb des Kuppelreifes erleuchtet wird, steht im Kontrast zum hell erleuchteten Altar, der sein Licht indirekt durch weit heruntergezogene Fensterbahnen empfängt. Besonders eindrucksvoll in Szene gesetzt ist der Helligkeitssprung an der Übergangsstelle im Bereich der vorderen Hochaltarsäulen. Die sich scheinbar ins Kranzgesims des Langhauses dynamisch ausdrehenden Altarsäulen sind im Gegenlicht verschattet, ihre das Hochaltarbild flankierenden Gegenstücke ins helle Licht gesetzt. Analog nutzen auch die Stuckfiguren die Belichtungsvorgaben des Architekten – als Repoussoirfigur wendet der Engel über der rechten Hochaltarsäule dem Betrachter den Rücken zu, eine schattenhafte Silhouette vor der erleuchteten Gruppe um Gottvater.

Als anderes Beispiel des betont malerischen Zugangs des Architekten ist die Inszenierung des Marmorsaales zum Johannishof anzuführen: Da der Vorgängerbau des Pavillons keine rektanguläre Ausrichtung zum Gästetrakt erlaubte, nutzte der Planer den gegebenen stumpfen Winkel, um durch perspektivische Wirkungsmittel dem Ankommenden höhere Monumentalität des Gebäudes zu suggerieren.

Zunächst dürfte von einem vergrößerten und regelmäßigen Prälatenhof ausgegangen worden sein sowie der Errichtung des Kaiserhofes als Vier-

KÜNSTLER

flügelanlage. Der Entschluss zum Bibliotheksbau als Längsflügel an der Epistelseite der Kirche – und nicht, wie vielleicht vorher vorgesehen, als Abschluss des Kaiserhofes – verlieh dem Kloster eine imposante Hauptfassade, bei der die gotische Kirchenapsis als Mittelrisalit in Szene gesetzt wurde. Als Konsequenzen dieser Planänderung sind dafür andererseits die verschobenen Risalite des Kaiserhofes zu betrachten, die offenkundig einem vormaligen Konzept entsprechen. Dass die Schaffung der großen Ostfassade ein bewusster künstlerischer Gestaltungsakt und nicht nur Produkt unorganisierten Planens war, zeigen die hohen Substruktionen, die vonnöten waren, um das Bibliotheksgebäude in etwa auf das Niveau der restlichen Anlage zu heben. Sozusagen „Nebenprodukte" dieser Notwendigkeiten sind das Vestibül der Bibliothek mit Treppenhaus und die „Krufften", die Krypta. Den Abschluss der Altenburger Arbeiten konnte Joseph Munggenast nicht mehr erleben, wenngleich gerade der Bibliotheksraum als eines seiner Hauptwerke betrachtet werden muss.

Kaum ein Künstler hat seinen Namen so eng mit Altenburg verbunden wie Paul Troger (1698–1762). Der geborene Südtiroler war nach vierjährigem Studienaufenthalt in Italien anfänglich in Salzburg tätig gewesen und 1728 nach Wien übersiedelt. Schon kurz darauf war es ihm gelungen, kleinere Proben seines Könnens für niederösterreichische Auftraggeber liefern zu können; seinen Durchbruch schaffte er aber sicherlich durch seine Berufung 1731 nach Melk, wo er dem im Vorjahr verstorbenen Johann Michael Rottmayr als Freskant nachfolgte. In den Jahren zwischen 1732 und 1742 stand der Maler immer wieder in Diensten Altenburgs und schuf hier sein umfassendstes Ensemble an Deckenmalereien. Gerade die Fresken der Altenburger Stiftskirche eröffneten dem Maler neue Möglichkeiten und stellten gänzlich neue Anforderungen. War der zeitgleich für Zwettl erarbei-

Blick vom Johannishof auf die Fassade des Marmorsaals

DER BAROCKE KOSMOS

tete Freskenzyklus, eine Serie von schmalen Bildfeldern, nur im Abschreiten lesbar, boten die riesigen Gewölbeflächen des Altenburger Gotteshauses dem Künstler freiere Entfaltungsmöglichkeiten. So sperrig die sich steil krümmenden Platzelgewölbe der Zwettler Bibliothek sich gegen eine Freskierung zu sträuben schienen, so großzügig kam die Architektur in Altenburg der Malerei entgegen: Durch den Verzicht auf einen Tambour bei der Hauptkuppel kann sich das Fresko, vom rückwärtigen Balkon aus gesehen (der von den kaiserlichen Gemächern aus hätte erreichbar sein sollen), vor den Augen des Betrachters im Sinne eines riesenhaften Tafelbildes entwickeln.

Die Reihe der Arbeiten für Altenburg eröffneten Trogers Altarraumfresken. Im November 1732 verpflichtete sich der Maler, Kuppel und Gewölbe über dem Presbyterium für insgesamt 450 fl. zu malen. Diesem Auftrag folgte im April des darauffolgenden Jahres der Kontrakt zur großen Kuppel und der Laterne, wofür die Summe von 1900 fl. veranschlagt wurden, erweitert um das „Gratial" von zehn Eimern Nussberger. Aus diesem zweiten Vertrag spricht eine gewisse Unruhe des Bauherrn – die Arbeitsdauer wurde angegeben als „längstens inerhalb 2 Somer, oder womöglich ehender zu beschleinigen" –, was nicht wunder nimmt, da die Kirche als Pfarrkirche nicht über Gebühr Baustelle bleiben sollte und Troger zeitgleich die Bibliothek des Nachbarstiftes Zwettl zu malen übernommen hatte. Der Maler enttäuschte seinen Altenburger Mäzen nicht: Bis Ende April 1733 waren alle Arbeiten in Zwettl abgeschlossen, die schon begonnenen Malereien für Altenburg schritten zügig voran. Im Juni des Jahres bestätigte der Künstler den Erhalt der für das Presbyteriumsfeld ausgehandelten 200 fl., und schon Ende November konnte er dem Kloster „wegen der gemallenen Großen Kuppl" sein Gehalt in Rechnung stellen. Das Pensum des Jahres präsentiert sich allein unter Berücksichtigung des ca. 700 Quadratmeter umfassenden Hauptkuppelbildes als beeindruckend groß – zumal Troger nur von seinem Vettern Johann Jakob Zeiller und einem weiteren „mahler gsellen" (Kontrakt von 1733) unterstützt wurde.

1734 lieferte Troger das Hochaltarbild der *Himmelfahrt Mariens* sowie zwei kleinere Seitenaltarblätter, die lyrische *Beichte der Königin beim hl. Johannes Nepomuk* und das drastisch-brutale Pendant der *Enthauptung der hl. Barbara*. Spätestens in diesem Jahr war mit der *Überführung der Bundeslade*, dem Fresko über der Orgelempore, die malerische Ausstattung der Stiftskirche abgeschlossen. Das Deckenbild des Marmorsaales schuf Troger im Jahre 1736. Unterlagen zu diesem Auftrag blieben nicht erhalten, weshalb angenommen werden darf, dass der Prälat die Kosten für das Fresko seines „Dafl-Zümer[s]" selbst übernahm. In Zusammenhang mit dem Marmorsaal ist auch Trogers winziges Deckenstück – vielleicht ein Geschenk an den langjährigen Auftraggeber – im Hauptraum der Sommerprälatur zu sehen, das das Wappen des Abtes und des Klosters zeigt. Zwei Jahre später arbeitete Troger am „Stüegengewölb" der Kaiserstiege, der Kontrakt und die Empfangsbestätigung seines Gehaltes blieben erhalten. Zum letzten Mal schloss Troger mit Abt Placidus einen Vertrag für die drei Kuppelfresken der Bibliothek 1742 ab. Wie vertraut Auftraggeber und Künstler mittlerweile waren, zeigt nicht nur die recht bescheidene Summe von 1000 fl., die der Maler in Rechnung stellte – im Vorjahr hatte er für die kleine St. Niklaskirche auf der Wiener Landstraße dasselbe Honorar erhalten –, der kurz gehaltene Kontrakt und die Quittung über Erhalt der vereinbarten Summe finden sich non-chalant auf demselben Blatt Papier.

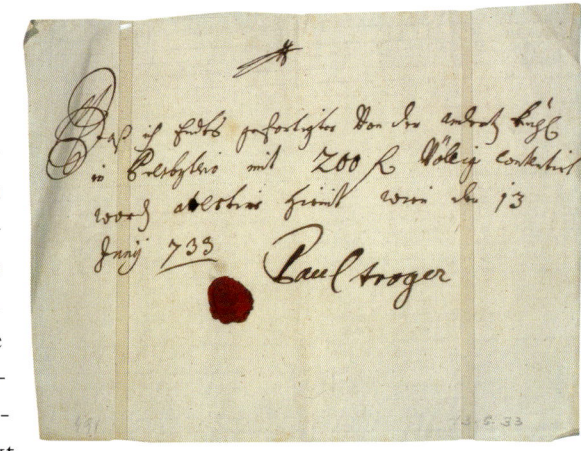

Im Jahr 1752 führte ein mit Altenburg in Zusammenhang stehender Malauftrag Troger noch einmal ins Waldviertel, wobei nicht mehr die Prunkräume des Klosters selber, sondern die Kuppel der Wallfahrtskirche Maria Dreieichen auf dem Molderberg ihres Schmuckes harrte. Doch schon

OBEN: *Kontrakt und Empfangsbestätigung zwischen Abt Placidus Much und Paul Troger zur Bibliothek*
GEGENÜBER: *Selbstporträt Paul Trogers (um 1730): Kopie (1957) nach dem Original von Fritz Antoniacomi*

waren nicht mehr die ermüdenden Kassen des Stiftes Träger der Kosten, sondern die Horner Braumeisterswitwe Theresia Faber bestritt einen Großteil des finanziellen Aufwandes. Als vier Jahre später Abt Placidus verstarb, verlor Troger mit ihm den letzten seiner Auftraggeber der ersten Stunde.

Trogers Arbeiten für das Stift Altenburg bilden wohl den umfangreichsten Werkkomplex im Œuvre des Malers. Der stilistische Bogen spannt sich dabei von den frühen, galanten Werken des Presbyteriums, steigert sich dramatisch, fast voraussetzungslos, zu den qualitativen Höhen der großen Kirchenkuppel und repräsentiert mit den nachfolgenden Werken die Stilreifung des Malers zu einem neomanieristischen Ideal, wie es sich in den Bibliotheksfresken manifestiert. Die Dreieichener Kuppel, Trogers letzterhaltenes Gemälde auf nassem Putz, ist der überaus lyrische Abgesang eines mittlerweile stark vergeistigten künstlerischen Temperaments.

Mit Troger in Zusammenhang steht sein Socius Johann Jakob Zeiller (1708–1783), der im Vertrag zur großen Kuppel erstmals als Mitglied der Werkstatt fassbar wird. Bereits als ausgebildeter Künstler mit Italien-Erfahrung – so war er Preisträger der römischen Akademie – schloss sich der aus Reutte in Tirol stammende Maler 1732 Troger an und begleitete ihn über ein Jahrzehnt. Während möglicherweise Zeiller in Altenburg die italienischen Spezialisten für Scheinarchitekturen in Marmorsaal und auf der Kaiserstiege ersetzte, bilden die vier Gemälde der „Alltarell" (Altäre – so genannt in den Rechnungen des Stuckateurs Flor) und die acht Lünettenfresken über den Bücherkästen der Bibliothek sowie das Deckenbild des Vestibüls zusammen mit den kleinen Freskomalereien im Rosenauer Schloss (1739) die frühesten fassbaren Arbeiten des später in Süddeutschland so wichtigen Rokokomalers. Die für Altenburg entstandenen Gemälde zeigen Zeiller als durchaus inspirierten Maler – eine Einschätzung, die auf spätere Werke nicht immer zutrifft. Bei den Bibliotheksbildern, die beide auf Fresken Trogers in der Bibliothek des ehemaligen Augustiner Chorherrenstiftes St. Pölten fußen, bedeutet die Wiederholung durch den Epigonen eine sensible Neuinterpretation der Kompositionen seines Lehrers, eleganter im schlanken Figurenideal, tiefgründiger in den abgestimmten Bewegungszügen der Bildgestalten.

Repräsentative Malaufträge für Altenburg ergingen auch an Johann Georg Schmidt (um 1680–1748), genannt der Wiener Schmidt, der die Altarblätter der beiden großen Querhausaltäre sowie die Kuppel der Sakristei, eine Ölmalerei auf Putz, schuf. Schmidt hatte als Gehilfe Peter Strudels Zugang zum Kreis um den Wiener Architekten Johann Lukas von Hildebrandt gefunden und über diese Verbindung sehr repräsentative Aufträge erhalten. Die Bekanntschaft mit anderen bekannten Architekten wie Steinl oder Götz und schließlich Munggenast erschloss ihm zusätzliche Betätigungsfelder. Schmidt verkörpert mit seiner Malweise eine eher dem Jahrhundertbeginn entsprechende Ausdrucksform, die zum Zeitpunkt, als er für Altenburg malte, zwar allgemein anerkannt war, wenngleich sie nicht mehr Spektakuläres hervorzubringen vermochte.

Bemerkenswert sind die archivalischen Grundlagen zu den Gemälden, da sie nicht nur die heute verlorenen „Schitzen" (Skizzen) erwähnen, den Maler zu sorgfältiger künstlerischer wie handwerklicher Arbeit mahnen („auf gantzer gutt gegrünter [grundierter] Leinwandt mit feinisten Öllfarben und gutter Zaichnung in gebührendem Fleiß zu mahlen"), sondern auch die verwendeten Pigmente, Malmittel und diversen Arbeitsutensilien dem Auftraggeber in Rechnung stellen. So lassen die angeführten Farben wie „Venetianisches Bleyweiß, Neapol[itanisches] Bleygelb, Spanischer Lack, Straspurger Blau, terra verda di Verona", die angeforderten Planungshilfen „Reiß Kohlen, Concept und Conzley Papier, schließlich Magen [Mohn-] und Speis Öhl, Küchl Penßel, Bologn[eser] Penßel, Saltzb.[urger] Holtz Pensel, Spachtl und Glößer [Gläser]" ein lebhaftes Bild einer barocken Malerwerkstatt entstehen.

Schmidts Kuppelbild in der Sakristei, für das Quittungen über drei Akontozahlungen in der Höhe von 61, 50 und 280 fl. vorliegen, mutet dem heutigen Betrachter in seiner schweren Farbigkeit als wenig adäquate Alternative zu den leuchtenden Fresken Trogers an. Der dunklen Farbigkeit entspricht das starre System teigiger Wolkenbänke, deren wenig atmosphärische Rücken stotternd mit einzelnen Figuren besetzt sind. Dabei ist zu bedenken, dass die Belichtungssituation durch Anbau des Marmortraktes verschlechtert ist, was sich bei einem fenster- und laternenlosen Kuppelgewölbe nachteilig auswirkt. Dem Maler mag eine gewisse Unsicherheit in der Konzeptionierung anzulasten sein (schon die Wahl des Mediums spricht für die ängstliche Vorsicht, die der Tafelmaler Schmidt der virtuosen Freskotechnik gegenüber hegte), die Durcharbeitung der Details ist jedoch durchwegs routiniert, zurückhaltend, aber nicht reizlos.

Gegen die spröde Gesamterscheinung der Kuppel zeichnen sich die Seitenaltarblätter durch eine für Schmidt außergewöhnlich konzise Gestaltung aus. Die Innigkeit und theologisch durchdachte Gestaltungsweise des *Mater dolorosa*-Bildes ist dabei mit dem dramatischeren Gemälde des *Todes des hl. Benedikt* konfrontiert – das hektische, unruhige Flattern der Hände, die entgegengesetzten Bewegungszüge der einzelnen Protagonisten, die den sterbenden Patriarchen aufgescheucht umkreisen, sind für Schmidt überraschende Qualitäten.

Für die plastischen Arbeiten der Kirche und Sakristei konnte Abt Placidus den bedeutenden oberösterreichischen Stuckateur Franz Joseph Ignaz Holzinger (1691–1775) gewinnen. Möglicherweise über Joseph Matthias Götz, das selbsternannte Faktotum vieler österreichischer Klosterbaustellen, empfohlen, wurde dem Meister die gesamte plastische Zier „den Tabornacl außgenomen", und die Marmorierung der Kirche zugewiesen. Die Größe des Unterfangens, bei dem auf „ohne Saumseligkeit" bestanden wurde, zeigt sich in den verpflichtend zu beschäftigenden „3 Aufleger[n], 3 Stockatorer[n] und 20 Schleiffer[n]". Selbst während der Wintermonate sollte das Werk nicht ruhen, weswegen für Atelierarbeiten „ein gehaiztes Zimer" zur Verfügung stand.

Entgegen der Wiener Stuckateurstradition in der Art Bussis brachte Holzinger bereits neben dem spätbarocken Ornament des Bandelwerks Motive des französischen Rokoko mit sowie in einer starken Polychromie Erfahrungen des bayerischen Kunsteinflusses. Den expressiven Modellierungen etwa seiner Halbfigurenreliefs der Sakristei entspricht die dort belegte, raffinierte Farbkombination eines orangefarbenen Tones mit kräftigem Malachitgrün.

Beim plastischen Figurenschmuck der Stiftskirche entschied man sich für die Illusionierung von Marmorskulpturen durch weißen Stuckmarmor. Dem Spiel der glänzend-glatten Oberflächen kommt der Kontrast mit der Durcharbeitung in den Einzelheiten entgegen, wie etwa an den kraftvollen Händen zu bemerken. Schon nicht mehr klassischen Idealen verpflichtet sind die übersteigerten Physiognomien der Figuren mit mitunter puppenhaften Köpfchen, tief geschnittenen Augen und spitzen Nasen: Die Größe religiösen Empfindens scheint in diesen Figuren die engbemessenen Grenzen des menschlichen Körpers überwinden zu wollen. Mit dem irrational vibrierenden Licht beanspruchen die Plastiken, exemplarisch am hl. Florian zu beobachten, eine Räumlichkeit, die überbordend das tatsächliche Volumen der Körper übersteigt.

Wichtig für die spätere Entwicklung war auch die Etablierung einer charakteristischen Zeichnungsform bei der Gestaltung der Stuckmarmorflächen, deren Tradition noch über Jahrzehnte nachwirkte. Die Stuckmarmorflächen werden dabei von einer großflächig aufgefassten Maserung durchzogen, die dunklen Äderungen – oft in einer konträren Farbe gehalten – werden von weißen Adern eingefasst, die sie vom übrigen Farbton separieren. Diese Gestaltungsweise setzt sich sehr deutlich von der durch Balthasar Hagenmüller initiierten Marmorinkrustationen im benachbarten Röhrenbach, in Zwettl oder Kirchberg am Walde ab, die in ihrer kleinteiligen Zeichnung den Teilen der Fläche wesentlich höheren Wert einräumen, im Ganzen aber eine weniger durchstrukturierte Erscheinung erzielen. Unterschiedlich ist auch die Auffassung von Johann Ignaz Hennevogels zart durchzogenen Marmorierungen der Geraser Stiftskirche (um 1770). Die langlebige Tradition der von

Holzinger eingeführten Marmorierweise im Altenburger Umfeld (Eggenburg, Röhrenbach, Maria Dreieichen, Rosenau) dürfte auf den vom ihm hierher gebrachten Stuckateur Johann Georg Hoppel zurückzuführen sein.

Wieso Holzinger 1735 Altenburg verließ, ist nicht klar – immerhin war das überreiche Betätigungsfeld für einen Stukkateur bei den groß projektierten Planungen des Klosterumbaus absehbar. An seine Stelle trat Johann Michael Flor (zwischen 1733 und 1770 tätig), der sich ganz Holzingers stilistischem Ausdruck verpflichtet sah. Während sein Lehrer schon bald nach dem Weggang aus Altenburg sich reinen Rokokoformen öffnete, führte Flor das Bandelwerkornament mit seinen Deckengestaltungen umfassenden Ensemble von Kaiser- und Marmorzimmern und der Bibliothek zu einem Höhepunkt. Mit Vehemenz verteidigte er sein längst überholtes Formenrepertoire in Aufträgen ab den späten 1740er Jahren und versuchte in höchst unglücklicher Weise, moderne Rocailleformen mit Mitteln des Bandelwerkes umzusetzen (etwa in der Pfarrkirche Zwettl). Ähnlich dekadent erweist sich Flors Talent im Figuralen: Während die Decke des Samsonzimmers (um 1735) einen höchst ausdrucksstarken Reliefstil präsentiert, die Supraportenfiguren des Marmorsaales einen grotesken Umgang mit dem menschlichen Körper und ein ungemein expressives Spiel von Licht und Schatten durch tief geschnittene Draperien vor Augen führen, flaut diese Koketterie in den Gestaltungen nach und nach ab. Ein Ausblick auf die späten Arbeiten des Stuckateurs (etwa Zwettl [1749] nach Entwürfen Trogers) kann die sinkende Ausdrucksstärke Flors kaum mehr verhehlen. Bedeutsam ist für Meister Flor die Verwendung von Vorlagen: Während für Emblemata wohl der Auftraggeber die Vorlagenbücher lieferte, bediente sich der Stukkateur daneben für seine Reliefs prominenter Druckwerke wie der *Merian-Bibel* und für seine Ornamentformen – etwa in der Prälatur, dem „Weißen Saal" oder dem Phaeton-Zimmer – des berühmten Werks von Paul Decker (*Der Fürstliche Baumeister*).

Belegt ist im Falle Altenburgs neben der Arbeit als Stuckateur zudem eine Bildhauertätigkeit Flors, wie sie sich auch bei der Immaculata-Statue der Ravelsbacher Pfarrkirche (1752) nachweisen lässt, (zumindest) an den Giebelfiguren der Bibliothek, da Fa(h)rmacher 1742 das Steinmaterial folgendermaßen in Rechnung stellt: „item hat der Stockhadorer von meinen Stain Kindl und Fasy gemacht".

Neben dem Holzinger-Trupp war von 1733 bis 1736 auch die Werkstatt Johann Christoph Kirschners (1672–1736), eines Stuckateurs aus St. Pölten, an den Ausstattungen beteiligt. Im Gegensatz zu den großformigen Ornamentierungen Holzingers nehmen sich die kleinteiligen Gestaltungen Kirschners preziöser aus, zugleich fehlt ihnen die Verve der unbekümmerten Arbeiten des Oberösterreichers. Die Profile verschlingen sich vielfach; die Detailformen sind ausgesprochen durchgearbeitet und filigran. Polychromie scheint eine untergeordnete, wenn nicht überhaupt keine Rolle gespielt zu haben. Neben Decken des Gästetraktes zeigt vor allem die Ausführung der Stuckdecke in der Sommerprälatur, der ein Fresko Trogers eingefügt ist, die Wertschätzung für den St. Pöltner Meister. Offen bleibt einstweilen die Frage, ob in Kirschner auch der Schöpfer der hervorragenden Sandsteinskulpturen zu sehen ist, die zwischen 1734 und 1736 für die Fassaden entstanden. Sie gehören zu einer Werkgruppe, der auch plastische Stuckarbeiten hinzuzugesellen sind, nämlich die beiden hoch qualitätvollen Kaminreliefs im Marmorsaal sowie die innigen Engel der Altarmensa, die im Vertrag mit Holzinger ja explizit dem Oberösterreicher vorenthalten werden. Dass nicht Franz Leopold Fa(h)rmacher (1698–1760), wie bislang angenommen, als Bildhauer angesehen werden kann, ist auf der Tatsache begründet, dass der Qualitätsabfall nach 1736 bei einer fortgesetzten Beschäftigung des Steinmetzen für das Kloster nicht erklärt werden kann. Auf Kirschner mag der Umstand deuten, dass der Meister im April 1736 in Altenburg verstarb, wo er seit dem 5. Februar 1733 nachweisbar gewesen war, und zeitgleich keine Werke des unbekannten Bildhauers mehr entstehen. Das von Flor vollendete Kaminrelief *Venus bei Vulcan* mit der Rätselsignatur „HKP 1573" (als Anagramm des Jahres

1735) schließt für die Auflösung der verschlüsselten Buchstabenfolge Kirschner nicht aus.

Der Figurenstil des Meisters HKP ist einem klassischen Kanon verpflichtet. Die Gestalten sind etwas gelängt und verraten eine Kenntnis zeitgenössischer Wiener Skulptur in der Art des Lorenzo Mattielli. Die Silhouetten sind ausgesprochen offen, beinahe ausgefranst, was die Gestaltungsart eines Plastikers verrät, der die Materialität des Steins bis an die Grenzen ausreizt (wie sich in zahlreichen Verlusten abstehender Teile äußert). Typisch sind geneigte Häupter mit himmelwärts gewandtem Blick, kräftig ausgeprägter Kinnpartie und über den Ohren gebauschtes Haar. Als Prototyp mögen die Figuren der Hoffnung im Prälatenhof, die Vestalin des Kaminreliefs und der rechte Hochaltarengel gelten. Die Qualität des anonymen Bildhauers verrät der Umstand, dass viele seiner Figuren als versteckte Portraits angesehen wurden, so traditionellerweise der *Tiroller Hiasl* und/oder der Maskeron über dem Eingang zur äbtlichen Sala terrena als Konterfei des Architekten Munggenast. Auch die vermutete Beziehung der Figuren zu Troger – wofür sich, im Gegensatz zur Kooperation des Malers mit dem Bildhauer Schletterer keinerlei Beweise erbringen lassen – macht das hohe Niveau der bildhauerischen Arbeiten Altenburgs bis 1736 deutlich.

Jakob Christoph Schletterer (1699–1774) wurde über persönliche Beziehungen zu Paul Troger – beide waren Tiroler und kannten sich aus der Zeit Trogers in Salzburg – den niederösterreichischen Prälaten bekannt und dürfte nach 1736 als Ersatz für den Meister HKP auch nach Altenburg empfohlen worden sein. Für Abt Placidus schuf er „eine statuam samt Schwan […] mit einer Muschel", die Ledafigur unter der Kaiserstiege. Zuzuschreiben sind ihm außerdem die beiden weiblichen Allegorien an der Fassade des Marmortraktes und das Sphingenpaar. Die Kenntnis der Altenburger Arbeiten des Meisters HKP übte auf Schletterer großen Einfluss aus; so stand der adorierende rechte Engel des Hochaltares Pate für Schletterers Heilig-Grab-Engel in Krems.

Die Figuren des Tirolers in Altenburg sind im Vergleich mit dem bis 1736 entstandenen Skulpturenensemble von verhaltenerem Ausdruck, die mitunter scharf gelegten Gewandfalten, die feingeschnittenen Antlitze, die Ruhe der Aktion insgesamt lässt an den Skulpturen bereits den klassizierenden Duktus des späteren Akademieprofessors erahnen.

Skulptur des „Tiroller Hiasl"

Neben die hier angeführten prominenten Künstler tritt eine ganze Reihe anderer, deren Identität der Vergessenheit anheim gefallen ist, wie schon die Problematik um den Meister HKP zeigt. Die Namen der Maler der Sala terrena und der „Krypta", des Bildhauers der Kanzel, aber auch selbständiger Mitarbeiter im Rahmen der Werkstättenverbünde (wie etwa an den Stuckaturen der Bibliothek festzustellen) bleiben für uns im Dunkeln.

DER BAROCKE KOSMOS

Johannishof
Allegorisches Präludium
Von Andreas Gamerith

Trotz zahlreicher Planänderungen im Laufe des Baufortschritts präsentierte sich die Klosteranlage bei Abschluss der Arbeiten zumindest bezüglich ihrer ikonologischen Kongruenz sehr einheitlich. Wenngleich Stift Altenburg heute im Vergleich zu den Tagen des Abtes Placidus Much sein Aussehen doch in mancherlei Hinsicht verändert hat, kann der Versuch gelingen, gleichsam die Wirkung und Wirkungsmittel des Gebäudes auf den damaligen Besucher nachzuvollziehen.

Bot sich beim Annähern an die Ortschaft Altenburg den Augen des Ankommenden die Anlage zuerst mit der imposanten Ostfassade mit einer Erstreckung von 212,5 Metern dar, bei der die Apsis der Kirche sich betont zwischen den Armen von

Bibliothekstrakt und Marmorzimmern vorwölbt, veränderte sich die Erscheinung bei einer Ankunft im Kloster über den dem Stift vorgelagerten „Johannishof". Benannt nach einer bei der Einfahrt aufgestellten Figur des barocken „Modeheiligen" Johannes von Nepomuk, protzte das Stift von dieser Seite nicht mit kasernenhafter Strenge und Geschlossenheit, sondern schien mehr dem Typus des „Lustgebäudes auf dem Lande" zu entsprechen – hier bleiben dem Besucher die Klausurbereiche verborgen, mit Gästebereich und Prälatur präsentieren sich die der Welt zugeordneten Klosterteile. Munggenasts Gestaltung dieser Schauseite Altenburgs lässt auf Kenntnis der etwa zeitgleich entstandenen Bauten Johann Lukas von Hildebrandts schließen; wie bei dessen Wiener Gartenpalais Harrach bildeten die den Großen Hof flankierenden Trakte eine offene Ehrenhofanlage aus (heute durch den 1955 errichteten Schüttkasten nicht mehr einsichtig) und wie im Schloss Mirabell in Salzburg zeigten die rückwärtigen Flügel von Kaisertrakt und Prälatur zwei unterschiedliche, nebeneinander gesetzte Fassadentypen. Besonderes Geschick rang dem Architekten die Integration älterer Bauteile ab: Da die Vorgängerbauten von Gästetrakt und Marmorsaal zueinander in stumpfem Winkel positioniert lagen, nutzte Munggenast diese an sich ungünstige Vorgabe, um eine Monumentalisierung des Entrees mittels perspektivischer Illusion vom berechneten Haupteingang aus zu erzielen – betritt man das Stiftsareal durch das westlichere der beiden Toreinfahrten in der Johannishofmauer, wird das an Rektangularität gewöhnte Auge getäuscht, was die wahren Dimensionen des Gebäudes betrifft. Die kluge Kalkulation des Planers fiel leider der Zähigkeit des Praktischen zum Opfer – der kürzere Weg zum Kloster ignorierte die ästhetische Aufwertung; mit der Pflanzung einer Allee im Jahre 1824 vom Ort zum Stift hin war die Degradierung des eigentlichen Haupteinganges zum seitlichen Nebeneingang besiegelt. Nach Schleifung der ursprünglichen Tore und Verkleinerung der Umfassungsmauer nimmt man dem heutigen schmalen Durchgang kaum seine frühere Bedeutung ab. An diesem Eingangspunkt entschied sich der barocke Besucher, ob der Weg direkt in die um den Kaiserhof gelegenen Gästeunterkünfte führen sollte oder ob zuerst der Abt und seine Wohnung besucht wurden.

Bei der Prälatur fassen zwei Eckrisalite das Kernstück der Einfahrt, den Pavillon des Marmorsaales, ein. In der Gliederung der seitlichen Blöcke blieb Munggenast einem leichten, dekorativen Moment verhaftet: Der tektonische Charakter basierte auf der ursprünglich umgekehrten Polychromie der Fassaden mit weißem Fond und applizierten farbigen Zierelementen. Dagegen ist die abgesetzte Gestaltung des Marmorsaals robuster – dorische Pilaster strukturieren die Fassade, die Fensterrahmungen mit kräftigen Ornamentformen wölben sich leicht nach außen.

Bei der Prälaturfassade stellt das Stift dem Besucher zum ersten Mal jene drei Tugenden vor, die ihn in den Innenräumen immer wiederkehrend begleiten werden, nämlich „Mäßigung", „Weisheit" und „Liebe". Im Spiel der Wappen – die drei Rosen des Klosters, der Bienenkorb mit seinen Bienen als Emblem des Abtes – scheint der unbe-

GEGENÜBER: *Ostfassade des Stiftes*
UNTEN: *Barocker Torbogen zur Einfahrt in den Johannishof*

OBEN: *Personifikationen des Überflusses und der Sparsamkeit am Gästetrakt*
UNTEN LINKS UND RECHTS: *Zwei Putti am Eckrisalit der Prälatur; zwei Putti mit Herzattributen über dem Haupteingang des Stiftes*

kannte Concettist mit der Tugenden-Dreiheit eine rhetorische Ausdeutung der Rosenmetaphorik vorzutragen, indem er „temperantia", „sapientia" und den „amor Divinus" als jene drei Rosen ausdeutet.

Das Wesen der Mäßigkeit führen die „sizenden Bilder" (Rechnung Farmacher) am Giebel des Gästetraktes vor Augen: Zwischen blinder Verschwendung, die wahllos ihre Gaben vergeudet, und bitterer Armut, deren hohe Gedanken (ausgedrückt durch das Flügelpaar der linken Hand) an den schwierigen Lebensumständen im Bild des Steines an der Rechten scheitern, sitzen die Personifikationen von Überfluss und Sparsamkeit einander zugewandt – nur kluges Hauswesen und bescheidene Ökonomie vermögen demnach weise mit anvertrautem Gut umzugehen. Die Ambivalenz der Sparsamkeitsallegorie ist wohl durchaus beabsichtigt: Das „Sie verwahrt ihn [den Geldbeutel] aufs Peste", eine Übertragung des von Cesare Ripa eingebrachten „Servat in melius", wollte der Bauherr wohl nicht nur auf die Sparsamkeit, sondern im Bild des goldenen Zirkels auch auf die Werke der Architektur bezogen wissen.

Die Puttengruppen zuoberst zeigen den Kontrast von zwieträchtigem Streit als Ergebnis von Armseligkeit oder Vergeudung und jener Harmonie, deren Grund der verständige Umgang mit den anvertrauten Gütern legt. Die Ruderpinne, die der Putto über der Sparsamkeit hält (im Jahr 2006 abweichend vom Originalkonzept versetzt), ist außerdem ein Symbol der Sorge des Vaters um seine Kinder – im konkreten Zusammenhang ein Hinweis auf den Abt, dessen Wohnung man sich zuwendet.

Am Risalit der Prälatur sitzen die Personifikationen der Sinne auf den Giebelvoluten: das Sehen, das einen Vogel in Händen hält, der laut der *Iconologia* Cesare Ripas als Geier zu identifizieren wäre, darüber Kinder mit Schnapsflasche und Rosen (diese als Hinweis auf das Altenburger Wappen) als Geruch, einander zugewandt der Tastsinn mit Falken und Schildkröte und der Geschmack mit Früchtekorb. Das Gehör mit Laute schließt den Zyklus der Sinne ab, den ein Paar Putti ergänzt, das nachsinnend die Köpfchen in die Hände stützt. Der Sinn dieser Kombination wird erst durch Einbeziehung der Deckendekoration des darunterliegenden Eckkabinetts klar, wo die Weisheit in Wolken thront: Durch Nachdenken und Sinneserfahrung kann Weisheit rational und empirisch erlangt werden.

Das Äußere des Marmorsaals schließt die Tugendentrias mit der Liebe, die auch im Inneren thematisiert wird, ab. Nicht mehr an den Giebeln, sondern nahe an den Betrachter gerückt halten zwei kleine Kinder Herzen in ihren Händen. Das linke, das auf das Herz weist und es zugleich emporhebt, ist ein Bild der Liebe zu Gott. Das rechte stellt die Eintracht dar mit einem auf einem Teller liegenden Herzen – ein in der barocken Bildersprache verwendetes Symbol für die niemals schwankenden Absichten friedliebender Menschen und deren unerschütterliche Haltungen. Die Positionierung der „concordia" am Äußeren des Saales kündigt dessen Motiv der Ordnung des Kosmos an, galt die Eintracht doch als Ordnerin des ursprünglichen Chaos. Zugleich ruft sie dem Eintretenden einen Psalm in Erinnerung: „Ecce quam bonum et quam iucundum habitare fratres in unum" – „Seht doch, wie gut und schön ist es, wenn Brüder miteinander in Eintracht wohnen!" (Ps 133).

Eckrisalit der Prälatur

LITERATUR: *Egger, Bilderwelt, 1981, 85f. – Gamerith 2006.*

DER BAROCKE KOSMOS

Marmorsaal
Festsaal des Lichtes
Von Friedrich Polleroß

Der zwischen der Prälatur sowie dem Gästetrakt gelegene Festsaal diente als Empfangs- und Repräsentationsraum des Abtes für seine weltlichen Gäste, worauf die Imperatorenporträts und Kriegstrophäen über den Portalen verweisen. Der von Josef Munggenast um 1730 anstelle eines Turmes aus dem 17. Jahrhundert errichtete Saal umfasst eineinhalb Geschoße sowie drei Achsen auf jeder Seite. In der Querachse lassen jeweils drei Fenster viel Licht in den Raum dringen, an den Durchgangsseiten flankieren zwei Portale einen „welschen Camin". Die architektonische Gliederung bilden vier teilweise verdoppelte Kolossalpilaster aus rotmarmoriertem Stuckmarmor mit vergoldeten Kompositkapitellen, die von Johann Hoppel aus Altenburg ausgeführt wurden. Die schwarz gerahmten Stuckreliefs über den Kaminen sowie jene über den graumarmorierten Portalen und die darüber sitzenden Putten schufen wahrscheinlich der 1736 in Altenburg verstorbene Johann Christoph Kirschner sowie Johann Michael Flor.

Über dem ebenfalls marmorierten Gebälk erhebt sich die 10,15 x 12,35 Meter große Flachdecke mit Hohlkehle, die zur Gänze freskiert ist. Die Ausführung des Freskos im Jahre 1736 durch Paul Troger und dessen Mitarbeiter Johann Jakob Zeiller ist zwar nicht durch schriftliche Quellen, aber durch die Signatur „Paul Troger In(venit) et pinx(it) 1736" belegt. Die Malerei befindet sich von einer 1895 herabgebrochenen Fehlstelle vor den Horen (Zephir) abgesehen in einem guten Erhaltungszustand. Stilistisch steht das Fresko am Wendepunkt zwischen Früh- und Spätwerk des Malers und beeindruckt durch duftige Heiterkeit der Farben und die Leichtigkeit der Komposition, die venezianischen Einfluss verrät. Die illusionierte Darstellung einer Attika und eines dahinter befindlichen Landschaftsstreifens leiten den Blick in einen weiten Himmelsraum mit atmosphärischen Wolkenerscheinungen, vor dem die Figuren in leichter Untersicht vor den Augen des Betrachters vorüberziehen. Dennoch wird sowohl durch die Lichtperspektive als auch durch die Spiralkomposition klar gemacht, dass der Sonnengott das formale und inhaltliche Zentrum des Bildes darstellt. In einer für Paul Trogers Kunst typischen Gestaltungsweise oszilliert

GEGENÜBER:
Inneres des Marmorsaals

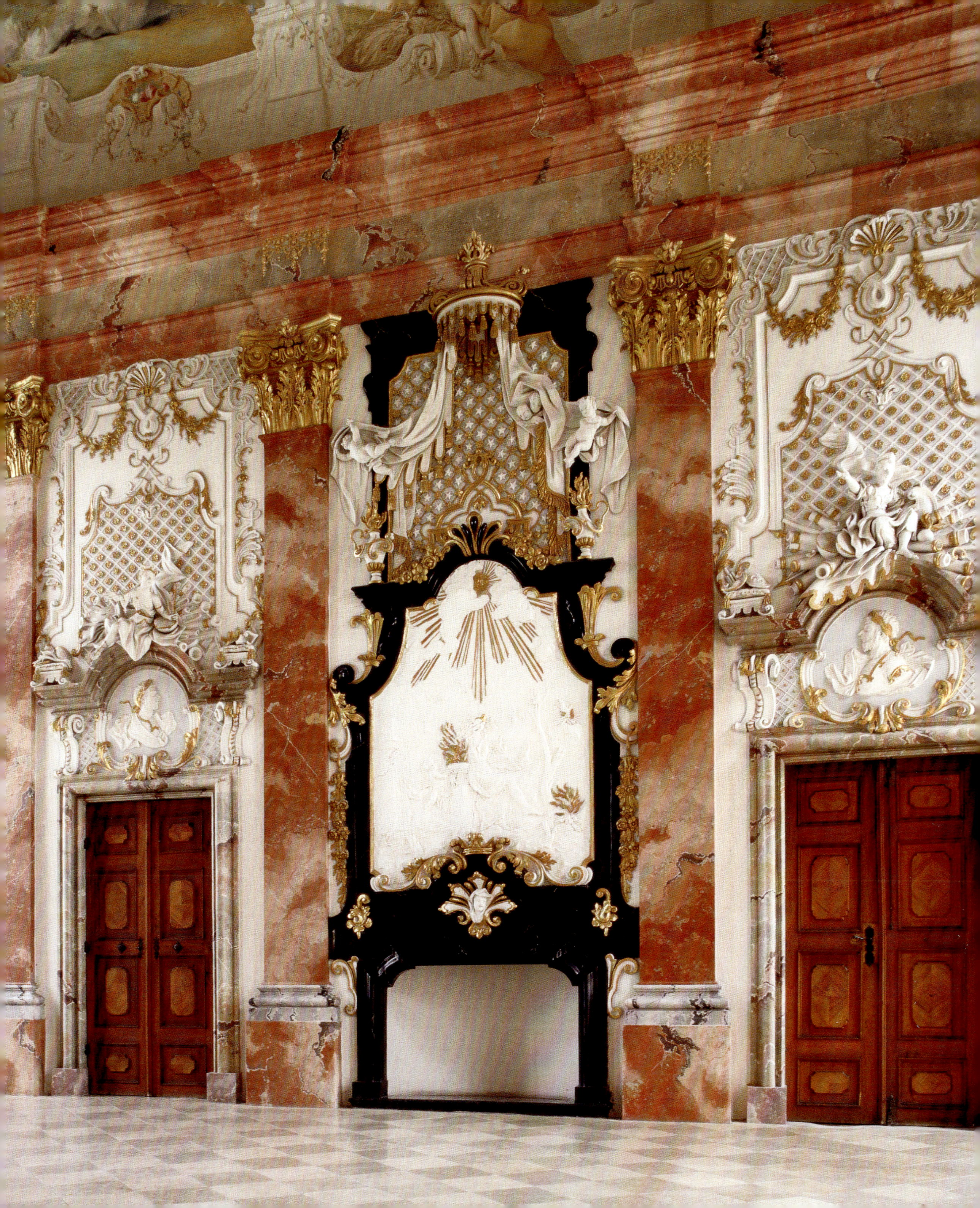

OBEN: *Gesamt-
ansicht des Freskos
im Marmorsaal*
RECHTS: *Sommer
(Detail aus
dem Fresko)*

das Fresko also zwischen der harmonischen Verteilung von sozusagen abstrakten Farbflecken in der Bildfläche und einer eindeutig lesbaren Darstellung in der „idealen Ebene", die durch den Erdstreifen an der Seite unterhalb des Sonnenwagens auf den vom Treppenhaus her eintretenden Gast ausgerichtet ist.

Da der Marmorsaal zum Garten hin orientiert ist, finden wir auch ein zunächst rein weltlich scheinendes kosmologisches Programm, das die verschiedenen Formen des Lichtes bzw. das Walten der Sonne im Kosmos zum Thema hat. Die narrativen Darstellungen nach antiker Literatur werden jedoch durch die Ergänzung mit Personifikationen eindeutig zu einer barocken Allegorie transformiert.

Das Deckenfresko zeigt die den *Metamorphosen* des römischen Dichters Ovid entnommene Erzählung vom Sonnenwagen des Phöbus-Apollo, der am Morgen von den Horen (Stunden) angeführt, aus dem Meer (durch Okeanos, Thetis und Triton verkörpert) emporsteigt, um sein Licht auf die Erde und deren Menschen (durch den Jäger Orion vertreten) zu senden. Ihm voran eilen der Morgenstern Lucifer und Aurora, die Morgenröte. Sie vertreiben die Nacht, personifiziert durch die Mondgöttin Luna, eine Eule und einen Dämon. Verkörpert der durch die Sonne von seiner Blindheit geheilte Jäger Orion die segensreiche Kraft des Gestirns für die Menschen, so verweisen die Personifikationen der vier Elemente (Wasser mit Urne und Fisch, Erde mit Mauerkrone und Früchten, Luft mit Pfau und Feuer mit Feuersalamander) auf den Voluten der gemalten Attika sowie die vier Kindergruppen der Jahreszeiten in den vier Himmelsrichtungen der Randzone auf den Einfluss der Sonne auf den Lauf der Zeit sowie den Wechsel der Jahreszeiten im Rahmen des Kosmos. Die neun Musen sind dem Sonnengott hingegen in seiner Erscheinungsform als Musenführer zugeordnet und bilden damit eine Metapher auf das Licht als Sinnbild von Vernunft und Tugend, die durch Künste und Wissenschaften – wie im späteren Fresko der Feststiege – die Unvernunft und die Laster vertreiben. Dadurch wird die narrative Hauptszene des Freskos im allegorischen Sinn zu einer Verherrlichung der lebensspendenden, fruchtbringenden und erleuchtenden Kraft der Sonne, sozusagen zu einer „Apotheose der Sonnenenergie" in Raum (Himmelsrichtungen), Zeit (Jahreszeiten), Geist (Musen) und Materie (Elemente).

Auf dieses Konzept sind auch die Reliefs über den Kaminen bezogen, gemäß der barocken Kunsttheorie, wonach „die Invention der Gemälde und anderer Zierraten auf ein gewisses Thema eingerichtet und ausgetheilet werden muss, was an die Decke, an die Wände, über die Camine und über die Türen kommen soll" (L. Chr. Sturm, N. Goldmann 1696). Über dem Kamin der Westseite ist die Schmiede des Gottes Vulkan zu sehen, der bei Mondlicht Besuch von seiner Gattin Venus enthält. Die Göttin der Liebe und Schönheit wird von ihrem Sohn Amor begleitet, dessen Liebespfeil gerade geschmiedet wird. Das gegenüberliegende Relief zeigt unter strahlendem Sonnenschein eine Priesterin der Göttin Vesta beim Staatsherd, da die sechs Vestalinnen in Rom für den dauernden Erhalt des heiligen Feuers zuständig waren. Im Hintergrund schwingt sich der Wundervogel Phönix nach seiner Selbstverbrennung gerade aus der Asche zu neuem Leben empor. Die beiden Stuckreliefs über den damals modischen offenen Kaminen gehen also ebenfalls von der antiken Mythologie aus, versinnbildlichen aber einerseits ergänzend zu den himmlischen Lichtern Sonne und Mond das irdische (Herd-) und das unterirdische (vulkanische) Feuer, veranschaulichen

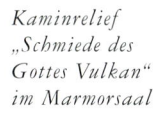

Kaminrelief „Schmiede des Gottes Vulkan" im Marmorsaal

anderseits aber auch dessen reinigende und schaffende Kraft.

Die Göttin der Liebe sowie die jungfräuliche Priesterin führen jedoch deutlich und eindeutig über die natürliche und kosmologische Bedeutung des Feuers hinaus und verkörpern auch die sinnlichen bzw. keuschen „Flammen der Liebe". Die Parallelisierung der Kraft der Sonne mit jener der Liebe war weit verbreitet. So bezeichnet etwa der Jesuit Nicolas Caussin in seinem Werk *Heilige Hoffhaltung* (München 1705) die Liebe analog zur Sonne als „Geist des Erden-Kreises, durch welchen alles durchgründet, lebhafft gemacht, verbunden und erhalten wird, [...] die Ober-Auffseherin über die grosse Welt-Liechter, und eine Werckmeisterin der vortrefflichsten Geschäfften in der Natur". Und nach Plato sei es sogar der Liebe zu verdanken, dass Gott „dem Menschen das Liecht der Vernunfft und der Welt ihre Ordnung gegeben habe".

Da die Allegorien des Sonnenlichtes und des natürlichen Feuers im Marmorsaal metaphorisch auf das „Feuer der Liebe" verweisen, bilden alle mythologischen Darstellungen gleichzeitig Symbole des Feuers *und* der Liebe in unterschiedlichen Erscheinungsformen: von Vulkan, Venus und Amor als Sinnbild menschlicher Begierde über die Vestalin, welche die Liebe des Menschen zu Gott symbolisiert, bis zu Phönix, der Tod und Auferstehung Christi versinnbildlicht. Damit ist auch das Stichwort gegeben, die heidnische Thematik des Marmorsaales in einer dritten Sinnschicht nicht nur allegorisch, sondern direkt christlich zu deuten. Der Vergleich Christus-Apollo besitzt eine lange Tradition, und schon in der Antike hatte man den Sonnenwagen zur „Quadriga der Evangelien" umgewandelt. Von barocken Emblembüchern bis zu Altenburger Predigten des späten 20. Jahrhunderts wurde vor allem der Sonnenaufgang mit der Geburt und der Auferstehung des Gottessohnes verglichen. Von der Hauptfigur ausgehend kann man daher das gesamte Fresko als Symbol für die Auferstehung Christi und seinen Triumph über Sünde und Tod am Ostermorgen lesen. Dem in der Altenburger Stiftsbibliothek vorhandenen und weitverbreiteten Handbuch von Filippo Picinelli mit dem Titel *Mundus Symbolicus* (Augsburg 1729) zufolge verkündete Johannes der Täufer ebenso das Wirken Jesu wie der Morgenstern das Kommen des Sonnengottes ankündigt: „Weil die Finsternis der Sünden und die Nacht des Unglaubens die ganze Welt unterdrückt hatten und die Sonne der Gerechtigkeit anzublicken außerstande waren, wurde der hl. Johannes wie eine Fackel vorausgeschickt, damit die Augen des Herzens, die unter der Entzündung der Ungerechtigkeit litten und das große und wahre Licht nicht anblicken konnten, sich an das Licht einer Fackel, sozusagen zunächst an einen schwachen Glanz, gewöhnten."

Das Meeresreich des Okeanos, in dem die Sonne am Abend versinkt, verkörpert hingegen wie in der Altenburger Krypta das Reich der Toten, in das Christus hinabstieg. Der einzige Mensch innerhalb der Darstellung, der zur Strafe geblendete und auf Heilung durch die Sonne hoffende Orion, vertritt den sündigen, aber reuigen Menschen, wie ihn etwa P. Caesar Franciotti in den in Wien 1661 gedruckte Andachtsbuch *Rais nach Bethlehem* zu Wort kommen lässt: „Ich will suchen diejenige Sonn, die mich wird machen erkennen die Finsternussen dieser Welt. Finsternussen, die so dücke seynd, daß sie die Seelen in allerhand Sorten der Sünd anstossen und fallen machen. Ich will suchen jene Sonn, welche [...] in meinem Herzen einen klaren, hellen Tag hervorbringen wird, in dem sie mir wird zu erkennen geben, welcher der rechte Weeg sey, zu dem Himmlischen Reich zu gelangen. O allererklareste Sonn, auff dich vertrawe ich."

Diese auf verschiedene barocke Hand- und Gebetbücher gestützte Deutung gewinnt an Wahrscheinlichkeit, wenn wir sehen, dass solche Gedanken – sozusagen das literarische Programm des Deckenfreskos – in barocken Predigten durchaus geläufig und geistiges Allgemeingut waren. Als Beispiel sei eine 1714 gedruckte Predigt des Wiener Dompredigers P. Emmerich Pfendtner angeführt: „Am H. Christ-Tag ist aufgegangen der Welt jene Sonn, von welcher der Prophet vorgesagt: ,Es wird über Euch, die ihr fürchtet meinen Namen, die Sonnen der Gerechtigkeit aufgehen: Sol justitae. Diese Sonn ist am Charfreytag untergegangen, und hat [...] in der Vorhöll, den so lang erwünschten Tag eingeführt.' Derjenige, welcher ‚zum ersten das End der Sünden-Nacht verrathen, und verkündet den Aufgang der Sonnen der Gerechtigkeit, den Tag der Gnaden, ist gewesen Johannes: [...] er siehet noch kein Liecht und verkündet die Sonnen, das ist Christum. [...] Aber so lang von der Morgenröth nichts zu erblicken, so lang ist keine Hoffnung von der Sonnen, weniger etwas von einem Tag-Liecht zu ersehen. Wohlgetröstet: ‚Jam enim ascendit Aurora'. Demnach über das Himmel-hohe Gebirg Joachim und Anna herfürgeblicket die so lang erwünschte Morgenröth, Maria, wird die Sonn nicht weit seyn, und der so lang erwünschte Tag bald anbrechen. Demnach aber dise Jungfrau gebohren, ist die Morgenröth aufgegangen, denn Maria als Vortreterin der Sonnen Göttlicher Gerechtigkeit, hat uns mit ihrer Geburt ein klaren und heiteren Himmel gebracht.' [...] Es ist eine andere Sonn, so die Welt erleuchten, alle Finsternuß verjagen, und den erwünschten Tag zum Trost aller Gerechten sollte einführen. Dieser ist der so lang erwartet-gewunschener Messias und Welt-Heyland, von welchem Augustinus, grosser Christenlehrer redet: lasst uns Christo nachfolgen dem wahren Liecht, und nicht wandeln in der Finsternuß, [...]."

Ganz im Sinne einer solchen bildmächtigen barocken Predigt führt der Festsaal der Altenburger Prälatur also den Betrachter von der Darstellung des Elementes Feuer und des Lichtes in seiner kosmischen und natürlichen Erscheinungsform über die allegorische Sinnschicht der Liebessymbolik schließlich zur theologischen Interpretation von der ewigen Sonne Christus. Und erst vor diesem Hintergrund erhält das im literarischen Sinn nicht so recht dazupassende, vor dem Sonnenwagen tanzende Paar Amor und Psyche als die zu Gott erhobene Menschenseele einen wirklichen Bezug zu jenem Morgen, an dem „die allerheiligste Seel und Leib Christi nach dem Tod auf ewig copuliert" (Pfendtner). Denn der gläubige Mensch des Barock war überzeugt, dass gerade in seiner Todesstunde Jesus, meine Gnaden-Sonne wird nimmermehr untergehen, sondern hell in meinem Herzen scheinen; wann ich gehe durch den finsteren Thal des Todes, so wird mein Jesus mein Seelchen [...] in das vollkommene Licht und die Freudenvolle Herrlichkeit des Himmels versetzen." (Conrad Mel, *Zions Lehre und Wunder*, Kassel 1733)

Die Anima, also die Personifikation der zu Gott strebenden menschlichen Seele, bildet daher neben der Liebessymbolik den zweiten roten Faden im Altenburger Gesamtprogramm. Die Dialektik von irdischer und himmlischer Liebe bzw. der Triumph des „Amor Divinus" über Cupido gehörte nicht nur zu den wichtigen Motiven der Gegenreformation und der Altenburger Prälatur des 17. Jahrhunderts, sondern bildet auch ein zentrales Thema in der Stiftsikonographie des 18. Jahrhunderts. Hatte doch Placidus Much laut Leichenpredigt nicht nur als Gastgeber im Sinne des hl. Benedikt Gelegenheit „denen ankommenden Gästen alles Liebes-Werk" erwiesen, sondern sich „schon von Jugend auf alles aus Liebe Gottes zu würcken sich beflissen. Als Vorsteher, gleichwie solche [die Liebe] in ihme hervorgeleuchtet, seyn auch andere [...] gleichsam als Feuer-Säulen von seiner so feurigen Liebe entzündet worden."

Die Skulpturen des Gottesliebe und der (mit-)brüderlichen Liebe bzw. Eintracht („concordia") am Eingangsportal unterhalb des Marmorsaales begrüßen den Eintretenden und erinnern ihn daran, dass sich zwischen diesen beiden Polen nicht nur der Lauf der Welt und der Weg des Menschen vollzieht, sondern auch das Programm des Stiftes Altenburg. Wird die „ihren Gott liebende Seele" im Fresko des Marmorsaales als Psyche durch Amor in den Himmel emporgehoben, so wird ihr im Kuppelfresko über dem Hochaltar als Pilgerin und personifizierte Hoffnung von „Caritas" der Weg in die ewige Seligkeit gewiesen.

LITERATUR: *Matsche 1970 – Polleroß 1979 – Egger, Bilderwelt 1981 – Egger 1983 – Polleroß 1985 – Gamerith 2006.*

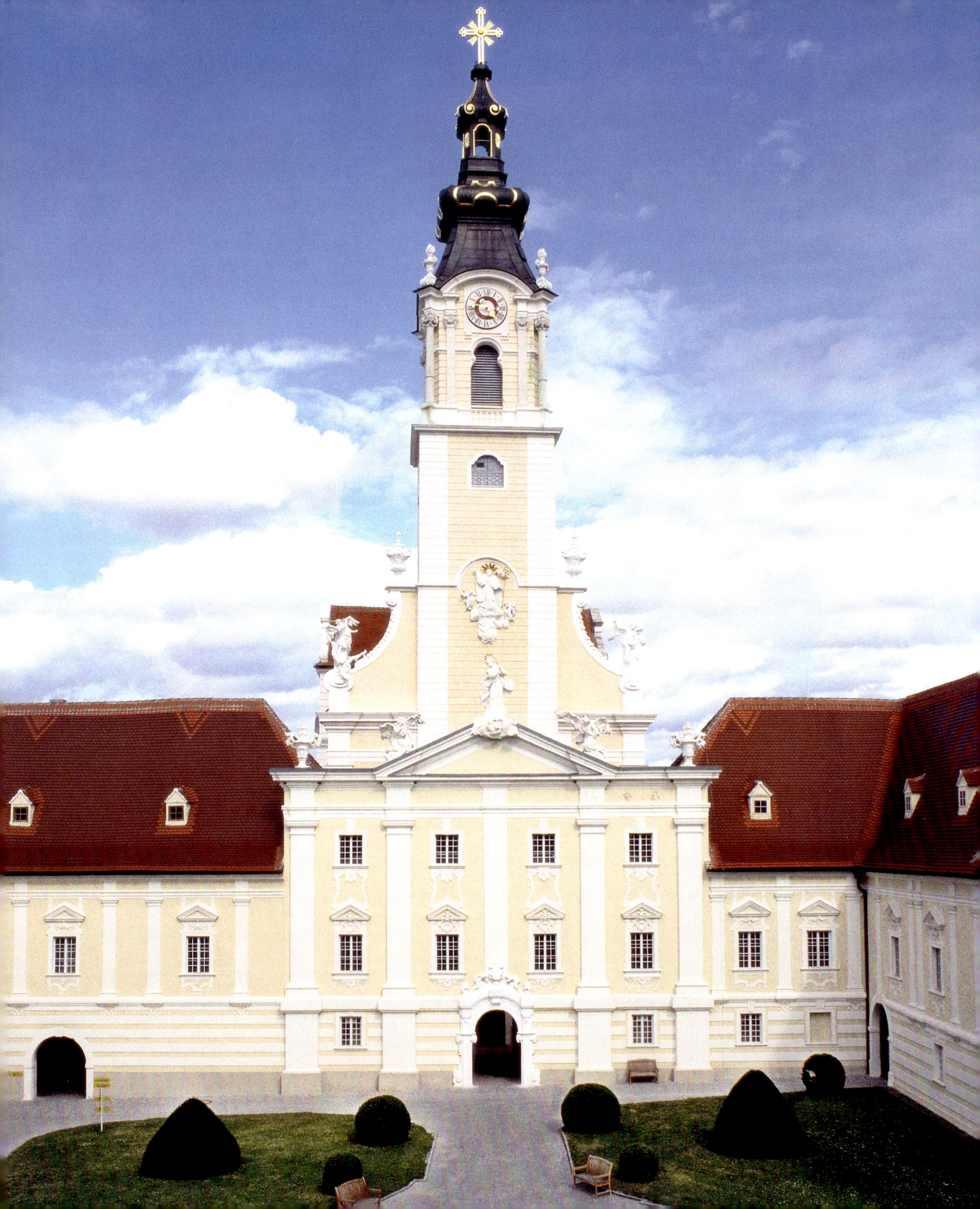

Prälatenhof
Wohn- und Repräsentationsraum für den Abt
Von Andreas Gamerith

Der Prälatenhof bildete bereits im 17. Jahrhundert mit seiner geschlossenen Anlage ein Kernstück des Klosters und dessen Repräsentation. Um ihn gruppieren sich jene Zimmer, die zur Zeit ihrer Erbauung dem Prälaten, seinen Gästen und der klösterlichen Verwaltungsinstanz, der Hofrichterei sowie dem Archiv, vorbehalten waren. Nach den Verwüstungen des Schwedeneinfalls begannen hier schon in der zweiten Hälfte des 17. Jahrhunderts die Umbauarbeiten, die dem Hof ein repräsentatives Aussehen verliehen. Im Jahr 1657 wurde unter Abt Benedikt Leiss die festsaalartige Galerie gegenüber dem turmartigen Haupteingang (des späteren Marmorsaals) errichtet, die durch eine große, zweiarmige Freitreppe im Hof erschlossen wurde. Anschließend an diesen Saal ließ ab 1675 Abt Maurus Boxler den „Neuen Stockh" der Prälatur errichten, der in Folge von Jakob Schlag mit Stuckdecken ausgestattet wurde. 1671 war bereits der reich reliefierte Brunnen im Hof in Auftrag gegeben worden, der, im Boden versenkt, auch in der spätbarocken Anlage bestehen blieb. Unter Abt Raimund Regondi erhielt die Galerie ihren Freskenschmuck (nach 1689), „Geraser" und „Zwettler Zimmer" sowie angrenzende Räume, die allesamt der Aufnahme hochrangiger Gäste dienten, wurden mit Stuckaturen versehen.

Diese Umgestaltungen schufen für das Umbauprojekt unter Abt Placidus Much bindende Vorgaben. Zwar ist aus den Kirchenentwürfen Munggenasts ersichtlich, dass der der Kirche vorgeblendete Trakt des 17. Jahrhunderts hätte abgetragen werden sollen, um den Blick auf die prächtige Kirchenfassade freizugeben, dieses Vorhaben wurde allerdings nicht umgesetzt. Stattdessen vereinheitlichte der Architekt die Fassaden des Seicento durch eine Neustuckierung der Fenstereinfassungen und gliederte den Hof durch vier Risalite. In Art barocker Theaterarchitektur wurde dem Marmorsaal ein architektonisches Pendant gegenübergestellt, bei dem die den großen Fenstern eingeschriebenen kleineren verräterisch aufzeigen, dass der Betrachter hinter der großspurigen, vorgeblendeten Fassade keinen Saal vermuten darf. Die nicht rektanguläre Grundrissform des Hofes, Resultat früherer Vereinheitlichungen, wurde in Kauf genommen und westlich des nun zum Marmorsaal modernisierten Eingangsturmes eine Flucht von Zimmern, die sogenannte Sommerprälatur, angebaut, die der Anlage zumindest nach außen hin den Anschein eines regelmäßigen Baues verleihen sollte.

Stärker als an anderen Teilen des Stiftes Altenburg zeigt sich an den um den Prälatenhof situierten Räumlichkeiten der Wandel der Zeit. In welcher Form Abt Placidus, der sich ja als Mitglied des Prälatenstandes auch lange in der Residenzstadt aufhalten musste, seine Prälatur nutzte, ist nicht bekannt. Aus der Rede anlässlich seiner Trauerfeierlichkeiten ist nur ersichtlich, dass er die Räume der Sommerprälatur zwar umgestalten ließ, sie aber für seine Person nicht in Anspruch nahm, sondern sich mit den althergebrachten Prälaturräumlichkeiten zufrieden gab. Als Wohnräume waren die Zimmer natürlich unter seinen Nachfolgern beständiger Veränderung und wechselnder Mode unterworfen. Genauere Kenntnis von der zumeist

GEGENÜBER:
Kirchenfassade mit Prälatenhof

DER BAROCKE KOSMOS

LINKS: *Kartusche aus dem Saal der Liebe*
RECHTS: *Kanzlei, Deckenfresko*

wertvollen Ausstattung der Räume erhalten wir durch den im Jahr 1911 verfassten Band der *Österreichischen Kunsttopographie*, die viele Kunstgegenstände auflistet, die in den Wirren des Zweiten Weltkrieges verloren gingen. Schätzungen zufolge beträgt allein die Zahl der verlorenen Bilder aus der Prälatur an die hundert, darunter auch mindestens drei Gemälde Trogers. Bis 1979 wurden die Räume von den Altenburger Äbten bewohnt, danach sind die Zimmer der Sommerprälatur für Ausstellungszwecke genutzt und ab 2006 als Kanzleien der Stiftsverwaltung adaptiert worden.

Für Gäste konnte die Prälatur in der Barockzeit über die große Treppe von der Einfahrtshalle unter dem Marmorsaal her erreicht werden, wo der damals in einer Nische aufgestellte *Tiroler Hiasl*, eine später im Garten aufgestellte Genrefigur, überschwänglich den weiteren Weg zum „Dafl-Zümer" des Prälaten oder seinen Wohnräumen wies.

Die Winterprälatur, mit den aus der Zeit des 17. Jahrhunderts belassenen Räumen, zeichnet sich durch ihre Stuckdekorationen aus, die Jakob Schlag in schweren Formen gestaltete. Teigig überziehen gravitätische Ornamentformen die Gewölbe, zwischen Fruchtkörben und Blumengirlanden lugen immer wieder Puttenköpfchen und Engelshermen, aber auch groteske Maskeronen mit grimassenhaften Fratzen hervor. Die Thematik der Räume kreist vor allem um den sie bewohnenden Abt. Während in einem die Rosen Altenburgs auf das Wappen des Stiftes anspielen, tummeln sich in einem anderen Engelchen, welche die äbtlichen Insignien halten, im verzweigten Stuckgeflecht. Malereien unbekannter Meister ergänzen die Ausstattung, so im nach seinem Ausstattungsprogramm benannten „Saal der Liebe", wo im zentralen Deckenbild die Gestalt der Liebe, an deren Seite sich ein Kind schmiegt, von den Altenburger Rosen gekrönt wird – Sinnbild der Liebe des Abtes zu seinem Konvent und der Gegenliebe der Gemeinschaft zu ihrem Vater: AMOR CORONATUR AMORE – „Die Liebe wird von Liebe gekrönt". In den begleitenden Wandmalereien der Gewölbeansätze umwinden Engel die Würdezeichen des Abtes – Ring (NECTIT AMOREM), Stab (FULGITUR AMORE) und Mitra (NON ONERANTUR AMORE) – mit Rosen. In der vierten Kartusche wird auf die Strahlkraft der Liebe verwiesen (URIT, NON COMBURIT AMOR). Hinzuweisen ist in diesem Raum auf die reizvollen Landschaftsdarstellungen, in denen mit den Motiven der

Brücke und den überkreuzten Bäumen nochmals auf die Liebe angespielt wird.

Wesentlich für jede klösterliche Prälatur war die obligatorische Kapelle, die in Altenburg einen sehr schönen geschnitzten Altar aus dem 17. Jahrhundert besaß. Leider fiel die gesamte Kapellenausstattung den Devastierungen während des Zweiten Weltkriegs zum Opfer.

Diese Räume der Winterprälatur wurden im 18. Jahrhundert um die sogenannte Sommerprälatur erweitert. Zwei kleineren Zimmern mit Stuck von Johann Michael Flor folgt ein großzügiger Raum, dessen erhöhte Decke von einem von Stuck der Werkstatt Christoph Kirschners gerahmten Fresko Paul Trogers geschmückt wird. Ein weiblicher Genius präsentiert die drei Rosen des Stiftwappens und das Pastorale, am unteren Bildrand sind die drei Hügel zu erkennen. Zwei begleitende Putti halten die Inful des Abtes und den Bienenkorb, die persönliche Imprese (Devise) des Barockabtes. An diesen Raum schließt das „Marmorne Cabinettl" an, das dem Gastgeber die Möglichkeit zu Rückzug und vertrauterem Gespräch bot. Die Wände sind hier mit vielfarbigem Marmor geschmückt: Schwarzgerahmte Fensterlaibungen mit roten Feldern, rosafarbene Pilaster vor violettem Fond, umbrafarbene, von roten Adern durchzogene Paneele verleihen dem kleinen Raum seinen kostbaren Charakter. An der Decke schuf Johann Michael Flor eine Darstellung der „Weisheit" mit dem Spiegel, die auf die Giebelfiguren der Sinne an der Außenseite der Fassade zu beziehen ist. Ein Putto streut Rosen als Sinnbild der Wohltaten der Weisheit. In den Ecken führen vier Vogelgruppen emblematisch Tugenden vor Augen: die Eule, die von anderen Vögeln verspottet wird, steht für die Fähigkeit des Weisen, Leid zu ertragen, und der Kampf des Reihers gegen den Adler soll den Wert tapferer Handlungsweise symbolisieren. Die beiden anderen Paare – fliegende Enten sowie ein Papagei, der einem anderen einen Lorbeerzweig reicht – sind weniger leicht zu lesen; die Enten könnten die auf die unter Narren bewahrte Reinheit des Weisen anspielen (NON MADESCUNT IN UNDIS – „Im Wasser werden sie nicht nass") oder auf klösterliche Eintracht. Der Papagei hingegen mag Sinnbild sein für fromme Nächstenliebe oder, „da der Lorbeer in vielen krankheiten dienlich ist" (nach Daniel Grans Konzept der St. Florianer Bibliothek) und dieser Vogel als Sinnbild der Philosophie fungieren kann, als Bild des Trostes, den die Weisen einander spenden.

Im Erdgeschoß ergänzten kühle Zimmer mit einer Grotte – entsprechend den kaiserlichen Räumlichkeiten im Marmortrakt – das Ensemble der Abtwohnung. Diese einstmals durchgehend freskierten Räume, die für die Deutung des Programmes gewiss von Relevanz waren, widerstanden leider nur teilweise den Unbilden der Zeit; die Grotte präsentiert sich heute in weitgehend frei rekonstruiertem Zustand. Entsprechend dem über dem Eingangstor sitzenden Kinderpaar präsentiert die Allegorie der Grotte, sozusagen als Zusammenfassung des Marmorsaals, ein brennendes Herz, das sie als Liebe zu Gott auszeichnet.

An die Räume der Prälatur schließen als Südflügel jene Räumlichkeiten an, die im 17. Jahrhundert der Repräsentation des Klosters dienten und die ursprünglich über eine Freitreppe vom Hof aus zu betreten waren. Den sogenannten „Türkensaal", eine sich über vier Fensterachsen erstreckende Galerie, zieren illusionistische Freskomalereien, welche die Siege des Markgrafen Ludwig Wilhelm I. von

Grotte unterhalb der Prälatur

Detail aus dem Türkensaal

Baden-Baden („Türkenlouis"; 1655–1707) zum Inhalt haben, insbesondere die Wiedereroberung der Feste Nissa im Jahre 1689 verherrlichen – die Botschaft vom glücklichen Ausgang der Schlacht lässt der Maler im Mittelbild den Götterboten Merkur selber Jupiter und Juno überbringen. Dass aktuelle Geschehnisse im Kampf wider die Türken zum Inhalt einer so umfassenden Raumdekoration gewählt wurden, mag seine Begründung in den hohen finanziellen Opfern finden, die den Klöstern vom Kaiser zur Finanzierung der Verteidigung abverlangt wurden. Ähnlich ausgestattete Säle bestanden auch in Pernegg und Groß-Siegharts; der gute Erhaltungszustand der Altenburger Galerie führt aber erst die beeindruckende Wirkung vor Augen, welche die sonst nur in Resten vorhandenen stucco finto-Dekorationen besaßen. In den Kartuschen der Stichkappen werden vor allem Herrschertugenden thematisiert.

Auf die Galerie folgen nach einer „Antecamera" „Geraser" und „Zwettler Zimmer". Sie waren bis 1945 mit roter und grüner Seide ausgespannt und wurden, begünstigt durch die nach Norden gerichteten Fenster, als Galerieräume genutzt. Sie dienten der Unterbringung der Prälaten der konföderierten Stifte des Waldviertels, die seit 1361 enge Kontakte zueinander pflegen. Bis zum Jahr 2006 als Depot genutzt, präsentieren sich die Räume heute als adäquate Unterbringung des Archivbestandes.

Zur ursprünglichen Ausstattung der beiden Zimmer gehört ein Bilderzyklus (um 1700) mit Szenen aus dem Alten Testament, die mit ihrer Königsthematik die Räume zugleich als eine frühe Form der Kaiserzimmer charakterisieren. Dem weisen und gnädigen König wird anhand der Vorbilder des Alten Bundes ebenso der strafende und die Religion verteidigende Herrscher gegenübergestellt: Salomon empfängt die Königin von Saba, Artaxerxes hört die Bitte Esters an. David lässt den Boten hinrichten, der vorgibt, König Saul getötet zu haben, der Prophet Samuel straft den Amalekiterkönig Agag mit dem Tod. Der Maler der vier Gemälde ist nicht bekannt, Werke von seiner Hand lassen sich auch im nahen Pernegg nachweisen. Sein Stil zeichnet sich durch eine sehr flüssige Malweise aus, mit zahlreichen Pentimenti sowie lockerer Oberflächenwiedergabe und malerischem Umgang mit der Modellierung aus dem belassenen Bolus heraus. Die Integration manieristisch anmutender Elemente und spannungsreich in die Bilder eingebrachte Repoussoirfiguren lassen einen durchaus bemerkenswerten einheimischen Maler als Schöpfer des Zyklus vermuten. Die zentral im Bild des Besuches bei König Salomo präsentierten Rosen können außerdem als Beleg erachtet werden, dass der Zyklus dezidiert für Altenburg in Auftrag gegeben wurde.

Die Stuckdecken zwischen Türken- und Theatersaal entstanden gegen Ende des 17. Jahrhunderts. Die Namen der ausführenden Künstler, deren Werke Anklänge an italienische Arbeiten auf Wiener Boden (etwa der Servitenkirche oder des Palais Harrach) aufweisen, sind nicht überliefert. Den gröberen Gesichtsformen bei den Cheruben im Zwettler Zimmer stehen zartere Putti gegenüber, die in einem der folgenden Räume Cäsarenbüsten tragen. Die weiß gehaltenen Decken benutzen in ihrer Ornamentik nicht mehr die überfrachtete Sprache Schlags, sondern lassen in sehr eleganter Weise auch die glatten Gewölbeflächen zu Wort kommen.

PRÄLATENHOF

Die ehemalige Hofrichterei (heute der sogenannte Theatersaal), die der Verwaltung des Klosters diente, erhielt nach 1675 ihre prachtvolle Ausstattung: In den Stuck Jakob Schlags eingelassene Bildkartuschen zeigen die „Gerechtigkeit", die Altenburg Wohlergehen und Glück verheißt, daneben stürzt Jupiter die Laster. An den Schmalseiten zeigen die Freskenfelder in den Gewölbeansätzen Juno und Merkur, die für Ehe und Handel stehen, gegenüber mahnt Diana, die den Pfeil Apollos berührt, an das strafende Vorgehen des Geschwisterpaares wider den Frevel der Niobe. Apollo wird als warnendes Beispiel bei der Verfolgung Daphnes gezeigt, die sich in einen Lorbeer verwandelt, und am Leichnam der vom Raben der Untreue beschuldigten Coronis: Daphne vermag sich den Nachstellungen durch Flucht zu entziehen, bei Coronis erweisen sich vorschnelles Handeln und eitles Geschwätz als schlechte Ratgeber. Orpheus, dessen Gesang die wilden Bestien friedlich lauschen, und Europa, die von Jupiter in Gestalt eines Stieres geraubt wird, sind als Besänftigung der Triebe und Hinwendung zu Gott zu verstehen. Monochrom gemalte Emblemata führen gleichfalls dem Betrachter den Wert sittlichen Lebens und der Mäßigung vor Augen und warnen vor leichtsinnigem Vergehen. So wird die Maus, der vor der Mausefalle die Katze auflauert, mit dem Spruchband NON RUIS IN PEIUS SI MALA PRIMA FUGIS kommentiert – „Du fällst nicht in größeres Übel, wenn Du anfängliches Unheil fliehst". Fliegen, die vom Licht einer Kerze angezogen werden, in der Flamme aber verbrennen, warnen, dass eitle Hoffnung bester Grund zum Übel sein könne: SIC NOBIS SPES EST OPTIMA CAUSA MALI. Beinahe humoristisch nimmt sich der fröhliche Zecher aus, dem die Beischrift konstatiert: CAUSA MEAE MORTIS SAEPE FUIT BIBERE – „Der Grund meines Todes war es, oft zu trinken".

Die weiteren um den Hof gelegenen Zimmer wurden ebenfalls von Jakob Schlag stuckiert, als reizvolle Kostbarkeit sei auf das runde Turmzimmer des Abtstöckels verwiesen. Den Rundgang um den Prälatenhof beschließen zwei Räume, die 1734 von Franz Joseph Ignaz Holzinger stuckiert wurden und als Gästemeisterei dienten.

An den Fassaden des Prälatenhofes übernimmt der Skulpturenschmuck die Aufgabe der Aussage; er ist bereits Auftakt zu den später in der Kirche dargestellten Themen. Schon die Puttengruppe über dem Durchgang – das behelmte Knäblein mit Säulenstumpf und sein Begleiter mit dem Liktorenbündel – eröffnet als Darstellung von „Standhaftigkeit" und „Gerechtigkeit" den Reigen

LINKS: *Ölgemälde: Salomo und die Königin von Saba*
RECHTS: *Stuckkartusche mit Darstellung des Orpheus im Theatersaal*

DER BAROCKE KOSMOS

Risalit der Prälatur

Putti mit Säulenstumpf und Liktorenbündel als Attribute

der Tugenden, der mit den beiden weiteren Eigenschaften „Mäßigung" und „Weisheit" in den Supraporten der Sakristei und Durchgang zur Bibliothek in der Stiftskirche geschlossen wird. Den Risalit der Prälatur bekrönen die Göttlichen Tugenden, die im Apsisfresko auf der gegenüberliegenden Gebäudeseite nochmals dargestellt sind: Mit Anker und himmelwärts gerichtetem Blick sowie erhobener Rechten erscheint die „Hoffnung", die „Liebe" als Mutter mit Kindern und der „Glaube" zwischen flammenden Vasen als junge Frau mit Kreuz, Kelch und Hostie, zu deren Füßen sich in spektakulärer Verkürzung der blinde Unglaube mit lodernder Fackel windet. Unten ist der schelmische Kopf auf der Vase über dem Eingang zur Prälatur ein Hinweis auf die heiteren Räume der äbtlichen Sale terrene, die sich hier dem Besucher öffnen.

Über der Konventpforte lagern zwischen den Büsten des Ordensgründers Benedikt und seiner Schwester Scholastika zwei Kindl, die das Altenburger Wappen, die drei Rosen mit den drei Hügeln, sowie das des Abtes Much, den Bienenkorb, vorzeigen. Der Bienenkorb, am Eingang zum innersten Bezirk des Klosters postiert, soll dem Betrachter überdies die Harmonie der Brüder demonstrieren, die einmütig vereint, den Bienen gleich, dieses Haus bewohnen.

Die östliche Seite des Hofes wurde von Joseph Munggenast, da entgegen ersten Planungen von einem Abbruch dieses Gebäudeteiles Abstand genommen wurde, als Kirchenfassade konzipiert: Über dem Durchgang verehren knieend zwei Putti die Gebotstafeln und das Kreuz, Zeichen des Alten und Neuen Bundes. Auf dem Giebel siegt die Unbefleckte Empfängnis, von zwei Engeln (ursprünglich mit Lilien) verehrt über die teuflische Schlange, die den Paradiesesapfel in ihrem Maul hält. Die Vasen schmücken erneut Embleme des Altenburger Wappens und des Bauherrn. Am Turm selber, der hinter der vorgeblendeten Fassade emporwächst, ist die Verklärung des hl. Lambert, des Stiftspatrons, zwischen den beiden Erzengeln Michael und Raphael zu sehen.

Nicht bekannt ist der Schöpfer der plastischen Arbeiten im Prälatenhof. Während die Stukkaturen laut Rechnung Franz Joseph Holzinger und seinem Marmoristen Johann Georg Hoppel zuzuweisen sind, stammen die Skulpturen von einem in den Rechnungen des Steinmetzen Farmacher nur als „Bilthauer" erwähntem Meister. Möglicherweise sind sie Johann Christoph Kirschner zuzuweisen, der 1736 in Altenburg verstarb: Die Qualität der Figuren ändert sich ab diesem Zeitpunkt. Gedacht wurde auch an von Schletterer ausgeführte Skulpturen nach Entwürfen Trogers.

LITERATUR: *Egger 1979 – Egger 1983 – Polleroß 1985 – Jakob Werner, Barocker Stuckdekor und seine Meister in Stift Altenburg, in: Andraschek-Holzer 1994, 293–328.*

Kaiserhof und Kaiserstiege
Religion und Wissenschaft
Von Andreas Gamerith

Kaiserhof während einer Festveranstaltung 2006

Der „Große Hof" des Stiftes zeigt in seiner Ausformulierung die Schwierigkeiten, die mit dem Um- bzw. Neubau in Altenburg verbunden waren. Einerseits sollten bzw. mussten bestehende, ältere Gebäudeteile integriert werden, andererseits war das Gelände nicht eben, sondern fiel nach Osten hin um beinahe eine Geschoßhöhe ab. Die nicht verwirklichten Pläne eines Verbindungsganges zur Kirche durch den Hauptrisalit sowie die Entscheidung, den Hof nicht zu schließen und stattdessen die Bauaktivitäten zugunsten einer repräsentativen Ostfassade auf den Trakt nördlich der Kirche zu konzentrieren, konfrontierten die planenden Kräfte mit einer Reihe von Unzulänglichkeiten, die nur in Form von Kompromissen zu reduzieren, nicht aber zu lösen waren.

Eine Änderung betraf auch das Stiegenhaus zu den Marmorzimmern: Sollte ursprünglich der repräsentative Zugang zu den kaiserlichen Gemächern über eine Treppenanlage im Mittelrisalit erfolgen, wurde das Projekt in alternativer Form schlussendlich im linken Corps de Logis verwirklicht. Durch die Geschichte stark verändert, präsentierte sich der Zugang zur Treppe zur Zeit der Entstehung luftig und hell – der Eintritt vom Hof her lag inmitten großzügig proportionierter, offener Arkaden, durch die die inneren Treppenarme von drei Seiten her betreten werden konnten. Den Besucher hießen hier die Sphingen des Bildhauers Schletterer mit lächelndem Blick willkommen (im Jahr 2007 in einer Rekonstruktionsvariante wieder aufgestellt), vom selben Künstler stammen auch die allegorischen Figuren des Portals mit Darstellungen von Standhaftigkeit und Weisheit. In der kleinen Vorhalle am Treppenantritt spielt das Deckenrelief mit einem auf dem Adler Jupiters reitenden Amor auf die Giebelskulptur des Göttervaters im Hof an, zugleich führt er in das Tugendenprogramm des Klosters ein: „[…] so zeigt Amor durch das Feuer, wer stärker ist als das Feuer" (Alciatus). Während die beiden Stiegenläufe abwärts die „Crota Zühmern" (Rechnung Farmacher), die Räume der Sale terrene, erschließen, die erneut die Tugendentrias darlegen, führt der mittlere Treppenarm zu den Räumen im ersten Stock.

Im Obergeschoß empfangen musizierende Putten mit Trommelwirbel den Besucher, gleichsam eine Wiederholung der an der rückwärtigen Empore in der Kirche angebrachten kindlichen Musiker. Im Hinaufsteigen steigert sich die Farbigkeit des Raumes bis zum Deckenbild, der verengte Treppenlauf teilt sich und führt in zwei Armen zum Korridor und den angrenzenden Räumlichkeiten. Stuckmarmorne Lisenen, in grünlichem Umbra gehalten mit kräftiger, braunroter Äderung gliedern die Wandflächen und rahmen paarweise die Fenster oder schwarzeingefasste Wandpaneele mit stuckierten Blumenvasen. Die Darstellungen von Kallas, Agaven, Akanthus und heimischen Blumen sind als Anspielungen auf die Erdteile Afrika, Amerika, Asien und Europa zu lesen und lassen bereits die Weltenordnung anklingen, die in den anschließenden Zimmern ausführlicher vor Augen geführt wird. Das Kinderpaar am Geländer, dem Meister HKP/Kirschner zuzuschreiben, repräsentiert Tag und Nacht – gleichfalls als Bild des natürlichen Zeitenwechsels. Der mit seinem Hund spielende Knabe und sein schlafendes Gegenüber, dessen Schlummer vom grimmig knurrenden Hündchen tapfer verteidigt wird, dürften Überbleibsel des zentral im Hof postierten Stiegenprojektes sein (als kindliche Pendants zu Apollo und Diana) und wurden erst zwei Jahre nach ihrer Entstehung 1736 an ihrem heutigem Platz aufgestellt.

Die Reliefs der Fensterparapete zeigen Venus, die den Amorknaben küsst, sowie als Gegenstück ihre Abweisung der kleinen Psyche. Der Mythos von Amor und Psyche als Sinnbild der Vereinigung der Seele mit

OBEN: *Blick in den Kaiserhof mit Sphingen im Vordergrund*
UNTEN: *Allegorie der Nacht, Putto auf der Balustrade*

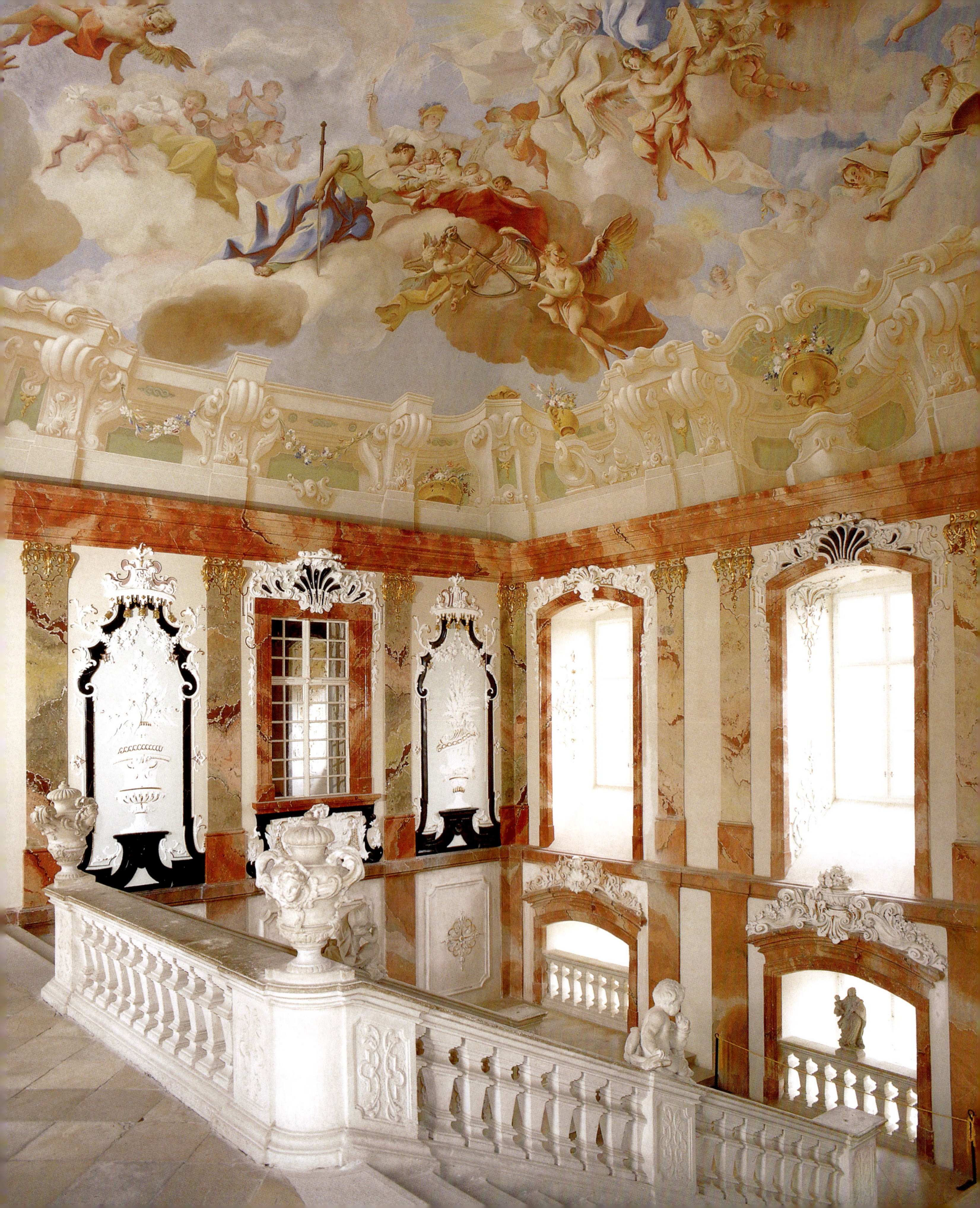

Gott (wie sie unter der Treppe in der Gruppe mit Leda mit dem Schwan erneut vorgezeigt wird) soll den Besucher an Elemente der im Fresko des Marmorsaals zum Ausdruck gebrachten Ideenwelt gemahnen.

Hauptaussagekraft besitzt das Deckenbild, dessen Argument die Harmonie von Religion und Weisheit und der Triumph der Wahrheit ist. Angeregt wurde dieses Fresko von Trogers themengleichem Werk im Seitenstettener Marmorsaal (1735), wenngleich die Änderungen des Altenburger Bildes auf das wiederholte Vorgehen des Concettisten schließen lassen, prominente Ausstattungen zu zitieren, doch eigenen Ansprüchen gemäß adaptiert zu wiederholen. Zugleich musste Troger seine Komposition den Raumgegebenheiten in Altenburg anpassen: Während in Seitenstetten der Bildaufbau einansichtig sich vor dem Auge des Betrachters entwickelt, bedingten die Altenburger Treppenanlage und ihre kommunizierende Funktion gleichsam ein „Zerteilen" des Bildes. Für die Hauptansicht, die sich von der Balustrade über den musizierenden Putti ergibt, bediente sich Troger einer analogen Situation zur Leseweise des Hauptkuppelfreskos der Kirche.

Im Zentrum der Komposition reichen sich die „Religion" (entgegen der Forderung Cesare Ripas und dem Seitenstettener Vorbild ohne Gesichtsschleier) und die „Weisheit" die Hände. Darunter schreibt ein Genius auf eine Tafel „Quam bene / Conveniunt" („Wie gut passen sie zusammen!"). Von links blickt, erkennbar am Ölzweig, die Allegorie des „Friedens", auf deren Gesicht der Schatten vom Gewand der Religion ruht, zufrieden auf die beiden Frauengestalten. Es schließen links die drei Göttlichen Tugenden an, der „Glaube" mit Kelch, Gesetzestafeln und Kerze, die „Liebe" als Mutter mit Kindern und die „Hoffnung" im Symbol des Ankers. Ihnen, zugleich der „Wahrheit", die mit der Sonne in der Rechten unter den Personifikationen von „Religion" und „Weisheit" auf einer Wolke lagert, wendet sich eine Pilgerin in grünblauer Gewandung zu, ein Sinnbild der „Hoffnung" und der Seele als Identifikationsfläche für den Betrachter. Dahinter schließen das „Gebet" vor einem

OBEN: *Kaiserstiege, Gesamtansicht des Deckenspiegels mit Fresko*
LINKS: *Detail aus dem Deckenfresko mit den drei Göttlichen Tugenden*
GEGENÜBER: *Gesamtansicht der Kaiserstiege*

Rauchaltar, die „Aufrichtigkeit" mit der Taube, „Gehorsam" mit dem Joch und die jungfräuliche „Keuschheit" an, dargestellt durch eine sich gürtende Frau und einen Putto mit Lilie. Vor diesem Triumph der Tugenden stürzen die Laster, von denen sich die Pilgerin abgewandt hat. Mit gezücktem Dolch und abwehrend gegen den Triumph der Tugenden erhobener Linken fällt der „Zorn", es stürzt sein wütend brüllender Löwe, der vor dem „Neid" hervorblickt, einer garstigen Furie mit schlaffen Brüsten, Schlangenhaar und von gallgelber Hautfarbe, eine lodernde Fackel in Händen (als Zeichen der „Zwietracht"), im Begriff ein Herz zu verschlingen. Kopfüber sackt die „Unmäßigkeit" aus dem Bild, ein schwammiger Bacchant mit Korbflasche und Eselskopf als Zeichen der „Torheit". Der Pfau in der Mitte der wirbelnden Laster vertritt die „Hoffart". Wohl als „Verzweiflung" zu lesen ist der kräftige Rückenakt vorne, der sich die Haare rauft. Auch Frau Venus und der blinde Amorknabe mit gebrochenem Pfeil vermögen nicht zu bestehen und fallen.

In himmlischen Sphären, auf der Seite der „Weisheit", sitzen die Wissenschaften und Künste als ihr Gefolge: zuvorderst die „Theologie" mit Sternenglobus als Zeichen der Beschäftigung mit himmlischen Dingen und dem Rad, das nur an unterster Stelle die Erde berührt, wie der Theologe – nach barocker Forderung – sich nicht rein auf Sinneserfahrung im Umgang mit der Transzendenz berufen kann. Benachbart ist die „Philosophie" in Gedanken versunken, ihr zu Füßen erblickt man die „Astronomie" mit Armillarsphäre und die blinde „Poesie", der sich die „Rhetorik" zuwendet. Ein rosenstreuender Putto links der „Redekunst" symbolisiert die Wohltaten der blühenden Wissenschaften, zugleich soll er auf das Altenburger Wappen anspielen. Neben ihm disputieren „Geographie" (auf deren Globus „Altenpurg" zu lesen ist), „Nautik", die als „Hydrographie" im barocken Verständnis das Sachgebiet der „Geographie" ergänzt, und „Geometrie". Es folgen nach links Malerei, Bildhauerei und Architektur, im Gespräch vertieft.

Das Fresko über der Kaiserstiege erscheint an mehrere Besuchergruppen gerichtet, zugleich ist es in verschiedene Richtungen lesbar. Das Motto „Quam bene conveniunt" mag sich von einem Zitat des Dido-Briefes aus Ovid ableiten („Quam bene conveniunt fato tua munera nostro" – „Wie gut passen Deine Geschenke zu unserem Geschick"). Die in diesem Kontext unheilvoll vorgebrachte Sentenz findet sich aber auch – seines negativen Textzusammenhanges beraubt – in der Emblematasammlung des Joachim Camerarius als Unterschrift eines auf die Regenten bezogenen Emblems: Der Kaiser, durch die Tugenden in der Religion gefestigt, der die ihm angemessenen Wissenschaften zu pflegen versteht (was etwa die sonderbare Einführung der „Nautik" gegenüber dem Seitenstettener Vorbild erklären könnte), wird seine Regierung im Licht der Wahrheit lenken und sein Volk weise anführen. Als allgemeine Ermahnung spricht das Bild gleichzeitig zu jedem Betrachter (in der Pilgerin) und ermuntert ihn, sich von den Lastern abzuwenden, um durch Tugend und Weisheit zur Wahrheit zu gelangen. Dass sich das Konzept dabei auch im Sinne Leibniz' interpretieren lässt und auf zu Beginn des 18. Jahrhunderts aktuelle Diskussionen verweist, mag man aus den einleitenden Worten der Theodizee ersehen: „Ich beginne mit der Vorfrage nach der Übereinstimmung des Glaubens mit der Vernunft und nach der Anwendung der Philosophie in der Theologie. […] Ich nehme an, dass zwei Wahrheiten sich nicht widersprechen können; dass der Gegenstand des Glaubens die Wahrheit ist, die Gott auf außergewöhnliche Weise offenbart hat, und dass die Vernunft die Verkettung der Wahrheiten ist, besonders jedoch (verglichen mit dem Glauben) jener Wahrheiten, die der menschliche Geist auf natürliche Weise ergreifen kann, ohne vom Licht des Glaubens erleuchtet zu sein." Solcherart interpretiert fügt sich das Deckenbild in ein Konzept ein, das die Frage nach dem „lumen naturale", der allen Menschen geschenkten natürlichen Religion, im Verhältnis zur (christlichen) Offenbarung, auch in anderen Fresken des Hauses thematisiert. Es bietet sich auch eine Deutung als eine Selbstdarstellung des Klosters an, ausgedrückt im „conveniunt", das sich auch als Allusion auf den „conventus" des Stiftes verstehen ließe, und in den Tugenden, die den Gelübden der Mönche entsprechen: In einem Haus, in dem die Laster keinen Platz finden, die Wissenschaften emsig gepflegt werden und die Tugenden wohnen, kann die Wahrheit nur im hellsten Lichte erstrahlen.

LITERATUR: *Egger, Bilderwelt, 1981,* 68–70 – *Polleroß 1985* – *Groiß / Lux 1998.*

Kaiser- und Marmorzimmer
Räume für den Herrscher
Von Andreas Gamerith

Zimmerflucht im Kaisertrakt

Die „Haubt Stiegen", die Kaiserstiege, teilt die Zimmerflucht des ersten Stockes. Die Wandverkleidungen, in farbenprächtigen Stuckmarmor ausgeführt, heben den hohen repräsentativen Charakter hervor, doch sind wir über eine weitere Ausstattung der Zimmer mit Möbeln oder Bildern im Unklaren. Johann Georg Hoppel, 1732 im Tross Holzingers nach Altenburg gekommen und hier sesshaft geworden, unterfertigte am 1. September 1738 einen Vertrag mit Abt Placidus „vor die Marmolier-Arbeith alß von der Klafter deren Gesimpsern 9 1/2 fl und von der glathen Arbeith 8 1/2 fl." Hoppel hatte bereits im Jänner des Vorjahres seine Arbeit im Marmorsaal und „Cäbinetl" besoldet erhalten. Mit den Marmorzimmern, worauf der Kontrakt zu beziehen ist, wurde ihm ein ausgesprochen umfangreiches Ensemble an Ausstattungskunst anvertraut. Als modische Weiterentwicklung gegenüber seinen früheren Marmorieraufträgen – noch ganz geprägt von der Holzingerischen Schulung – beginnen in den späten 1730er Jahren Farben eine Rolle in Hoppels Marmorierkunst zu übernehmen, die sich von der Naturstein-Imitation hin zu phantastischen Farbtönen und -kombinationen wenden. Die Gestaltung der Decken, Supraporten und Fensterlaibungen übernahm Johann Michael Flor. Ob das Fehlen der anfangs so opulenten Fensterfüllungen in den südlichen Räumen des Traktes (möglicherweise aus Kostengründen „al fresco" ausgeführt) als ein abgebrochenes Ausstattungskonzept zu verstehen ist, ist aus den Quellen nicht ersichtlich.

DER BAROCKE KOSMOS

Die programmatischen Aussagen der Stuckdecken führen in die Welt des Imperialen und der Weltordnung. Der nördlichste Raum – mit flammend roten Marmorfeldern zwischen rosafarbenen Pilastern vor blauem Grund – zeigt die vier Elemente inmitten reicher Bandelwerkornamentik, die effektvoll mit schwarzen Stuckmarmor-Agraffen kontrastiert ist. Die Luft, umgeben von Blasinstrumenten, fängt mit einer Schlinge einen Paradiesvogel (Süden), die Erde gießt mit einem Füllhorn ihre reichen Gaben aus (Westen), das Wasser thront mit Fisch und Wasserurne (Norden), das Feuer wiederholt das Bild der Vestalin, das schon im Marmorsaal das feurige Element symbolisiert. Der nächste Raum, in dem die Farben blau und gelb dominieren, zeigt Darstellungen der Kontinente in den Ecken über dem Hauptgesims. Das gekrönte Europa thront im Nordosten mit einem beigestellten Pferd, das den Vorrang dieses Erdteiles vor den anderen Gegenden der Welt anzeigen soll. Asien ist gezeigt mit einem Kamel und einem rauchenden Weihrauchfass, das als Hinweis auf den Reichtum des Kontinents an Gewürzen und duftenden Essenzen verstanden sein will (Südosten). Afrika führt den Elefanten vor (Südwesten), Amerika hebt im Nordwesten einen Pfeil empor, das zu ihren Füßen liegende Haupt ist nach barockem Verständnis als Verweis auf kannibalische Gebräuche Amerikas barbarischer Völkerschaften zu verstehen. Bei den Zimmern auf der anderen Seite stehen im ersten Raum, von bläulich-grünem Marmor, die kaiserlichen Eigenschaften im Vordergrund. Der Kanon der drei Theologischen Tugenden wird um die Tugenden „Beständigkeit" und „Gerechtigkeit" (entsprechend dem Puttenpaar über dem Durchgang zum Prälatenhof) sowie eine Allegorie des Friedens ergänzt. In den stuckierten Fensterlaibungen finden sich mythologische Szenen, so etwa die Leda mit dem Schwan, ein in einer Landschaft ruhender Orpheus mit seiner Fiedel oder Amphion, auf dessen Gesang hin sich die Mauern Thebens von selbst errichten.

Der angrenzende Saal ist als Hauptraum des Traktes, sozusagen als Kaisersaal, anzusehen. Rosafarbene Pilaster rahmen in grünlichem Umbra gehaltene Paneele, durch die kräftige, rotbraune Adern züngeln. Dunkleres Braunrot als rahmender Fond ergänzt den Akkord warmer Rot- und Rosatöne. In der Mitte der Decke erblickt man Jupiter auf dem Adler – analog zum über dem Kaisertrakt aufgestellten Standbild des Göttervaters und dem kleinen Cupido am Treppenansatz: Wie Jupiter seinen Göttern vorsteht, so ist auch der Kaiser Zentrum seines Reiches (Cesare Ripa). In den Ecken rufen vier Herrscherbüsten die Weltmonarchien der Vision des Propheten Daniel in Erinnerung, deren einziger und, wie das barocke Österreich meinte, ewiger Erbe die Habsburgermonarchie sein sollte. Ähnliche Darstellungen finden sich etwa in St. Florian und in Salem, wo das Originalkonzept dazu angibt: „1. Der Caldeischen Monarchi anfang

OBEN: *Stuckrelief „Caritas Romana" im Hauptraum des Kaisertraktes*
UNTEN: *Stuckrelief mit Chinesen im Weißen Saal des Kaisertraktes*

war Nimrod. 2. Der Persischen Cyrcus [Cyrus]. 3. Der Griechischen: Alexander Mangnus. 4. Der Römischen: Julius Caesar". (zitiert bei Wagner) An den Längsseiten stürzt der Adler Habsburgs mit Blitzpfeilen die Feinde des Reiches – gegenüber thront das Brustbild des Mars inmitten von Waffentrophäen über den geschlagenen Gegnern, bei denen einer sich durch seinen Haarschopf als Türke verrät. Kleine Relieftondi versinnbildlichen durch Beispiele der Geschichte kaiserliche Tugenden. An den Schmalseiten des Saales wird der Wahlspruch Kaiser Karls VI., „Constantia et fortitudine", durch die Exempel von Mucius Scaevola, der standhaft seine Rechte verbrennt (im Norden), sowie von Marcus Curtius ausgedrückt, der sich mit seinem Ross tapfer in den Abgrund vor Rom stürzt (Sü-

den). Neben Beständigkeit und Tapferkeit mahnt der Freitod der Lucretia zu Ehrenhaftigkeit und die ihren Vater im Kerker nährende Pero ist als „Caritas Romana" Sinnbild milder Liebe (beide im Westen). Den weiblichen Tugendheldinnen ist ein Tyrannenmord als Strafe ungerechter Regentschaft gegenübergestellt. Das letzte *exemplum* zeigt Marcus Curius Dentatus, der die Bestechungsgeschenke der Samniter zurückweist – der hohe Politiker, der lieber Rüben kocht als ungerechten Reichtum zu genießen, ist Vorbild der Bescheidenheit und Aufrichtigkeit für den Herrscher.

Ähnlich dem Prinzip der Gestaltung im unteren Stockwerk, wo die Grottenzimmer das ordnende Prinzip des menschlichen Wesens mit dem ungeordneten Wachsen der Natur kontrastieren, sind die an den Hauptsaal anschließenden Zimmer der *natura naturata* gewidmet. Das letzte der „Marmornen Zimmer", wo grau-blauer und kühl violetter Stuckmarmor die Wände bedeckt, zeigt in Früchtekörben und üppigen Blumenvasen den Reichtum der Natur. Der anschließende „Weiße Saal", der direkt an die Sakristei angeschlossen ist und sein helles Licht durch Fenster auf beiden Längsseiten empfängt, lässt die grotesken Phantasien einer chinesischen Traumwelt erstehen. Zwischen grinsenden Maskeronen erheben sich skurrile Vögel in die Lüfte, unter Baldachinen mit Fabelwesen haben Chinesen Platz genommen, die den Betrachter mit ihren Gewändern und Physiognomien verblüffen.

Heute durch eine Mauer getrennt, waren auch die Räume des Nordtraktes durch den gemeinsamen Korridor mit der Flucht der „Marmornen Zimmer" verbunden. An die Decke des „Weißen Saales" erinnern die Vögel, die im ersten Raum sich inmitten des reichen Ornamentes tummeln – einer präsentiert gar keck und wenig schamvoll sein Hinterteil. Warnend ist die Ausgestaltung des anschließenden Phaeton-Zimmers. Die Bandelwerk-Dekoration überzieht hier die Wände des reizenden Kabinetts und ist um phantasievolle, gemalte Landschaftsausblicke mit galanten Szenen bereichert. Dem Chinoiserie-Aspekt der vorangegangenen Räume zollen die vier Chinesen in den Ecken über

Ausschnitt der Wand- und Deckendekoration des „Phaeton-Zimmers" im heutigen Internat

dem Gesims Tribut, während die Reliefs moralisierend ein Beispiel der Mythologie vorbringen: Es ist Ovids Erzählung von Phaeton, einem Sohn der Sonne, der sich, um sich seiner Abstammung brüsten zu können, den Sonnenwagen seines Vaters erbittet. Unfähig, diesen aber auch zu lenken, muss Jupiter – wie in der Mitte der Decke zu sehen – den Jüngling mit seinen Blitzen stürzen, um einen Weltenbrand zu verhindern. Die wahnsinnig gewordene Mutter beklagt darauf den Fall des Sohnes (Süden), die Schwestern werden in Pappeln, sein Freund Cygnus in einen Schwan verwandelt (Osten). Der Phaeton-Mythos, sonst häufig in Treppenhäusern zu finden, sollte im Kabinett, jener intimen Raumform persönlichen Rückzugs, auf seinen warnenden „sensus allegoricus" hin bedacht werden: Während der Phöbus des Marmorsaalfreskos umsichtig und maßvoll den Lauf der Zeit und des Kosmos zu lenken versteht, entgeht hochfahrender Übermut, der alle Ordnung gefährdet, seiner Strafe nicht.

So sehr Flor in der Dekoration dieses Zimmers bereits in seine schematisierte Gestaltungsweise späterer Arbeiten verfällt, überrascht doch der Einfall, die Mittelszene auf malerische Weise ungerahmt den Deckenspiegel einnehmen zu lassen. Nicht mehr wie im anschließenden Zimmer mit den fliegenden Vögeln erscheinen sozusagen verselbständigte Teile des Ornamentrahmens auf der zum Reliefgrund uminterpretierten Gewölbefläche, sondern das narrative Hauptargument der Raumausstattung selber entwickelt sich in der freien, scheinbar unbegrenzten Deckenfläche.

Der Hintergrund der programmatischen Organisation der Räume im Nordtrakt rührt von den später verworfenen Plänen einer in der Zentralachse postierten Haupttreppe „bey der Hoffmaisterey" her, von der aus die linker Hand gelegenen Zimmer mit dem Zentralthema des Phaetonsturzes die Bestrafung hoffärtiger Lenkung mit Bildern menschlicher Ordnung in der rechts orientierten Zimmerflucht, zentral mit dem Beispiel Samsons, kontrastieren, der als Sinnbild menschlicher Ordnung den wilden Löwen besiegt.

Mit den hier gelegenen Zimmern dürfte schon in Fortsetzung der Umgestaltungen am Marmorsaal im Jahr 1736 begonnen worden sein. In diesem Gebäudeflügel musste, entgegen dem „neuen Gebey gegen den Mährhof" (dem Trakt der Marmorzimmer) ein großer Teil alter Bausubstanz einbezogen werden, die Arbeiten im Inneren zogen sich wenigstens bis in die frühen 1740er Jahre hin. Den Rechnungen des Steinmetzes Fa(h)rmacher ist zu entnehmen, dass dieser Flügel trotz seiner imperialen Widmung im „piano nobile" auch wirtschaftlichen Belangen in den Untergeschoßen gewidmet war und im 18. Jahrhundert Teile der klösterlichen Wirtschaftsführung, die Hofmeisterei, beherbergte. Kleinere, weniger repräsentative Treppen erleichterten die Kommunikation der Räume, die repräsentativ über die Kaiserstiege oder vom Marmorsaal her zu erreichen waren.

Sein plastisches Geschick stellte der Stuckateur Johann Michael Flor im Samsonzimmer unter Beweis. Während er in späteren Arbeiten oft ein sehr gleichförmiges Figurenrepertoire zum Einsatz bringt, besitzen die Figuren in den Reliefs des Samsonzyklus einen hohen Grad an persönlicher Charakterisierung und künstlerischer Innovation. Das zentrale Bild der Decke zeigt nach einem Stich der prominenten *Merian-Bibel* Samson im Kampf mit dem Löwen als Sinnbild der Stärke und ordnender Kraft. Zwei kleinere Medaillons kommentieren emblematisch das Mittelbild und sind auf den Kaiser zu beziehen: die Säule, die Sturm und Wellen widersteht, als Symbol der „Standhaftigkeit", das zweite stellt „Friede" und „Gerechtigkeit" des Herrschers vor. Die umgebenden Stuckreliefs zeigen Heldentaten Samsons. Mit einem Schlag rafft Samson tausend Philister dahin (Norden) und presst im Folgebild den Eselskinnbacken aus, um seinen Durst zu stillen (Osten). Das Bild der gegenüberliegenden Schmalseite gibt die Szene wieder, in welcher der Held die Stadttore von Gaza aus den Angeln reißt und auf den Schultern davonträgt (Westen). Während der den Rahmen überragende linke Fuß des Hünen dem Relief erneut sehr bildhafte Qualitäten verleiht, sind die an der verkehrten Seite montierten Scharniere der Torflügel wohl weniger künstlerischem Ausdruck denn Missgeschick zuzuschreiben. Zudem ist die Szene wiedergegeben, in der Samson schlafend im Schoße Delilas gezeigt wird (Süden) – ihr hatte er verraten, dass in seinem Haar der Quell seiner Kraft liege, die sie nun dem Schlummernden mit einer Schere abschneidet, während herbeieilende Philister seine Gefangennahme vorbereiten.

Die im Westflügel um den „Großen Hof" angeordneten Zimmer hatten in ihrer ursprünglichen Widmung der Unterkunft von Gästen zu dienen. Bequem und komfortabel boten sich hier die beiden Appartements des 1736 fertig gestellten Gästetraktes dar; zwei entsprechende Zimmerfluchten aus jeweils zwei Zimmern, Kabinett und Saletta, mit intarsierten Parketten und Kachelöfen waren für die Unterkunft vornehmer Besucher bereitet. Die Stuckdekorationen aus den Werkstätten von Johann Christoph Kirschner und Johann Michael Flor bleiben rein dem Ornamentalen verhaftet, lediglich der lange Gang besitzt in seiner Mitte eine Darstellung der vier Jahreszeiten. Ob der ganz nördlich gelegene dreiachsige Raum ursprünglich eine auf die Tugend der „Mäßigung" abzielende Deckengestaltung besaß – was die Außenfiguren nahe legen würden – ist nicht mehr nachvollziehbar, da der Plafond nicht erhalten ist.

LITERATUR: *Egger, Bilderwelt, 1981, 71f.* – *Jakob Werner, Barocker Stuckdekor und seine Meister in Stift Altenburg, in: Andraschek-Holzer 1994, 293–328.*

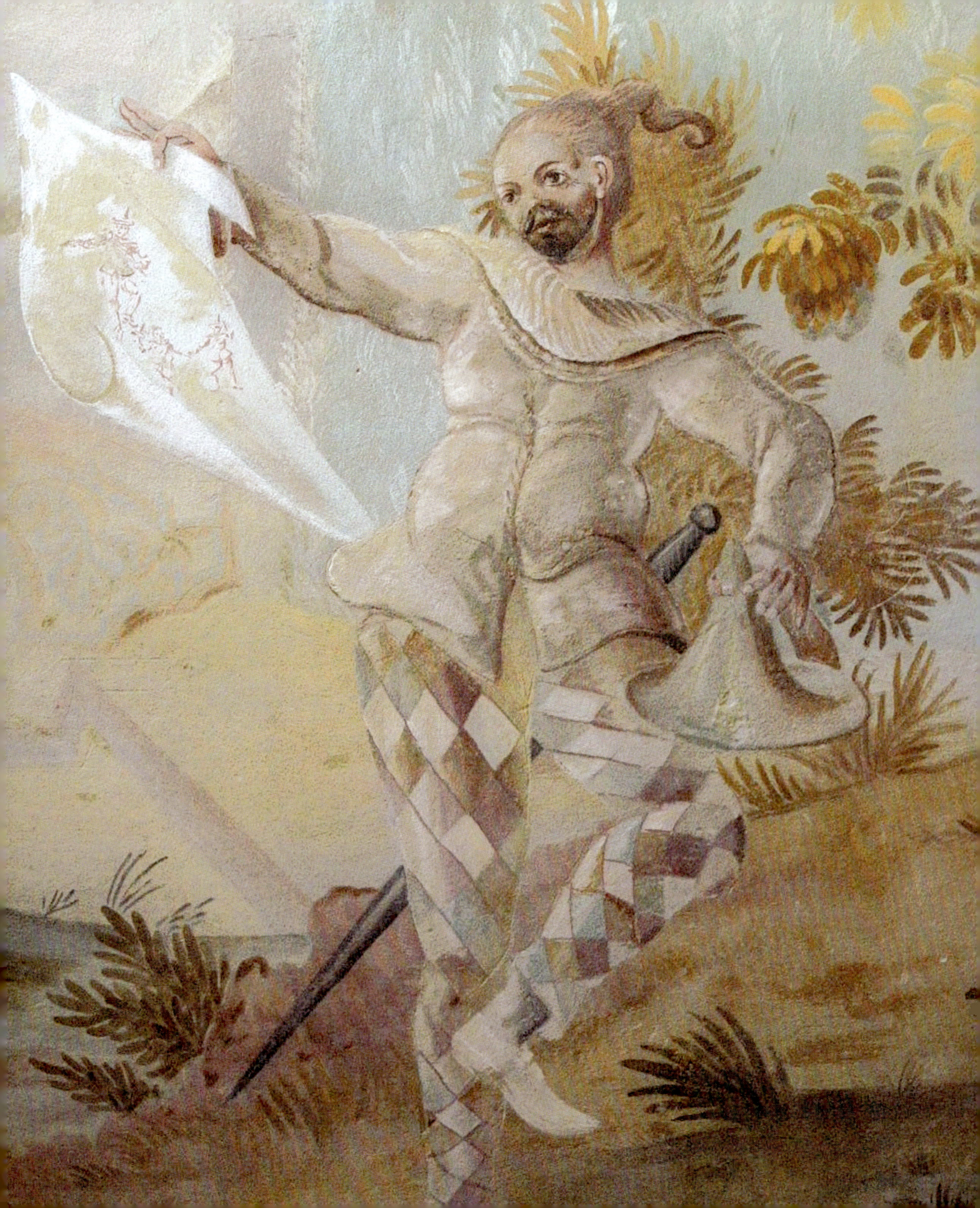

SALE TERRENE

Sale terrene
Welten zwischen Wasser und Erde
Von Herbert Karner

Wichtiger Teil des spätbarocken, von Joseph Munggenast geleiteten Klosterausbaus unter Abt Placidus Much war die Verlängerung des Ostflügels durch den Bibliothekstrakt nach Süden und den Kaisertrakt nach Norden. In Letzterem sind das Unter- und das Erdgeschoß zu einer durchlaufenden fünfzehnachsigen Abfolge von vier hohen Räumen zusammengefasst, die durch das mittig platzierte Untergeschoß der prächtigen Kaiserstiege in zwei Abschnitte mit je zwei Sälen geteilt wird. Südseitig läuft diese Raumflucht auf einen kleinen Treppenraum zu, der den direkten Zugang zur „Veitskapelle" ermöglicht. Diese heute Sale terrene genannten Räume waren lange Zeit nicht zugänglich, standen sie doch bis gegen 1970 lediglich als Schüttkasten in Verwendung, weshalb die durchgehende Bemalung von Wänden wie Decken in entsprechend schlechtem Zustand war und kaum Beachtung in der Kunstgeschichte gefunden hat. Erst eine umfassende Restaurierung – verbunden mit einer sehr freien Übermalung von Details – anlässlich der niederösterreichischen Landesausstellung *Groteskes Barock* im Jahr 1975 offenbarte die Einzigartigkeit der malerischen Ausstattung dieser Sale terrene, die in einer Mischung aus einer sehr rustikaler Malweise, einer diesen Mangel mehr als ausgleichenden unmittelbaren und frappierenden Wirkkraft sowie einer originellen, wenngleich schwer dechiffrierbaren Ikonographie liegt. Auffallende stilistische wie maltechnische Unterschiede machen die Beteiligung mehrerer Künstler deutlich, von denen bis heute allerdings keine Namen genannt werden können. Gemeinhin wird angenommen, dass es sich um Maler gehandelt hat, die im Gefolge Paul Trogers nach Altenburg gekommen sind.

Der Typus der Sala terrena – ein ebenerdiger Saal mit häufig grottenartiger, an den Formen der Natur orientierter Ausstattung – wurde im 17. Jahrhundert in Mitteleuropa nördlich der Alpen wichtiger Bestandteil der adeligen Baukultur. Der Ausbau oder Neubau vieler Schlösser und Paläste, aber auch Klöster berücksichtigte die Einfügung dieses Raumtyps (mitunter als ganzes Raumensemble wie in Altenburg), der eine wichtige Gelenkfunktion zwischen Gebäude und Garten bildete. Wir haben heute Kenntnis von solchen nur teilweise erhaltenen Sale terrene etwa in Wien im Palais Dietrichstein, im Palais Strozzi, im Oberen Belvedere, im ehemaligen Schloss Hirschstetten bei Wien und weiters im Schloss Abensberg-Traun in Petronell. Unter den Klöstern wären St. Florian, Herzogenburg und (gestalterisch besonders aufwendig und prominent) das Bischofsgebäude im mährischen Kremsier/Kroměříž zu nennen. Sie alle sind in den Jahren um 1700 oder wenig danach entstanden. Das Pendant in Altenburg aus den Jahren um 1740 kann also auf eine lange Tradition zurückgreifen und zählt zu den späten Exemplaren dieser Raumgattung.

Entstanden ist die Sala terrena als Bautypus in Italien, wo aufgrund der klimatischen Bedingungen der Austausch und die Verschmelzung von Innen- und Außenraum eine viel größere Bedeutung besaß als in unseren Breiten. Im Zuge des groß angelegten Kulturtransfers vom Süden in den Norden im 17. und 18. Jahrhundert, als Bauideen, Gebäudetypen und Ausstattungsmodi diesseits der Alpen

GEGENÜBER:
Harlekin im Treppenraum der Sala terrena

bekannt gemacht worden sind – nicht zuletzt häufig durch auswandernde italienische Künstler und Handwerker –, wurde auch die Sala terrena hier heimisch. Nicht immer war die tatsächliche Öffnung des Palast- oder Klosterbaus zur Natur das eigentliche Anliegen, das mit dem Bau einer solchen Sala terrena verwirklicht worden ist. Oft war es bloß die Idee dieser Kommunikation von Innen und Außen, weshalb vielfach die mitteleuropäischen Sale terrene nur durch ihre künstlerische Ausstattung (Stuck und Fresko), nicht aber durch eine tatsächliche, baulich bewerkstelligte Öffnung der Natur verpflichtet sind.

Wahrscheinlich ist das raue Klima des Waldviertels ein Mitgrund, dass die Sala terrena in Stift Altenburg nur von innen, nicht aber von außen begehbar gewesen ist. Erst ein in allerjüngster Zeit (2007) maßvoll durchgeführter Eingriff (die Ausschlagung einer Fensterachse zu einem Portal) ermöglicht dem Besucher den Zugang von der nördlichen Schmalseite des Traktes. Wer an einem heißen Sommertag durch dieses Portal die Sale terrene betritt, erahnt und genießt die ursprünglich intendierte Funktion einer solchen Anlage: Der wohltuende Wechsel von der Hitze in die Kühle und die gleichzeitige Konzentration auf die lange, den ganzen Trakt durchmessende Enfilade von fünf großen und hellen Raumabschnitten, die durch wenig mehr als durch Fresken an Wänden und Deckengewölben in eine teils exotische und phantastische, teils in eine grottenartige und von maritimen und terrestrischen Lebewesen bevölkerte Welt transformiert worden ist.

Ursprünglich war der Zutritt jedoch nur über die Kaiserstiege oder, von der „Veitskapelle" im Süden kommend, über den engen und unregelmäßigen Treppenraum möglich. Der offizielle und repräsentative Abgang in die „Crota Zühmern" (so genannt in einer zeitgenössischen Rechnung) war zweifellos jener über die Kaiserstiege, welche die Mitte des Flügels markiert. Die beiden hinunter zu den Sale terrene führenden Treppenläufe sind mit Steinplatten mit feinen, leicht zu übersehenden Muschelablagerungen in verschiedenen Formen belegt. Diese subtile wie absichtsvolle Materialauswahl ist ohne Zweifel schon hinsichtlich des Ziels der Treppenabgänge getroffen: Es ist zuallererst die unter den Mittelarm der Treppenanlage eingefügte kleine Grotte, errichtet mit grobem Verputz und eingelegten Steinen. Die Gruppe der Leda mit dem Schwan auf einer großen Muschelschale ist vom Bildhauer Jakob Christoph Schletterer verfertigt worden. Wenngleich die ikonographische Deutung als ein Sinnbild der irdischen Liebe auch unzweifelhaft zu sein scheint, ist die schlüssige Ausdeutung der komplexen Bilderwelt der Sale terrene insgesamt ein Desiderat kunsthistorischer Forschung. Mehrfach schon wurden Versuche unternommen, immer mit dem oft zwanghaften Idealbild der barocken Gesamtidee vor Augen, eine Konzeption zu erkennen bzw. zu konstruieren, die sich auf eine umfassende Ikonologie des Stiftsausbaus des Placidus Much beziehen lässt. Die Probleme einer exakten Analyse beginnen schon bei jener weiblichen Allegorie an der Gewölbedecke vor der Leda-Grotte. Eine von einem Baldachin bühnenhaft gefasste Landschaft, Halme mit Blättern und eine mit Blumen bekränzte Flora (?) haben einen eindeutig terrestrischen Bezug, während die beiden kleinen Darstellungen an den flankierenden Gewölben das Element Wasser zum Gegenstand haben, einmal als Quelle (aus einer Kirche fließend?) und das andere Mal in Form einer schroffen Küstenlandschaft: Motivisch sind sie damit dem unmittelbar über der Grotte gemalten Brunnen verbunden. Im Sinne eines Vorspiels, einer Einleitung für Kommendes werden hier wohl mit Erde und Wasser jene Elemente thematisiert, die für das Wesen der Grotte als spezifisch zu gelten haben.

Es ist aber unübersehbar, dass die beiden von der Zentralgrotte nach Süden und Norden abgehenden Flügel mit ihrer scheinarchitektonischen Formatierung einem gemeinsamen System folgen. Die jeweils ersten der je zwei Räume sind mit einer (hinsichtlich Faktur und Perspektivtechnik nicht sehr überzeugenden) Architekturgliederung der Wände gestaltet, auf der ein vierseitig umführendes Gebälk auflastet – als Basis für die schweren, zu Bildträgern umgeformten Stichkappendecken. Der nördliche der beiden ist aus Pilaster- und Säulen-

Figurengruppe mit Leda und dem Schwan

Vouet in Schloss Versailles übernommen worden ist. Die Fresken an den Lünetten der Durchgangswände zeigen hingegen schwerer deutbare Sujets: In der Literatur sind sie mythologisch als in ewigen Schlaf versetzter Endymion, der jede Nacht liebevoll von Diana besucht wird (Norden), und als forscher Jäger Orion identifiziert worden, der nach dem Versuch, sich an Diana zu vergreifen, von dieser getötet wurde (Süden). Doch lassen die Flügel des schlafenden Helden eher an Amor denken, auch gibt es keine eindeutigen Attribute, welche die genannten Identifikationen ernsthaft stützten. Wenn sie aber zutreffen, dann behandeln sie den Themenkomplex der irdischen, erotischen Liebe (wie schon in der Grotte Leda mit dem Schwan), die ihren Gegenpart in der „Temperantia", der Aufforderung zur Mäßigung, an der Decke findet.

Der südlich an das Stiegenhaus anschließende Saal ist von Säulen mit phantastischer Ordnung und dazwischen gesetzten Hermen gegliedert; das wuchtige Gebälk darüber trägt das dreiachsige Gewölbe. An der Westwand plätschert zwischen Säulen ein Brunnen mit antikisierender Figurengruppe, der in der Literatur mit dem Motiv des „Lebensbrunnens" (?) in Verbindung gebracht worden ist. In anderen Zwischenfeldern sind monumentale Vasen mit Blumen und Gräsern eingestellt; ein Verweis auf die Erde und ihre Früchte findet sich auch am südseitigen Lünettenfresko, das auf einer Podestanlage eine weibliche Büste zeigt, umringt und gefeiert von ausgelassenen Putten mit üppigen Blumengirlanden – interpretiert als die „Natura florescens", die gedeihende und wachsende Natur. Gegenüberliegend findet sich eine weibliche Personifikation mit einem Spiegel, dem Attribut der „Weisheit", die vielen von Putten zur Schau gestellten Schmuckgegenstände symbolisieren die reichen Gaben der „Weisheit". Das zentrale Motiv der Natur wird mit der Darstellung der vier Jahreszeiten, originell umgesetzt durch Putten an den Volutenbändern, die den Jochgurten aufgemalt sind, weiterentwickelt. Die Dreiachsigkeit des Raumes erlaubt die Ausbildung von zwei kreisrunden Öffnungen der Decke, in der die Ceres, die Göttin des Ackerbaus, und Minerva, die Göttin der Weisheit,

folgen gefügt, die in der Mitte der Längswände eine Konzentration durch eine dreifache Säulenstellung erfahren. Ein Ausblick in einen nach hinten führenden Architekturprospekt mit einem – nicht fertig gemalten – vornehmen, adeligen Paar auf der Westseite gibt dem Saal die Atmosphäre eines höfischen Festsaals, die allerdings von der Ausmalung des Deckenbereichs konterkariert wird. Die Stichkappendecke öffnet sich mittels Vierpassspiegel zu einer allegorischen Gruppe (weibliche Figur mit Putten, ein Einhorn zähmend), die „Mäßigung", darstellend. Diese Zuordnung ist deshalb eindeutig, weil sie, wie bereits erkannt worden ist, von dem unbekannten Altenburger Maler direkt von einer entsprechenden Darstellung des Simon eingefügt sind. Die für diesen Saal signifikante Verbindung oder auch Gegenüberstellung von „Natur" und „Weisheit" wird um eine zusätzliche, in den anderen Räumen schon deutlich anklingende Dimension erweitert: In die Stichkappen werden mit sechs monochromen Wiedergaben von Szenen aus den *Metamorphosen* des Ovid recht unterschiedliche Geschichten von den tragischen Folgen allzu großer irdischer Liebe erzählt: Pyramus und Thisbe, der Raub der Proserpina, Nessus und Dejanira, der Tod des Herkules, Eumelius, Orpheus und schließlich Narziss.

Der hier nach Süden anschließende dreiachsige Saal ist hinsichtlich des illusionistischen Anspruchs der am meisten überzeugende. Im Gegensatz zu den ungelenken Säulenstellungen der vorangehenden Räume hat der unbekannte Maler hier eine reduzierte, aber fulminante Gliederung mittels rundum geführtem, auf Eckpfeilern ruhendem kräftigen Gebälk zustande gebracht. Grob geschnittene und mit Muscheln übersäte Tuffsteinblöcke signalisieren den aus dem Wasser gewonnenen Werkstoff. Eine besondere Dynamik erhält das schwere Gerüst durch zusätzlich Stützung durch Atlanten. Im Unterschied zu den Beispielen der hohen Barockarchitektur in Wien (Treppenaufgänge im Stadtpalais wie im Belvedere des Prinzen Eugen), die das Motiv des einzelnen Atlanten verarbeitet haben, sind es hier ganze Gruppen von Trägern, die, teilweise umhüllt von großen Tüchern, ihrer schweren Aufgabe nachkommen. Hinter der so umfänglichen Verwendung des Atlas-Motivs liegt wohl nicht nur die unreflektierte Übernahme eines frühneuzeitlichen Architekturtopos, sondern die Allusion auf Atlas und sein sagenhaftes Reich Atlantis, das als Strafe für die Hybris seines Königs – selbst zum ewigen Tragen des Himmels verdammt – von einem Unwetter überschwemmt wurde und dessen Häfen und Tempel von einer Schlammflut begraben wurden. Dem maritimen Element wird auch Rechnung getragen durch fontänenartig Wasser speiende Meerestiere. Dennoch halten sich Anspielungen auf das Element Erde mit jenen auf das Element Wasser durchaus die Waage: Westseitig öffnet sich das Steingerüst zu einer weiträumigen Parklandschaft mit Teich, in den Arkaden zwischen den Gewölbeansätzen tummeln sich Posaunen und Hörner blasende Puten auf großen, bizarren Muscheln, immer aber auch besetzt mit Blumen, Blättern und Büschen. Das Tragemotiv der Atlanten wird auch in die Gewölbezone übertragen, wo faunartige Gestalten den Gewölbespiegel tragen. Im Himmelsausschnitt schließt sich mit der Darstellung der Personifikationen der vier Jahreszeiten der auf die Natur bezogene Kreis. Es ist aus unserer Sicht nur schwer nachvollziehbar, dass in der Fachliteratur (Hanna Egger) dieser Saal „zur Gänze der Darstellung des Urelementes Wasser gewidmet" wurde. Der ikonographische Bestand seiner Ausmalung erscheint differenzierter und trägt der Natur bzw. ihren festen Elementen Erde und Wasser ausgewogen Rechnung.

Dies gilt auch für den abschließenden kleinen Raum über dreiseitigem Grundriss, in dem die Treppe hinauf zur „Veitskapelle" führt. Trotz seiner hohen und schmalen Proportion ist es dennoch gelungen, an den Wänden die glaubwürdige Illusionsmalerei weiterzuführen. Auch hier findet man ein dem Vorgängersaal entsprechendes Ergebnis: Hinter dem Gerüst aus muschelbesetztem Tuffstein eröffnen sich (teilweise von wehenden Vorhängen verdeckte) Ausblicke in Parklandschaften; obenauf sitzt ein sandsteinfarbenes Tonnengewölbe, das sich in großen Arkaden öffnet. Hier bestimmen fein gemalte Blumenranken, Blüten und spitze Gräser die Dekoration. Formen, die mit den Elementen Wasser und Erde konnotiert sind, finden hier zusammen und konstituieren eine Zwischenwelt, wie sie signifikant für Grotten und erdnahe Architekturen ist. Auch hier macht diese Mischung aus vegetabilen und maritimen Elementen (verstärkt um großzügige Landschaftsausblicke) klar, dass dieser Raumteil der Sala terrena nicht „unter Wasser" (Hanna Egger) steht, sondern im engen und eigentlichen Sinne des Wortes Sala terrena – ebenerdig – angelegt ist.

Ein für die Ausstattung von Sale terrene oder von Grotten vollkommen unübliches Element ist allerdings die Figur des Harlekins, die vor der südseitig aufgemalten Parklandschaft und einem Architekturprospekt samt Springbrunnen tanzt und

SALE TERRENE

Chinesenzimmer in den Sale terrene

ein ausgerolltes Papier mit aufgezeichneten tanzenden Harlekinen dem Besucher entgegenhält. Mit diesem Motiv wird die venezianische Commedia dell'Arte in die Ikonographie der Ausstattung eingebracht. In der Literatur wurde ein Zusammenhang zum barocken Welttheater, auch zum Totentanz hergestellt, was sich mit der Tatsache, dass die angrenzende, feierlich in Weiß gehaltene und mit stuckierten Todessymbolen durchwirkte „Veitskapelle" der temporäre Aufbahrungsraum für die Toten der Pfarre Altenburg war, durchaus vereinbaren ließe. Die „spielerische" Übertragung des Harlekins in die wandfeste Ausstattung war keinesfalls unüblich, wie die berühmte „Narrentreppe" in der bayrischen Burg Trausnitz bei Landshut zeigt. Der kunst- und theaterbesessene bayerische Herzog Wilhelm V. hat in den siebziger Jahren des 16. Jahrhunderts die Burg von florentinischen Manieristen ausstatten lassen, eines der damals entstandenen Wandgemälde ist jenes in der Narrentreppe. Alessandro Scalzi hat entlang der Treppe an die Wand verschiedene Figuren und Szenen der Commedia dell'Arte freskiert. So unmittelbar erscheint der Zusammenhang mit Altenburg, dass man fast vermuten möchte, der unbekannte Maler habe das Trausnitzer Vorbild gekannt.

Diese für Sale terrene jedenfalls wenig spezifische Einfügung der Welt des Theaters legt den Bogen zum anderen, zum nordseitigen Ende des Flügels, zu dem sogenannten Chinesenzimmer. Dieses entspricht in seiner malerischen Anlage zunächst völlig den Erwartungen an eine Sala terrena: ein

Chinesenzimmer in den Sale terrene: LINKS: *Deckenspiegel;* RECHTS: *Detail*

architektonisch vollkommen aufgelöster Raum ohne tragende und lastende Elemente. An allen vier Seiten gibt er den Blick frei auf eine exotische – chinesische – Landschaft, bevölkert von entsprechend gekleideten Bewohnern. Der Saal und seine Besucher befinden sich gleichsam mitten in dieser Landschaft. Lediglich die Übergangszone in das Gewölbe – generell ein neuralgischer Bereich für glaubwürdige Illusionsmalerei – ist bedeckt von Dekorationsmotiven wie glockenartigen Schirmchen, Draperien, Gitterwerk und Vogelkäfigen. Oben am freien Himmel ist eine kuriose Szene wiedergegeben: Bunt gekleidete Personen, Kollegen und Kolleginnen des schon genannten Harlekin-Figuren aus der „Comédie italienne" – Pantalone, Columbine und Mezzetin – fliegen auf riesigen Phantasievögeln, zwischen eigenartigem Meeresgetier, durch die Luft. Diese zunächst verwirrende Thematik hat einen unmittelbaren Hintergrund im zeitgenössischen spätbarocken Theater, in dem Chinoiseriestücke, die Harlekinaden und Chinamode verbunden haben, höchst beliebt waren. Man möchte auch vermuten, dass im Altenburger Konvent eine Tradition des Theaterspielens und der aktuellen „Comédie italienne" bestanden hat oder zumindest Teil von dessen Bildungshorizont gewesen war.

Zusammenfassend lässt sich sagen, dass einige Schlüsselbegriffe der barocken Allegorie die Ausmalung der Altenburger Sale terrene bestimmt haben, ohne dass dessen inhaltliches System und die Beziehungen der Allegorien gegenwärtig deutlich aufgelöst werden können: Auf der einen Seite die Natur (vier Elemente, vier Jahreszeiten) als die dem Raumtypus der Sala terrena unmittelbar entsprechende Dimension, auf der anderen Seite die Commedia dell'Arte und die im Altenburger Ausstattungskonzept des Spätbarock mehrfach zu beobachtenden Tugenden „Mäßigung", „Liebe" und „Weisheit". Verbunden wurden alle diese Dimensionen in zum Teil unbekümmerter und erfrischend rustikal erfolgter Umsetzung.

LITERATUR: *Egger 1975,* 54–61 – *Egger, Bilderwelt, 1981,* 65–67 – *Polleroß 1985* – *Gamerith 2006.*

Veitskapelle
Sieg des Kreuzes
Von Andreas Gamerith

Auch die Veitskapelle, ursprünglich ein freistehendes Gotteshaus mit eigenem Turm im Klosterareal, erhielt im Zuge des Neubaus der Kaiserzimmer ihr heutiges Gesicht. Wenngleich die Apsis der Kapelle störend das Konzept einer einheitlichen Ostfassade durchbrochen hätte, wurde pietätvoll von einer Profanierung oder Demolierung des Sakralraums Abstand genommen. Es sollte, da er längst seiner eigentlichen Bestimmung als der Sunnbergerischen Spitalsstiftung angegliedertes Sacellum verlustig gegangen war, hier nunmehr die Grablege des Konventes sowie das Heilige Grab für die Feier der Kartage installiert werden. Sein in der St. Pöltener Stiftskirche „neues und bestendig daurentes, gemaurtes und märmolirtes heyliges grab" erwähnt Propst Führer in seiner Verteidigungsschrift aus dem Jahr 1741 und verweist damit auf die Bedeutung, die feststehende Heilig-Grab-Dekorationen im Vergleich zu gemalten Provisorien in der Art von Theaterkulissen eingeräumt wurde.

Die Erreichbarkeit durch Arkaden vom Kirchhof her sowie die unmittelbare Nähe zu den heiteren Sale terrene verlieh der Kapelle eine besinnliche Würde im Sinn einer Eremitage, inmitten der grotesken Zerstreuungen die Vergänglichkeit allen Seins zu bedenken. Die architektonischen Eingriffe in die Substanz gestalteten sich ohne Aufwand: Die Apsis wurde oberirdisch abgetragen und die Kapelle somit nach außen hin nicht sichtbar in die Schaufassade integriert. Innen trennte eine Zwischendecke auf dem Niveau der ehemaligen Empore den nunmehrigen Kapellenraum von der durch eine Falltüre erreichbaren darunter liegenden Gruft.

Mehr als die Planungen des Architekten Munggenast prägt die Gestaltung durch den Stuckateur Johann Michael Flor den Charakter des Raumes. Zwischen den beiden großen Fenstern, die den Raum in helles Licht tauchen, positionierte der Stuckateur seine Altararchitektur. Ihre theatralische Erscheinung mit großen Figuren, mit dem Reliefprospekt im Hintergrund und den Vorhang raffenden Putti verschleiert geschickt den Umstand, dass Fensterfront und Altarwand nicht parallel ausgerichtet sind. Das Tonnengewölbe des Raums überzieht eine reiche Bandelwerkdekoration, bei der Flor sich für die wiederholenden Ornamentformen der Abgusstechnik zur Reproduktion bediente – der gleichmäßig wiederkehrende Zierrat bei ausgedehnten, leer belassenen Flächen macht den besonderen Reiz dieser Stuckdekoration aus.

Entgegen der krassen Farbigkeit der Krypta nimmt sich die weiß gehaltene Dekoration der „Veitskapelle" in ruhigerer Weise der Todesthematik an.

Von zwei gramgebeugten Engeln eingefasst, wird das Altarretabel von einer Beweinungsgruppe gebildet. Vor dem im Hintergrund sichtbaren Kreuz betrauern Maria und Johannes, Magdalena und ein Engel den auf einem Sarkophag aufgebahrten Leichnam des Gekreuzigten. Im Auszug wird unter einem Baldachin, den kleine Engel geschäftig auseinanderziehen, in einem Strahlenkranz das Auge Gottes sichtbar. Darüber thront das Lamm auf dem Buch mit den Sieben Siegeln, die Leidenswerkzeuge flankieren das IHS-Emblem am Gurtbogen. Die Gewölbedekoration führt mit Schädeln, gebrochenen und verlöschenden Kerzen, Flammenurnen und Instrumenten ohne Saiten in die Todesemblematik ein, die an der Rückwand figural ausformuliert wird: Ähnlich dem schlummernden Knäblein auf der Balustrade der Kaiserstiege wird hier ein Putto gezeigt, dessen Schlaf allerdings der Tod ist, wie der Schädel, auf den er gestützt ist, verdeutlicht. Insignien geistlicher und weltlicher Macht sind ihm zur Seite gestellt und in ihrer Vergänglichkeit und Bedeutungslosigkeit vor der Todesgewissheit demaskiert; allein das darüber in Wolken erscheinende Motiv der Weisheitsschlange und des Spiegels, seitlich eingefasst von Öl- und Palmzweig, zeigt, dass die Werke der Weisheit den Tod überwinden – „Quoniam immortalitas est in cogitatione sapientiae" (Weish 8, 17), dass das Leben mit der Weisheit Unsterblichkeit bringt.

Weisheitsschlange mit Spiegel. Stuck-Detail aus der Veitskapelle

LITERATUR: *Schweighofer 1975*, 62f. – *Egger, Bilderwelt, 1981*, 65 – *Jakob Werner, Barocker Stuckdekor und seine Meister in Stift Altenburg*, in: *Andraschek-Holzer 1994*, 293–328 – *Gamerith 2006*.

Vestibül der Bibliothek
Vierfach geordnete Schöpfung
Von Herbert Karner

Der südseitig an den Konvent anschließende Bibliothekstrakt wird von einer dreigeschoßigen Treppenhalle eingeleitet, die den Niveauunterschied zwischen Hauptgeschoß des Konventes und der auf Erdgeschoßniveau situierten Bibliothek überbrückt. An den Seiten führen zwei breite Treppenarme hinunter zum Erdgeschoß, von dem aus ein weiterer, nun mittiger Arm die Krypta unter der Bibliothek erschließt.

Der Dreigeschoßigkeit der hellen, ausreichend durchfensterten Halle entspricht die Wandgliederung: Über hohen Piedestalen im Untergeschoß gliedern rhythmisch gesetzte Hermenpilaster und horizontale Gesimsprofile das Hauptgeschoß. Wände und Gliederung, wie auch die Balustraden der Treppe, sind in vornehmem Weiß gehalten, das auf die gleichfalls helle und zarte, in den Tönen aber sehr reich nuancierte Farbigkeit des beeindruckenden Deckenfreskos einstimmt, das die oberste der drei Wandzonen und das flache Gewölbe zu einer gemeinsamen Bildanlage zusammenfasst. Freskant war der Tiroler Johann Jakob Zeiller, ein langjähriger (und vielleicht auch der wichtigste) Mitarbeiter Paul Trogers.

Dieses Werk ist schon allein künstlermonographisch von Interesse, weil es das Ende der Zusammenarbeit der beiden, die Emanzipierung und in Folge den Beginn der selbstständigen Karriere Zeillers signalisiert. In der Werkstatt Trogers hatte er sich zunehmend zu einem Spezialisten für scheinarchitektonische Malerei (Quadraturmalerei) entwickelt, die im ersten Drittel des 18. Jahrhunderts im Wiener Raum von den großen aus Bologna kommenden „Quadraturisti" wie Marcantonio Chiarini, Gaetano Fanti oder Domenico Francia beherrscht worden war. Geschult an den Werken vor allem der beiden Letztgenannten entwickelte Zeiller eine den bolognesischen Spezialisten um nichts nachstehende Sicherheit in der Handhabung der Scheinarchitektur. Ein entscheidendes Ergebnis der Zusammenarbeit von Troger und Zeiller war die Überwindung der für die Wiener hochbarocke Deckenmalerei signifikanten Trennung von Quadratur- und Figurenmaler. Die bolognesische Vormachtstellung in der Quadraturmalerei konnte mit Zeiller gebrochen werden, ohne dass aber das bolognesische Niveau verloren gegangen wäre. Die Ausmalung des Vestibüls ist der vielleicht beste Beweis dafür.

Die gemalte Architektur führt die reale Pilastergliederung der Wände weiter und schafft damit an den (ost- und westseitigen) Seitenwänden Raum für die Personifikationen der vier Jahreszeiten: Frühling – Sommer und Herbst – Winter, an den Hauptwänden mit den großen Oculi hingegen für die Personifikationen der vier Elemente: Erde – Luft (nördlich) und Wasser – Feuer (südlich). Den Elementen sind in der barocken Ikonographie auch die vier Temperamente der Menschen gleichzusetzen: Die Erde gilt dem Melancholiker, die Luft dem Sanguiniker, das Wasser dem Phlegmatiker und das Feuer schließlich dem Choleriker.

Die Darstellungen der Elemente mit jeweils

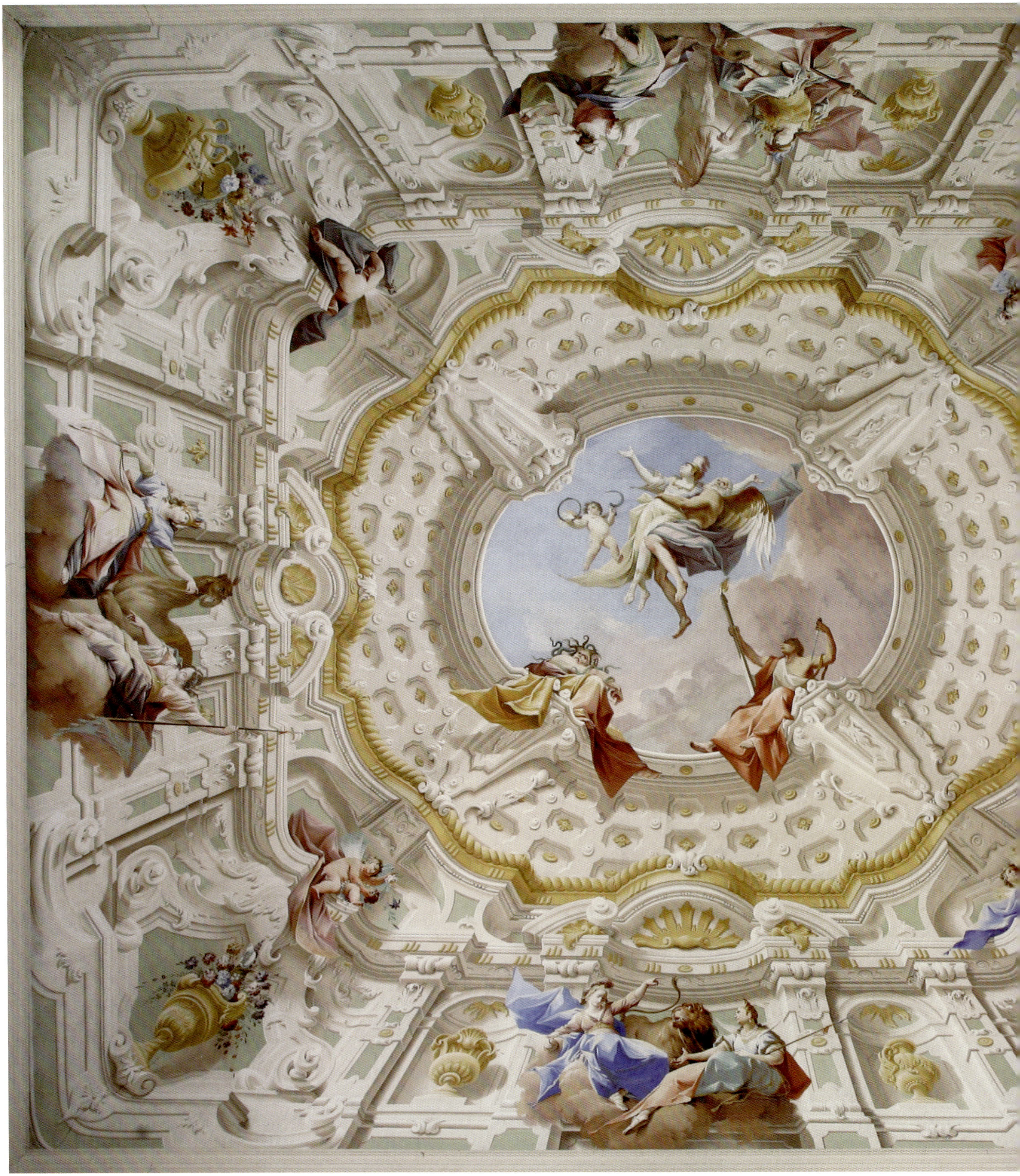

reichem Gefolge sind in eine loggienartige Scheinarchitektur eingebunden, die an der großartigen Kuppelausmalung Daniel Grans in der Wiener Hofbibliothek (heute Prunksaal der Österreichischen Nationalbibliothek) orientiert ist. Über dem Hauptgesims wird am Gewölbe eine weitere aufgehende Wandzone mit Pilaster- und Nischengliederung illusioniert, darüber öffnet sich über kurvilinearem Gesims eine ovale und kräftig kassettierte Kuppelschale zu einem von Wolken durchzogenen Himmel. Die mittleren Nischen der vier Wände sind von jeweils zwei kriegerisch und friedfertig gekleideten Personifikationen der vier Kontinente besetzt: nördlich Asien (mit Kamel), östlich Afrika (mit Löwe), südlich Amerika (mit Elefant) und westlich Europa (mit Pferd). In den Eckemporen unter der Kuppel symbolisieren vier geflügelte Putti ebenfalls eine Vierheit, jene der Tageszeiten: Morgen, Mittag, Abend und Nacht.

Die Himmelsöffnung gibt vier (!) Figuren Einlass in das Vestibül der Bibliothek: Chronos, der geflügelte Gott der Zeit, hält die „Wahrheit" umschlungen, welche die Rüstung der Minerva, Göttin der Weisheit, trägt. Ein Putto hält die entsprechenden Symbole in Händen: die Sichel als Attribut des Zeitgottes, und den Schlangenring als Verweis auf die Ewigkeit und den Sieg der Wahrheit. Am Kuppelring sind die Zwietracht (mit Fackel und Dolch) und der Neid (mit Schlangenhaar und in der Hand gepresstem Herz) positioniert. Erkennbar ist ihre Absicht, der die Wahrheit bringenden Zeit den Eintritt zu verwehren.

Entscheidend in dieser aufwendigen allegorischen Konstruktion ist das Prinzip der Vierzahl: Nachdem sie triumphierend allen Neid und alle Zwietracht überwunden hat, wird der „Wahrheit" im Kleid der „Weisheit" durch die Zeit zum Sieg verholfen: Auf der ganzen Welt, symbolisch dargestellt mit den vier Kontinenten und den vier Elementen, gültig für alle Menschen und verbindlich für den irdischen Lebensablauf, der durch die vier Jahreszeiten und die vier Tageszeiten festgelegt ist. Folgt man dem in der Barockzeit kanonisierten Angebot an Allegorien, erschließen sich aus dem Bildprogramm weitere ikonographische Dimensionen, immer auf der Zahl vier beruhend. So sind die Personifikationen der vier Jahreszeiten aufgrund ihrer Attribute zwar unzweifelhaft festgelegt, dennoch sind sie gleichzeitig Teile von Szenen aus den Metamorphosen Ovids: Der Frühling ist die jugendliche Flora „geschmückt mit blühendem Kranze", der Sommer ist Ceres mit ihrer Tochter Proserpina, den Herbst verkörpert Ariadne, der Bacchus eben die Krone vom Haupt nimmt, und der Winter schließlich ist durch Philemon und Baucis am Kohlebecken festgelegt.

Entscheidende Erweiterung erfährt das Programm durch eine dritte Bedeutungsebene, die den vier Elementen eingepflanzt worden ist. Die jeweiligen Personifikationen vertreten gemeinsam mit den hinter den Balustraden gruppierten Gefolgsleuten die vier Fakultäten:

Gesamtansicht des Deckenspiegels im Vestibül der Bibliothek

110

VESTIBÜL DER BIBLIOTHEK

Dem Wasser sind einige von einem Geistlichen geleitete Diskutanten angeschlossen, die gemeinsam mit dem Fisch, ein Symbol der Frommen, in der Hand der Personifikation die Theologie repräsentieren. Der Salamander in den Händen des Feuers, ein Symbol der Gerechtigkeit, steht gemeinsam mit der Gruppe von Gelehrten, die von einem Dekan mit Cappa angeführt wird, für die Jurisprudenz. Die Erde mit ihren Diskutanten steht für die Medizin, und die Personifikation der Luft, mit dem Pfau als Attribut, schließlich ist von Frauen in Gegensatzpaaren, junge mit alter Frau und Mutter mit unfruchtbarer Frau, begleitet. Die Diskussion der Gegensätze und der Papagei, der Weisheit und Gelehrtheit wiederzugeben weiß, vertreten die Philosophie.

Die Freskoausstattung des Vestibüls zählt wegen ihrer hochwertigen Ausführung, dem brillanten Illusionismus und der vornehmen wie sicher eingesetzten Farbigkeit zu den Spitzenleistungen des österreichischen Spätbarock. Und sie ist mit ihrem überraschend vielschichtigen Programm gleichzeitig ein Paradigma barocken polyvalenten Denkens. Die große Leistung des Konzeptors wie des umsetzenden Künstlers ist es, mannigfache, immer auf der Zahl vier basierende Interpretationsmodelle auf eine kleine Anzahl von Personifikationen verdichtet zu haben. Auf einen großen personellen Apparat hatte man hier verzichtet, man schuf eine stille und reduzierte Bildanlage. Die architektonische Primärfunktion des Raumes, Treppenhaus zu sein, wurde um die gleich wichtige inhaltliche Funktion, als Vorraum der Bibliothek den triumphalen Anspruch der Wahrheit und der an sie gebundenen Weisheit zu dokumentieren, entscheidend erweitert.

GEGENÜBER: OBEN: *Jahreszeit Frühling;* UNTEN: *Erdteil Europa*

LITERATUR: *Matsche 1970, 139, 158–174, 621–623 – Egger, Bilderwelt, 1981,72f. – Lorenz 1999, 361, Nr. 116 – Herbert Karner, Quadratura und stucco finto bei Paul Troger, in: Barockberichte 2005, 590–595.*

DER BAROCKE KOSMOS

Bibliothek
Tempel der Weisheit
Von Werner Telesko

Josef Munggenast bzw. nach dessen Ableben (1741) Leopold Wißgrill schufen im südlichen Teil des langen, von Norden nach Süden verlaufenden Traktes, der die Apsis der Kirche einschließt, über der sogenannten Krypta im Untergeschoß einen monumentalen fünfjochigen Bibliotheksraum mit drei Flachkuppeln. Dieser Saal ist 48 Meter lang und durch Pilaster und Säulen in bläulichem Stuckmarmor in fünf Raumkompartimente gegliedert. Von diesen wird das mittlere mit einer Längsovalkuppel, das erste und letzte mit einer Rundkuppel abgeschlossen. Dazwischen befinden sich mit Stuckaturen dekorierte Tonnengewölbe. Durch diese Anlage von drei selbständigen Kuppeljochen und zwei monumentalen und tiefen Tonnengewölben entfaltet sich ein vielschichtiger und erst im Durchschreiten wirklich erfahrbarer Raumeindruck, der eine ideale Grundlage für die plastische und malerische Ausstattung schuf. Die Bibliothek, die auch in der äußeren Anlage einen eigenständigen Baukomplex ausfüllt, nimmt in der Architektur des Stiftes eine herausragende Position ein. Wegen des abschüssigen Geländes musste zur Realisierung des barocken Bibliothekstraktes das Bodenniveau aufgeschüttet und mit einer Sockelzone abgestützt werden. Das Problem der Verbindung zum Klausurbereich wurde insofern gelöst, indem die Bibliothek nicht in den Bereich der Klausur integriert wurde, sich aber in unmittelbarer Nähe nach Süden ausrichtet. Abt Honorius Burger (1842–1879) schuf in Ergänzung zur barocken „Großen Bibliothek" eine „Prälatur-Bibliothek" mit geschichtswissenschaftlicher und „moderner" Literatur.

Zur Dekoration des monumentalen Bibliothekssaals schloss Abt Placidus Much am 29. April 1742 mit Paul Troger einen Kontrakt zur Freskierung, deren Programm wohl zu den komplexesten im Rahmen der mitteleuropäischen Barockkunst zu zählen ist. Durchgehend werden Personifikationen der vier Fakultäten (bzw. der zentralen „Göttlichen Weisheit", von der alle irdische Weisheit den Ausgang nimmt) mit terrestrischen

Gesamtansicht der Bibliothek Richtung Süden

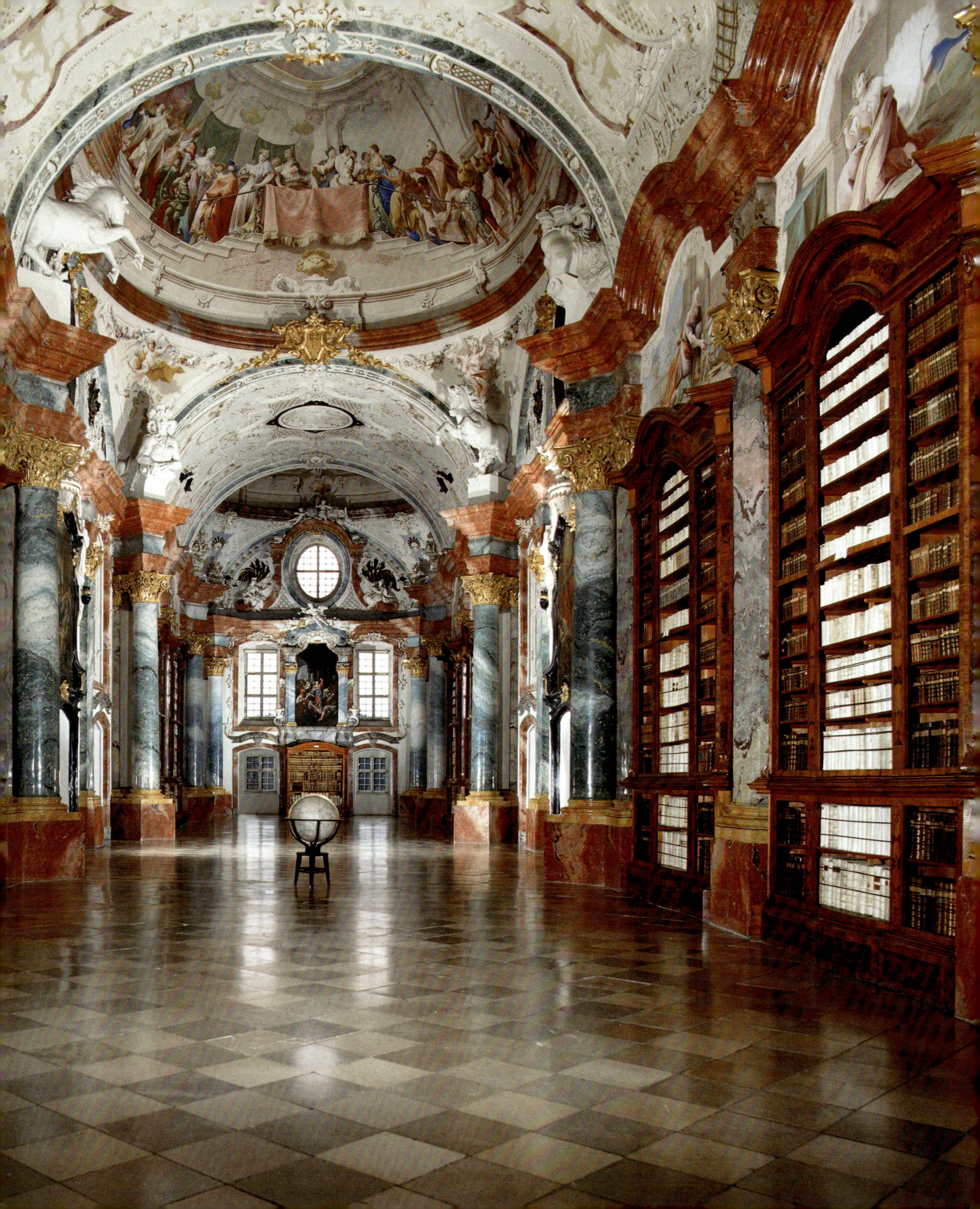

DER BAROCKE KOSMOS

Szenen zu neuen Einheiten verknüpft. Die Serie der vier Fakultäten fungiert in diesem Zusammenhang als Instrument, um die Enzyklopädie des Wissens entsprechend gliedern zu können. Troger verbindet hier die Konzentration auf Abstrakta und Leitbegriffe im Zentrum auf Wolken (dargestellt jeweils in Zweiergruppen) mit der Möglichkeit der Wiedergabe gesprächig vorgetragener Szenen auf dem Erdboden und erreicht sowohl eine Intensivierung der entsprechenden Inhalte als auch eine deutliche „Systematisierung" des Wissens, die mit der prononcierten architektonischen Gliederung des Raumes einhergeht. Besonders kennzeichnend für die Figurenbildungen Trogers sind die langen Körper, die gleichsam den Spätstil des Malers einleiten.

Im Oculus der längsovalen Hauptkuppel ist die zentrale Weisheitsallegorie dargestellt, welche die Personifikation der „Divina Sapientia" im Zentrum (nach der Definition in Cesare Ripas *Iconologia*, 1593) mit der Wiedergabe des Besuchs der Königin von Saba bei Salomon (1 Kön 10, 1–13), dem weisesten König des Alten Bundes, in einer architektonisiert wiedergegebenen Kuppelschale verbindet. Eine Personifikation, die mit ihren Attributen (*Agnus Dei* und dem Heiliggeistschild) auf das Neue Testament weist, und eine darauf bezogene Erzählung aus dem Alten Testament sind hier zu einer ingeniösen Einheit verknüpft. Dies stellt in der Bibliotheksikonographie einen neuen Schritt dar, wurde doch im Rahmen von Trogers Deckenfresken der Bibliotheken der Stifte in Melk (1732) und Zwettl (1733) die „Göttliche Weisheit" ohne ikonographische „Kommentierung" dargestellt. Die Wiedergabe der Fakultäten anhand biblischer Ereignisse hatte Troger – mit einer praktisch identischen Themenwahl – bereits in der Ausmalung der Bibliothek des ehemaligen Augustiner Chorherrenstiftes in St. Pölten (1734) vorbereitet.

In der nördlichen Kuppel (nahe dem Eingang) sind in Zentrum auf Wolken die Personifikationen von „Theologie" und „Jurisprudenz" mit dem biblischen Gleichnis vom Zinsgroschen (Mt 22, 15–22) und den vier lateinischen Kirchenvätern verbunden. Auf die Theologie weist in diesem Zusammenhang auch das über dem Eingang befindliche Gemälde des göttlich inspirierten Evangelisten Johannes.

Die südliche Kuppel zeigt im Zentrum die Personifikationen der Fakultäten „Philosophie" und „Medizin" sowie – als erklärend beigegebene Szenen – die Weissagungen des Dionysius Areopagita anlässlich der Sonnenfinsternis sowie das biblische Gleichnis vom barmherzigen Samariter, das hier nicht primär als Exempel christlicher „Caritas" fungiert (Lk 10, 34), sondern die Tätigkeit der „Medizin" anschaulich unterstreichen soll.

Paul Troger löst das Problem der Koexistenz von überirdischen Abstrakta und irdischen – erzählerisch vorgetragenen – Szenen in geschickter Weise, indem er die sitzenden Personifikationen der Fakultäten vor Wolken agieren lässt und den handelnden Figuren auf diese Weise eine geeignete Hintergrundfolie verschafft, vor der sie sich vom Blau des Himmels abgrenzen.

An der Stirnseite als Abschluss des Saals verweist als „Blickfang" das Gemälde Johann Jakob Zeillers (?) mit dem im Tempel lehrenden zwölfjährigen Jesus auf den inkarnierten Logos als Quelle allen Wissens. Dieses Werk, das den Handlungsaspekt zugunsten der Gestik des Protagonisten zurückstuft, besitzt hier gleichsam den Charakter eines „Hochaltarbildes" und fasst das Programm des Raumes, der dergestalt die Funktion eines

GEGENÜBER:
Ansicht der Hauptkuppel der Bibliothek

DER BAROCKE KOSMOS

OBEN: *Ansicht der nördlichen Kuppel der Bibliothek*
UNTEN: *Ansicht der südlichen Kuppel*

wahren „templum sapientiae" erhält, in einem Bild zusammen. Zuseiten des Rundfensters über dem Hauptgesims befindet sich je eine Figur mit einer Zackenkrone bzw. mit Szepter und Schwert. Die weiteren Ölgemälde der Mittelkuppel des Bibliothekssaals verweisen auf die die „Medizin" (Heilung des blinden Tobias) und die „Jurisprudenz" (Himmelfahrt des „gerechten" Henoch oder alternativ die „Verzückung des hl. Paulus"). Das „Achsenkreuz" des Grundrisses mit den Eckpunkten Christus, Johannes, Tobit und Henoch (?) spielt auf die vier Fakultäten an, vereinigt Vertreter des Alten *und* des Neuen Bundes, löst die narrativen Elemente der Deckenfresken in markanten Persönlichkeiten auf und besitzt seinen entscheidenden Schnittpunkt in der alles überstrahlenden „Göttlichen Weisheit" der Mittelkuppel, welche den menschlichen Erkenntnisdrang zugunsten der allein von Gott vermittelten Weisheit relativiert, auffängt und wiederum auf den Christus des „Hochaltarbildes" rückbindet, dessen Fleischwerdung Gegenstand des Prologs des Johannesevangeliums ist (Jo 1, 14), auf den wiederum der inspiriert wiedergegebene Evangelist auf der gegenüberliegenden Seite über dem Eingang in den Bibliothekssaal verweist. Die Fakultäten zeigen in den Kuppelszenen durchgehend christologische Aspekte – gipfelnd in der Darstellung des Gleichnisses mit dem barmherzigen Samariter, die auf den Typus der Pietà Bezug nimmt. Obwohl im Laufe des 18. Jahrhunderts eine fortschreitende Integration der weltlichen Wissenschaften stattfand, kommt in Altenburg – wie auch in anderen Bibliotheksausstattungen dieser Zeit – der göttlich inspirierten Weisheit der eindeutige Primat im Konzept zu. Vertreter der griechischen Philosophie spielen in der gesamten Konzeption nur eine geringe Rolle und sind – ohne eine Identifizierung zu ermöglichen – als Reliefs in den Laibungen einiger Fenster an den Langseiten gestaltet.

Die von Johann Jakob Zeiller freskierten lünettenförmigen Wandabschnitte befinden sich zwischen den intarsierten und um 1740 geschaffenen Buchregalen (mit insgesamt ca. 10.000 Bänden) und dem bogenförmig aufschwingenden Hauptgebälk der tonnengewölbten Zwischenabschnitte. Sie führen einerseits das Weisheitsprogramm der vier Fakultäten als essentielles inhaltliches Gerüst des Raumes weiter und könnten andererseits auch konkrete Hinweise auf die ehemalige Systematik der Aufstellung der Werke von Süden nach Norden im Rahmen der Bibliothek geben: Klio (Geschichte), Apoll (Poesie), Moses (Theologie) und Minerva (Philosophie), Urania (Astronomie), Orpheus (Rhetorik), Archimedes (Geometrie) und Euterpe (Musik). Die Konzeption der Altenburger Bibliothek macht einen wesentlichen Schritt gegenüber anderen Bibliotheksprogrammen, indem sie durch die Freskenausstattung die Systematisierung des in den Büchern geordneten klösterlichen Wissens verdeutlicht.

Die von Johann Michael Flor ausgeführten qualitätvollen Stuckreliefs der Tonnengewölbe des Bibliothekssaals zeigen einerseits im nördlichen Feld um Minerva vier Embleme – eine zur Sonne gewandte Sonnenblume, einen im Wind standhaften Adler, Phönix über einem brennenden Scheiterhaufen und den von der Sonne beschienenen Halbmond –, andererseits im südlichen Gewölbe um den Tugendhelden Herkules in Brennspiegeln reflektierte Sonnenstrahlen, ein Liktorenbündel mit Sternenband (eine Kopie nach dem Emblem-

Stuckrelief mit Herkules im Tonnengewölbe der Bibliothek

buch *Symbolographia* [1701] von Jacobus Boschius SJ), eine meerumbrauste Säule sowie der unter den Strahlen der Sonne verbrennende Vogel Phönix auf dem Altar. Minerva und Herkules verweisen in diesem Zusammenhang auf die traditionelle Weisheitssymbolik der griechisch-römischen Mythologie, die damit im Medium des Stucks – und unterstrichen durch zahlreiche (auf die „Göttliche Weisheit" Bezug nehmende) Sonnenmetaphern – die primär biblisch konnotierte Weisheitsthematik des Freskenprogramms zu einem eindrucksvollen plastisch-malerischen Gesamtbild vereinigt, darin gleichsam die Summe des in der Bibliothek verankerten mittelalterlichen und neuzeitlichen Wissens darstellend. Über den Säulen der Hauptkuppel befinden sich – auf das zu enträtselnde Wissen sowie die Musen anspielend – paarweise Pegasus und Sphinx und über den Säulen der Seitenkuppeln Schmuckvasen. Fast alle Stuckembleme der Tonnen beziehen sich auf zwei Hauptwerke der Emblemliteratur (Philippus Picinellis *Mundus symbolicus* [Köln 1687] und Jacobus Boschius' bereits erwähnte *Symbolographia* [Augsburg 1701]), die beide zum Bestand der Altenburger Stiftsbibliothek gehören.

Sphinx vor dem Pendentif der Hauptkuppel

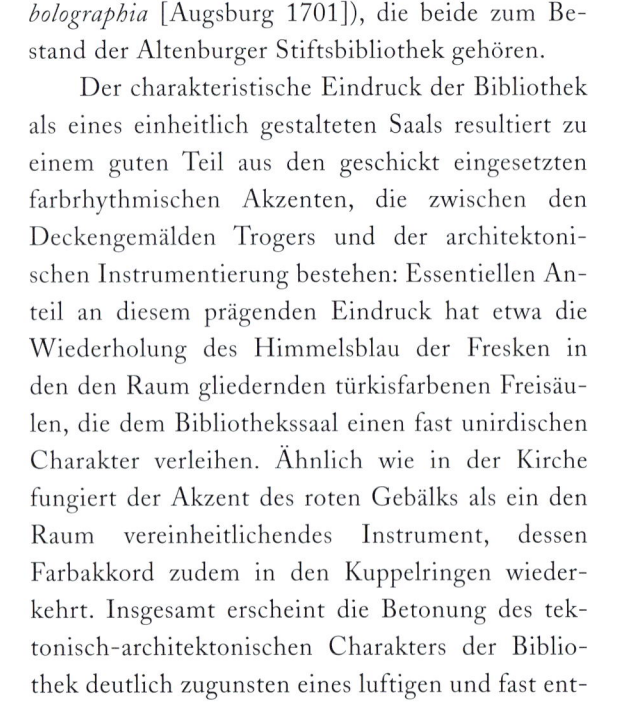

Der charakteristische Eindruck der Bibliothek als eines einheitlich gestalteten Saals resultiert zu einem guten Teil aus den geschickt eingesetzten farbrhythmischen Akzenten, die zwischen den Deckengemälden Trogers und der architektonischen Instrumentierung bestehen: Essentiellen Anteil an diesem prägenden Eindruck hat etwa die Wiederholung des Himmelsblau der Fresken in den den Raum gliedernden türkisfarbenen Freisäulen, die dem Bibliothekssaal einen fast unirdischen Charakter verleihen. Ähnlich wie in der Kirche fungiert der Akzent des roten Gebälks als ein den Raum vereinheitlichendes Instrument, dessen Farbakkord zudem in den Kuppelringen wiederkehrt. Insgesamt erscheint die Betonung des tektonisch-architektonischen Charakters der Bibliothek deutlich zugunsten eines luftigen und fast entschwert wirkenden „Farbraumes" verändert, der einen Akzent in Richtung „Schaubibliothek" mit unmissverständlich vorgetragener Fakultätsprogrammatik nicht verleugnen kann.

Der Raum, der wohl zu den schönsten Bibliotheksräumen des Barock gerechnet werden kann, verrät in seiner einmaligen künstlerischen Ausprägung wenig über die wechselvollen Zeiten des jahrhundertelangen mühevollen Büchererwerbs. In Anbetracht der schweren Schicksalsschläge der hussitischen Zeit und der Reformation konnte vor dem 17. Jahrhundert von einer geordneten und kontinuierlichen Pflege der Wissenschaft im Stift nicht die Rede sein. Erst nach der markanten Zäsur des Jahres 1648 (Schwedeneinfall) begann eine umfassende und nachhaltige Aufbauperiode, die vor allem mit dem Wirken der Äbte Benedikt Leiss (1648–1658) und Maurus Boxler (1658–1681) verbunden ist, überragt im 18. Jahrhundert von der Tätigkeit Abt Placidus Muchs (1715–1756). Die

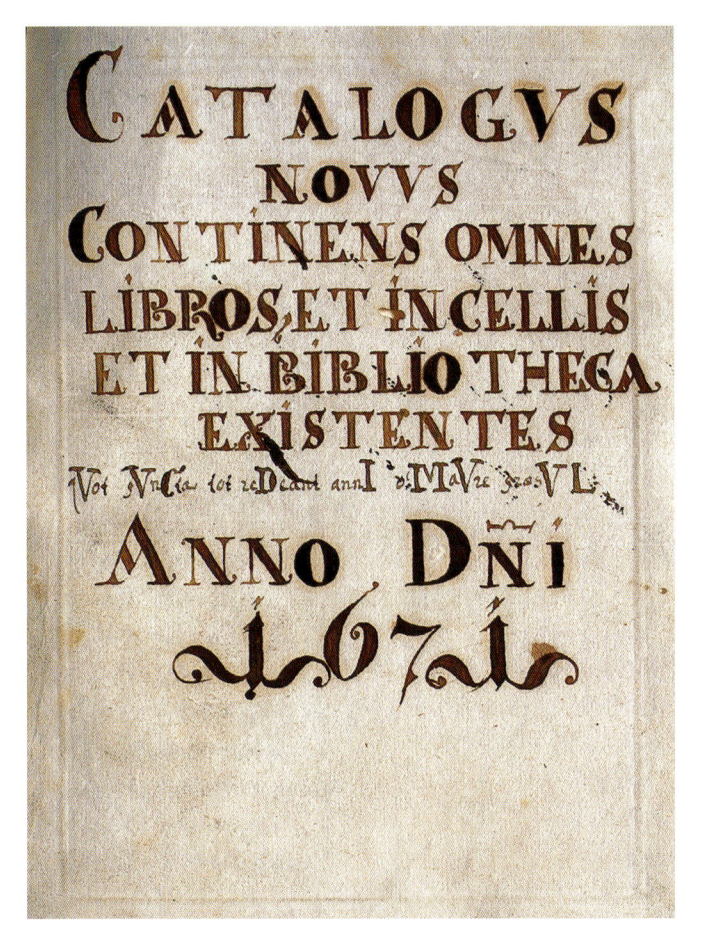

Mehrzahl der theologischen und philosophischen Werke dürfte zwischen den Jahren 1662 und 1670 angekauft worden sein, also in der Zeit der Einrichtung einer Hauslehranstalt für Philosophie und Theologie im Stift. Pater Gregor Schweighofer verwies in seinen Untersuchungen darauf, dass fast 70 Prozent des 1670 vorhandenen Bibliotheksbestandes nach 1648 in das Kloster gekommen waren. Diese Blütezeit der zweiten Hälfte des 17. Jahrhunderts, aus der in Bezug auf die Buchankäufe die wichtigsten Werke überhaupt stammen, verdeutlichen auch die dem Altenburger Abt Raimund Regondi (1681–1715) von keinem Geringeren als von Abraham a Sancta Clara gewidmeten Werke *Grammatica Religiosa* (1691) und *Judas, der Ertzschelm* (1695).

In diesen Zusammenhang der ersten großen kulturellen Blüte des Stiftes in der Barockzeit ist auch die Neubindung der Bibliotheksbestände einzuordnen: Der Buchbinder Ludwig Conradt aus Wien versah laut Kontrakt vom 4. Juli 1678 500 Folio-, 530 Quart-, 838 Octav- und 310 Duodez-Bände, insgesamt 2178 Bände, mit Einbänden aus Schweinsleder. Alle Bände tragen den Hinweis auf die Durchführung des Unternehmens unter Abt Maurus Boxler: *Compactus sub reverendissimo Domino Mauro Abbate Altenburg 1678*. Der damalige Bibliotheksraum dürfte die heutige Hauskapelle und das anschließende Refektorium gewesen sein. Diese Tätigkeit des Buchbindens ist zudem ein besitzgeschichtlich interessanter terminus post quem, der anzeigt, seit welchem Zeitpunkt sich die entsprechend eingebundenen Handschriften, Inkunabeln und alte Drucke nachweislich in Hausbesitz befunden haben müssen.

Ebenfalls in den Kontext der umfassenden Neuordnung der Buchbestände des 17. Jahrhunderts gehören drei handschriftliche barocke Bibliothekskataloge, verfasst in den Jahren 1670, 1671 und 1679 (*Catalogus Bibliothecae monasterii Altenburgensis noviter erectae continens omnes libros in cellis et in Bibliotheca existent* [Cod. 56-58 (olim AB 5 Bb 76–78)]). Das Exemplar des Jahres 1671 verzeichnet Werke aus 30 Sachgebieten, welche die Systematik einer theologischen Fachbibliothek präsentieren. Innerhalb der aufgezählten Sachgebiete werden die jeweiligen Werke mit Autor und Sachtitel bzw. der Sachtitel allein aufgelistet und durchnumeriert. Das überraschende Faktum, dass sich die Gesamtzahl der Katalognummern vom Katalog des Jahres 1671 bis zu jenem des Jahres 1679 von 2495 auf 2292 verringerte, obwohl bei den einzelnen Unterabteilungen ein Zuwachs zu verzeichnen ist, dürfte in der bereits erwähnten Neubindung durch den Buchbinder Conradt, der mehrere Bände zu Sammelbänden vereinigte, dabei aber leider auch viele Vorsatzblätter mit alten Eigentumsvermerken vernichtete, seine Ursache haben. Im Katalog aus dem Jahr 1679 werden zum ersten Mal die Pergamenthandschriften getrennt angegeben und zwar mit einem Bestand von 57 Nummern. Dieser Bestand entspricht genau der 1924 vom Bibliothe-

Bibliothekskatalog des Jahres 1671

kar Pater Leander Helmling festgestellten Anzahl. Gegenwärtig sind davon noch 44 Codices vorhanden. Der entsprechende Verlust von 13 Handschriften dürfte auf die Besetzung des Stiftes durch die Russen (1945/1946) zurückgehen. Die genannten drei Kataloge der Jahre 1670, 1671 und 1679 können nicht nur im Sinne eines Inventars interpretiert werden, sondern auch als essentielle bibliothekstechnische Orientierungshilfe, da diese Kataloge wahrscheinlich sowohl als Hilfsinstrumente für den Leser als auch für den Auskunft gebenden Bibliothekar gedient haben.

Die Aufstellungskriterien der barocken „Großen Bibliothek", die 1743 hinsichtlich ihrer prunkvollen Ausstattung fertiggestellt, doch aus Mangel an Büchern nur zögernd eingerichtet worden war, scheinen aus dem Benediktinerstift Melk übernommen worden zu sein. Unter der Signatur GB 7 S C 8 ist in Altenburg die *Bibliotheca Mellicensis* des berühmten Melker Bibliothekars Martin Kropff (*Bibliotheca Mellicensis seu Vitae, et scripta inde a sexcentis et ed amplius annis Benedictinorum Mellicensium*, Wien 1747) mit der handschriftlichen Signatur „Ex Biblioth. Monast. Altenburg. N. 50." aus dem Jahr 1747 verzeichnet. Kropff zählt zu jenen Melker Bibliothekaren, die nach dem Neubau der dortigen Bibliothek unter dem berühmten „Bauabt" Berthold Dietmayr den Bücherschatz neu ordneten. Auch hinsichtlich der Einordnung der drei Altenburger Bibliothekskataloge aus den Jahren 1670, 1671 und 1679 ist ein Vergleich mit jener Situation des Stiftes Melk lohnend: Im Jahr 1678 wurde dort von Sigismund Häringshauser ein Katalog der gedruckten Bücher erstellt (Melk, Stiftsbibliothek, Cod. 43, 1–2). Demnach waren 4575 Titel vorhanden, im Katalog verteilt auf 13 Sachgebiete (und somit wesentlich weniger Kategorien als in den drei Altenburger Katalogen des 17. Jahrhunderts).

Zu dem die Bibliotheksgeschichte ergänzenden Gesamtbild der reichen geistigen Aktivitäten des Stiftes Altenburg in der Barockzeit gehört vor allem ein Blick auf das klösterliche Disputationswesen. Im 18. Jahrhundert wurde an der Hauslehranstalt des Klosters Philosophie und Theologie gelehrt, und zwar von Professen, die an der Universität Wien ihre Lehrbefähigung erhalten hatten. Mit Erlaubnis der Universitäten wurde hier des Öfteren der öffentliche Beweis des Wissens der Altenburger Ordenskleriker in Disputationen unter dem Vorsitz des Abtes oder eines Professors abgelegt. Der Inhalt dieser Disputationen spiegelt sich in den gedruckten und ungedruckten Programmen. Gezielte Buchankäufe philosophischer und theologischer Werke für die entsprechenden Vorlesungen an der Hauslehranstalt sowie das rege Disputationswesen verdeutlichen die unmittelbare Bedeutung des im 17. Jahrhundert vermehrten Buchbestandes für die zahlreichen Aktivitäten des Stiftes.

Um einen tieferen Einblick in die bibliophile Sammlungstätigkeit des Stiftes Altenburg in der Barockzeit und die dabei bevorzugten Autoren und Buchtitel zu gewinnen, ist die Untersuchung der im Stift gesammelten Bibliotheksbestände – über die Analyse der vorhandenen Bibliothekskataloge hinaus – von grundlegender Bedeutung. Die Anschaffung von Büchern in einer Barockbibliothek folgte zumeist völlig unterschiedlichen Zwecken. Bestände wie die „Liturgica", die einem ständigen Gebrauch und – damit zusammenhängend – jeweils neuen Redaktionen unterworfen waren, was auch notwendigerweise dazu führte, die älteren (und nicht mehr aktuellen) Exemplare auszuscheiden, sind dabei von anderen Sachgruppen wie den Bibelkommentaren zu trennen, auf die ständig aus Gründen der Übersicht über die Schriftauslegung und die dabei notwendige Zitation von Belegstellen zurückgegriffen werden musste. Wichtig ist, dass in Altenburg (wie auch in anderen Stiften der „alten" Orden) neben der spezifisch monastischen Literatur praktisch fast die gesamte Breite des europäischen Denkens der Neuzeit – und dies oft in repräsentativen Erstausgaben – gesammelt wurde, unter anderem Werke von Herder, Goethe, Fénelon, Voltaire und Lavater. Diese enorme geistige Spannweite manifestiert sich in Altenburg auch in einem intensiven Sammeln des seit der zweiten Hälfte des 18. Jahrhunderts rasant anwachsenden aufklärerischen Schrifttums, wie etwa die umfangreichen Bestände der Werke von Autoren wie Ludovico Antonio Muratori, Joseph von Sonnenfels und Marx Anton Wittola zeigen. Deren Schriften stehen vor allem in Zusammenhang mit dem großen Interesse an Fragen der josephinischen Kirchen- und Klosterreform der achtziger Jahre des 18. Jahrhunderts. Die Bibliotheksbestände zeigen somit nicht nur eine Konzentration auf die „Glanzzeit" der Barockepoche, sondern demonstrieren in eindrucksvoller Weise, dass der Buchbestand an die zeitgemäßen Fragen der politischen und kulturellen Rahmenbedingungen angepasst werden musste.

Die konkrete Sammlungstätigkeit betraf nicht nur die spezifisch monastische – im konkreten Fall benediktinische – Spiritualität eines Klosters, sondern gewisse Titel (vor allem aus den Bereichen der „Liturgica", der emblematischen Traktate und der Enzyklopädien) stellten häufig für konkrete künstlerische Aufgaben des Stiftes wie für Gemäldezyklen, Freskenausstattungen und Altarprogramme etc. eine unabdingbare Voraussetzung dar. Frühneuzeitliche „Klassiker" der emblematischen Literatur wie Emanuele Tesauros *Cannochiale Aristotelico* (Bologna 1693), Philippus Picinellis *Mundus symbolicus* (Köln 1687), Bonifacius Gallners OSB *Regula emblematica* (Wien 1780), Johann Jacob Scheuchzers *Physica sacra* (Augsburg-Ulm 1731–1735) oder Jacobus Boschius' *Symbolographia* (Augsburg 1701), die für einschlägige Fragen der ikonographischen Gestaltung der Ausstattung zumeist die entscheidenden Anregungen vermitteln, sind in Altenburg ebenso vertreten wie auch Hirschfelds berühmte *Theorie der Gartenkunst* (Frankfurt-Leipzig 1777). Auch die historiographische Literatur ist hier von eminenter Bedeutung: Diese Sachgruppe verzeichnete im 18. Jahrhundert in den Altenburger Beständen einen ungewöhnlichen Aufschwung. Waren es 1671 noch insgesamt 217 verzeichnete „Historici", so enthält der Katalog von P. Willibald Grützbach aus dem Jahr 1844 (Cod. 148 [olim AB 15 A 3]) bereits 701 (!) einschlägige Werke.

In dieser Hinsicht ist das Buch der sichtbarste Zeuge jahrhundertelanger Klostertradition – und dies nicht nur im Sinne eines bloßen historischen Relikts gewachsener Strukturen, sondern eines Reflexes ständig aktiver geistiger Antriebskräfte und intellektueller Strategien, die in einem Kloster wirkten und wirken. Dies weist einmal mehr auf die tiefe symbolische Bedeutung zurück, die das Buch im Christentum besitzt und die seinen kultischen „Sitz im Leben" im großen heilsgeschichtlichen Zusammenhang verortet, wurde doch die „Buchwerdung" des Wortes Gottes in der Bibel seit Origenes († 254) mit der Menschwerdung des ewigen Logos verglichen.

LITERATUR: *Schweighofer 1958 – Egger, Bilderwelt, 1981, 73–75 – Mittendorfer/Kaiser 1996 – Andraschek-Holzer 1998 – Lorenz 1999, 360, Nr. 115 – Casser 2002 – Telesko, Beiträge, 2003 – Gamerith 2006.*

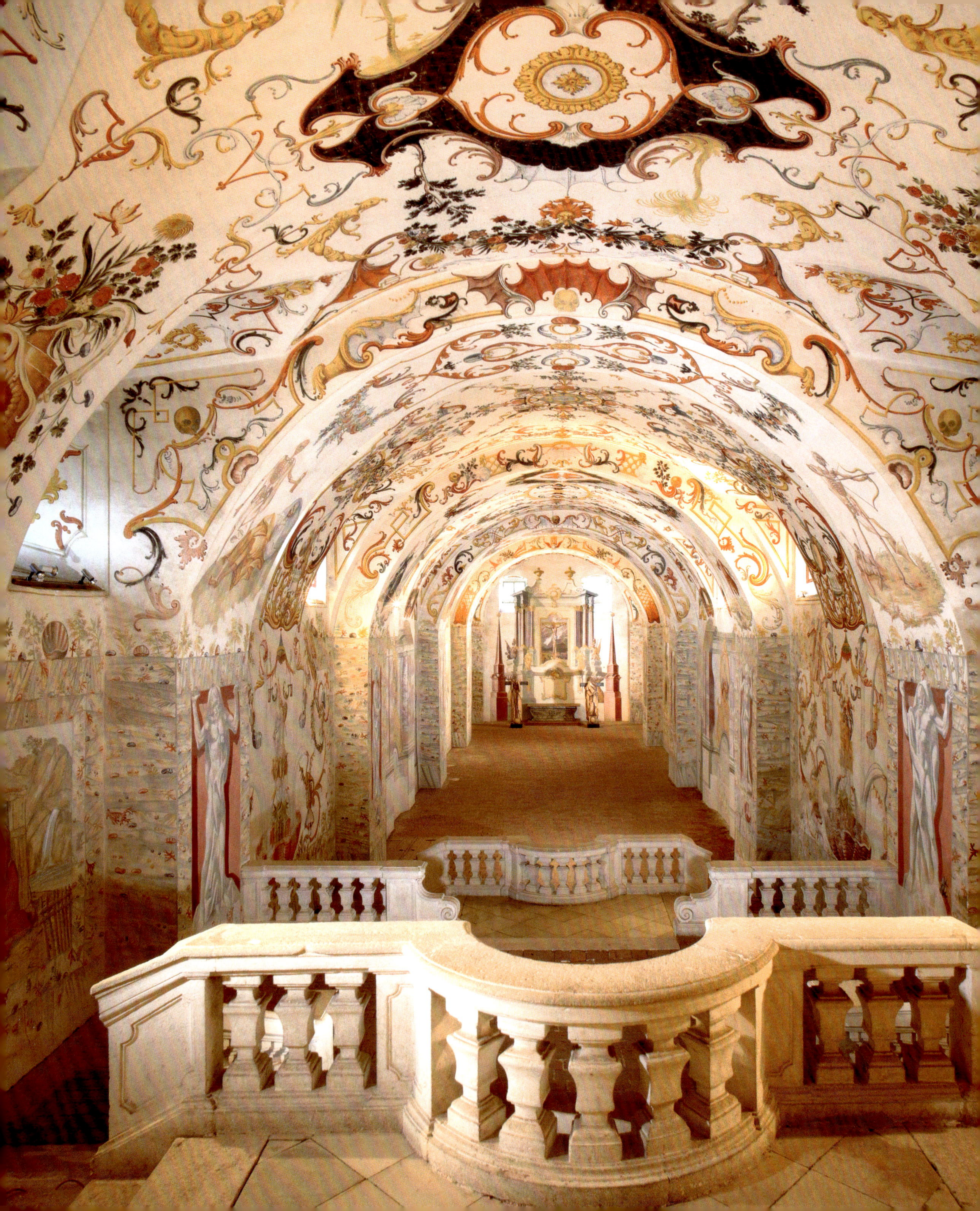

KRYPTA

Krypta
Eine außergewöhnliche Abtsgruft Von Andreas Gamerith

Mag in prächtigen Farbakkorden die Bibliothek dem Betrachter die Weisheit vor Augen führen, das hochgestreckte und lichtdurchflutete Vestibül ihm ein ewiges „Die Wahrheit kommt ans Licht!" zurufen, so schlägt die sich unter diesen Räumen erstreckende Krypta (um 1740/1745) andere Töne an: Durchschreitet man das Treppenpodest der Bibliotheksvorhalle führt eine einarmige Treppe ins Untergeschoß. Graue Groteskenmalereien am niedrigen Gewölbe umrahmen den Abstieg, ins beliebige Ornament mischen sich bedeutungsschwere Motive wie der Papagei mit dem Lorbeerzweig, sinnbildlicher Begleiter schon aus dem „Marmornen Kabinett". Das diffuse Dämpfen der Farbig- und Helligkeit im kleinen Stiegenhaus, das mit seinen verwirrenden Durchblicken auf die mit Malerei überzogenen Substruktionen des Obergeschoßes das Hinuntersteigen unbestimmt erscheinen lässt, nimmt am Eingang zur Krypta eine überraschende Wendung: Nicht der zarte Pastellton von Trogers Fresken in der Bibliothek, nicht die leuchtende Helligkeit des Vestibüls Zeillers, erdverhaftet überzieht abrupt ein dichtes Netz aus rot-gelb-schwarzen Zierformen grell Gewölbe und Wände. Der Raum öffnet sich auch nicht in die Höhe, er fällt vielmehr zu Füßen des Eintretenden über drei Terrassen noch steiler ab und fluchtet mit erstaunlicher Länge über fünf Joche, durch kräftige Gurtbögen abgesetzt, nach Süden. Verschleiern die Freskenmalereien der Sala terrena geschickt den konstruktiven Wert ihrer Gewölbe mit illusionistischen Mitteln, leugnen die al secco ausgeführten Malereien hier nicht die simple Saalform, die nicht vom Ausdruck künstlerischer Gestaltung, sondern der Statik bestimmt wird. So ungewöhnlich die architektonische Erscheinung des Raumes (weil derart unarchitektonisch), so skurril die malerische Ausgestaltung: Unüberschaubar überziehen Bandelwerkornamente die Decke, gönnen mit ihrer Dichte und schweren Farbigkeit dem Auge keine Ruhe. Es schrecken den Betrachter in heitere Blumengirlanden – plötzlich – verwobene Gebeine und Schädel, die ihn unvermutet aus Blütenkörben leeren Blicks anstarren, mahnende Sanduhren und Unheil kündende Fledermausflügel. Wenngleich ursprünglich ein ausgewogeneres Maß an Blau- und Grüntönen nachzuweisen ist – die Verwendung von Bindemitteln ließ diese Farben zum Raub der Zeit werden –, unterstreicht gerade der heute dominante Farbakkord mit rot, schwarz und gelb vor prägendem weißen Grund den morbiden Reiz der malerischen Gestaltung, ihre welke „Eythelkeit", ihre schrille Dissonanz.

Gesamtansicht der Krypta Richtung Süden

Wesentlich zum Verständnis dieses ungewöhnlichen Raumes trägt seine ursprüngliche Intention bei. Sieht man heute in der Krypta eher einen Meditationsraum zur Todesthematik im Sinn des grotesken Barock, scheint bei der Konzeption des Saales durchaus ein konkreteres Nutzungsverständnis geherrscht zu haben. Die Rechnungen zu Treppenstaffeln und Fenstern bezeichnen den heute Krypta genannten Raum eindeutig als „Krufften". Einer solchen Widmung als Äbtegruft – für die Mönche war das Untergeschoß der „Veitskapelle" als Bestattungsort vorgesehen – entsprächen auch mehrere Ausstattungsmotive des Raumes: Das an der Südwand illusionierte „Castrum doloris", als Trauergerüst unverzichtbares Requisit barocken Funeralpompes, dann der über eine Falltür erreichbare große Raum im Untergeschoß (teilweise abgemauert), außerdem die weniger kostenintensive Ausstattung mit Seccomalereien sowie der schlichte Ziegelboden, der im Verwendungszweck im Rahmen der Trauerfeiern für einen Prälaten eventuell auch mit schwarzen Textilien hätte verdeckt werden können. So originell der Raum sich ausnimmt – zumal im Vergleich mit den galanteren Repräsentationsräumen der Klosteranlage –, muss das Originäre der Konzeption doch auch relativ gesehen werden. In der Forschung mit Abraham a Sancta Claras Schrift *Besonders meublirte und gezierte Todten-Capelle* in Verbindung gebracht, kann dieses literarische Werk durch die tatsächlich aber fehlende Beziehung zwischen seinen Illustrationen und den Altenburger Malereien eher als rein ideelle Anregung gewertet werden. Vielmehr spiegelt die Altenburger Krypta als Monumentalraum in sonst kaum erhaltener Form Gepflogenheiten frühneuzeitlicher Trauerfeierlichkeiten wider, die durch ihre Beschränkung bzw. Abschaffung durch aufgeklärte Geister heute nur mehr durch druckgraphische Werke dokumentierbar sind. Vergleichend sei außerdem die Gruftkapelle des ehemaligen Augustiner Chorherrenstiftes Dürnstein angeführt. Wenngleich wesentlich kleiner dimensioniert, besitzen beide Räume sehr ähnliche Dispositionen: Ein zentraler Kapellenraum mit Grottenmotiven und vorangestellter Kreuzigung wird rückwärtig von einer Treppenanlage mit ausgebuchteter Balustrade abgeschlossen (Musikerempore?) und ist einer Gruft verbunden, wo die Särge in Wandnischen vermauert wurden – oder zumindest werden sollten, ist ja im Falle Altenburgs eine tatsächliche Verwendung als Gruft der Äbte bislang nicht nachgewiesen. Das Erstaunliche eines solchen Ansinnens liegt vor allem darin, dass mit einem solchen Vorhaben der Prälat auf sein Privileg verzichtet hätte, in der Stiftskirche bestattet zu werden, zugunsten einer letzten Ruhe unterhalb seines „Weisheitstempels", der Bibliothek – ein denkbar singuläres Projekt auf katholischem Boden in der ersten Hälfte des 18. Jahrhunderts.

Die Malereien der Krypta, von unbekannter Hand verfertigt, bereiten den Raum auf feierliche Trauergottesdienste mit grotesker Pracht und ungehemmtem „horror vacui" vor. In überschwänglicher Unordnung gehorchen die Wandparapete, zwischen ein Gerüst von Pfeilern aus Korallen mit silberfarbenen Atlanten ausgespannt, keinem Gesetz der barocken Symmetrie mehr. Den Ausblicken in Landschaften mit Eremiten im ersten Jochabschnitt folgt ein Groteskenfeld, bei dem zwischen wasserspeienden Drachenwesen die Tugend (im Osten) mit dem Laster (im Westen) konfrontiert wird. Zentral postiert appellieren in gemalten Altararchitekturen ein grausam zugerichteter Christus des „Ecce homo" und die schmerzensreiche Mutter an die barocke Frömmigkeit. Im Folgenden werden erneut Einsiedlerszenen vor Augen geführt, ehe zwei gemalte Fontänen, wo inmitten spritzender Wasserstrahlen der Tod als Merkur (im Westen) und Neptun (im Osten) posiert, das abschließende Trauergerüst flankieren.

Die gemalten Ornamentformen der Krypta entsprechen jenem Repertoire, das schon im Bandelwerkstuck der Prunkzimmer zum Einsatz gekommen war. Neu ist die drastische Farbigkeit, welche die Noblesse der Stuckaturen beinahe konterkariert, neu die übersteigerte Lust an der Groteske; angesichts etwa der Totenköpfe, die noch mit Resten von Haaren – bar jeder Schonung – in die Särge blicken lassen, kann wohl sogar von einer gewissen Hemmungslosigkeit gesprochen werden.

Jenes kecke Spiel mit der „Vanitas" ergeht sich aber nicht in einem reinen „Memento mori", vielmehr wecken Motive wie der Reiher, der die Schlange aus dem Sumpf zieht (ein altes Symbol für Christus, der den Sünder aus der Hölle emporhebt), oder der aus Schlangen gebildete Anker die Hoffnung auf Erlösung und Ewiges Leben.

An den Ansätzen der Gurtbögen hebt dieweil ein Totentanz an: In der Laibung des ersten Jochbogens tritt der Tod in Form eines Jägers mit Pfeil und Bogen auf, der als Jagdbeute zwei kleine Kinder dahinrafft. Eine Haarlocke hängt verwegen dem Knochenmann in die Stirn, der bereits zum nächsten Schuss auf den Eingang der Krypta zielt. Gegenüber blickt das gebrochene Auge eines auf das Lager hingestreckten Alten auf die ihm präsentierte Sanduhr. Dem Gegensatz zwischen Jung und Alt, die dem Tod anheimfallen, folgen Mann und Frau. Der gezierte Geck streckt die Rechte zwar abwehrend gegen das Gerippe, das ihm dessen ungeachtet trotzdem die gepuderte Perücke als eine nutzlose Prothese der Eitelkeit vom Kopf zieht. Gegenüber deutet eine junge Edelfrau spöttisch auf die fleischlosen Knochen des Sensenmannes, wäh-

Gesamtansicht der Krypta Richtung Norden

DER BAROCKE KOSMOS

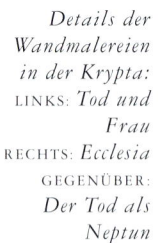

Details der Wandmalereien in der Krypta:
LINKS: *Tod und Frau*
RECHTS: *Ecclesia*
GEGENÜBER: *Der Tod als Neptun*

rend doch eine Schlange sich schon als fatales Geschmeide um ihren Hals schlängelt. Einen Gegensatz präsentiert auch das folgende Bildpaar: Weinend bereut die verführerische Schöne – im Sinne der hl. Maria Magdalena? – ihren sündhaften Lebenswandel, an den der entblößte Busen und die verführerischen Kissen erinnern. Gegenüber brechen einem Sterbenden Schlangen aus dem Leib hervor – Sinnbild der Sünde und Hinweis auf den Weg allen Fleisches. Der davor stehende Tod deutet mit seiner verächtlichen Geste an, dass alles Irdische nichtig sei.

Das letzte Joch wendet sich von der Allgegenwärtigkeit des Todes und Hinfälligkeit des Lebens ab. Die Figur der „Ecclesia", der katholischen Kirche, öffnet das Buch mit den Sieben Siegeln, gegenüber sind Alter und Neuer Bund, der Ewige Ratschluss Gottes, die Taube des Geistes und die segnende Hand der göttlichen Sonne symbolisiert. Das Amen darüber bedeutet die Bestätigung unter den Credoartikel „Credo in unum Deum", zumal das Bilderpaar einen Stich Johann Georg Bergmüllers aus einer Serie zum Glaubensbekenntnis (1730) zur Vorlage hat. Das Trauergerüst an der Südwand mit den flankierenden Obelisken ist hier eng mit den Gewölbebildern verbunden. Während üblicherweise die zu den Trauerfeierlichkeiten hochrangiger Verstorbener errichteten „Castra doloris" die politischen Erfolge verherrlichen sollten, verzichtet der illusionistische Raumabschluss in Altenburg auf eine solche Form der Bildpanegyrik. Zwar sind die Waffentrophäen, die flankierenden „piramide" (als Attribute der „nobilitas"), die beiden allegorischen Frauenfiguren mit dem Wappen des österreichischen Bindenschilds und den Erzherzogshüten dem Repertoire politischer Repräsentanz verpflichtet, zentral wird die gemalte Architektur aber von einer Darstellung des Kruzifixus geziert. Nicht Verdienste der Welt zeichnen den Prälaten in seinem Wirken aus, vielmehr ist das Bild des Gekreuzigten im Sinne des Korintherbriefes zu interpretieren: „Denn das Wort vom Kreuz ist denen, die verloren gehen, Torheit; uns aber, die gerettet werden, ist es Gottes Kraft. […]. Wer sich also rühmen will, der rühme sich des Herrn, so heißt es schon in der Schrift." (1 Kor 1, 18–31) In diesem Sinne mögen auch die seitlichen Bilder des Todes in der Art von Brunnenfiguren zu verstehen sein. Blut und Wasser, die bei der Kreuzigung aus Christi Seite flossen (Jo 19, 34) und als Einsetzung der Sakramente angesehen wurden, bilden die Antithese zum fatalen Neptun. Sein erschütterndes „Quos ego!", das die barocke Bilderwelt so oft den Gott des Meeres zur Untermauerung legitimer Herrschaftsansprüche allen Zweiflern zurufen ließ, wird hier zur verdorrten Floskel angesichts des Todes. Merkur in seiner Funktion als Geleiter der Schatten in die Unterwelt findet seinen Widerspruch in Christus, der die Seelen aus der Hölle befreit. Gedrechselte Rhetorik, emsige Geschäfte – wie sie der gesiegelte Brief andeuten mag – haben nichts als den Knochenmann zu ihrem Leitstern.

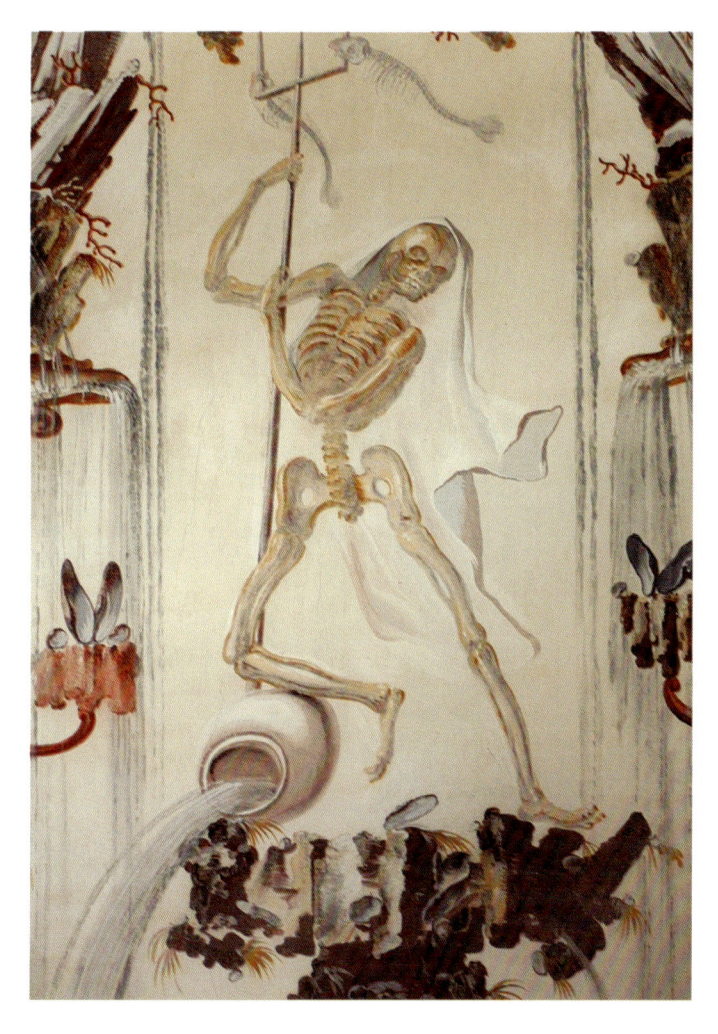

Das Motiv der Springbrunnen mag zusätzlich als Anspielung auf die barocke Tradition der üblicherweise von Handelsstädten errichteten Neptun- und Merkur-Brunnen zu verstehen sein: Nicht wirtschaftlichem Treiben, nicht politischem Machtwort und nicht verliebter Selbstdarstellung wollte der Altenburger Bauherr sein Haus errichtet sehen, sondern dem Gekreuzigten einen Tempel, ein abschließendes Bekenntnis, unter das er nur das Amen seines Credos zu setzen vermochte.

LITERATUR: *Egger 1975* – *Egger 1980* – *Egger, Bilderwelt, 1981, 75–81* – *Polleroß 1985* – *Gamerith 2006.*

Sakristei
Die hohe Kunst der Allegorie
Von Andreas Gamerith

Die Große Sakristei, an der Evangelienseite der Stiftskirche gelegen, gehört wie diese zum ersten Umbauprojekt, das Abt Placidus ab 1730 umzusetzen trachtete. Die hierfür erhaltenen Pläne Joseph Munggenasts zeigen die ursprüngliche Absicht, die Sakristei zur Seite des Konventes hin der Kirche anzufügen mit einem Zugang vom Gang her und einem weiteren vor der Kommunionbank. Der erste Entwurf dachte dabei an einen eher kleindimensionierten Raum, der durch ein asymetrisch gesetztes Doppelfenster – eine bei Prandtauer beliebte, etwas altertümliche Form – Licht vom Hof her empfangen sollte. Größere Ausmaße hätte die Sakristei als zweijochiger Raum im zweiten Modell erhalten sollen.

Erst der umgesetzte Bauriss sieht den Raum als freistehenden Annexbau mit drei Fenstern an seinem heutigen Platz auf der damals freien Fläche zwischen Klosterkirche und Veitskapelle vor, wenngleich als Kuppelform noch an eine Rundkuppel gedacht wurde. Bis 1733 erfolgte die Innenausstattung. Spätestens im Jahr 1737 verlor der Baukörper durch die Anbindung des Kaisertraktes sein solitäres Aussehen und wurde in die große Ostfassade eingegliedert.

Die Sakristei Altenburgs hebt sich in ihrer architektonischen Gestalt auffällig von zeitgleich installierten Sakralräumen ab. Üblicherweise wurden eher langgestreckte Räumlichkeiten zur Vorbereitung der Zelebranten und Aufbewahrung der liturgischen Gerätschaften genutzt; zumeist prägt das Mobiliar dominant den Charakter dieser Interieurs. Die Altenburger Sakristei ist zwar ebenfalls auf rechteckigem Grundriss errichtet, doch mildert die Höhenerstreckung über die gesamte Trakthöhe die dynamische Wirkung. Die architektonische Instrumentierung verzichtet auf eine reguläre Säulenform und bringt lediglich blaugraue Stuckmarmor-Pfeiler in den Ecken als tektonisches Gerüst. Über dem Eingangsportal findet sich ein Oratorium, das sowohl der Sakristei als auch dem Kirchenraum zugewandt ist. Eine große, unbelichtete Ovalkuppel überfängt die Sakristei. Weniger ästhetischen Parametern als der tatsächlichen Raumwidmung verpflichtet sind die intarsierten Kästen für die Gerätschaften des Gottesdienstes unterhalb der drei Fensternischen. Zu den üblichen liturgischen Einrichtungsgegenständen zählt außerdem das Lavabo aus rotem Marmor.

Ob in der kapellenartigen Raumgestaltung eine ideale Reminszenz an die abgekommene Heilig-Geist-Kapelle zu sehen ist, die sich im Konvent befunden hatte und unter Abt Paul Khren (1448–1488) errichtet worden war, kann an dieser Stelle nur vermutet werden. Auch das Anfügen an die Kirche als eigenständiger Baukörper, wie anfänglich gegeben, unterstützt den kapellenartigen Eindruck, doch findet sich (im Gegensatz etwa zur Melker Sakristei) kein Altar im Inneren.

Die Stuckaturen führen dem Betrachter die Widmung des Raumes vor Augen, in dem sich der Priester auf die Feier des Messopfers vorbereitet. Während die Reliefs der Pendentifs gegenüber dem Eingang mit dem Ordensvater Benedikt und seiner Schwester Scholastika sowie die dazwischen am Gurtscheitel erscheinende Engelgruppe mit Pontifikalhandschuhen, Stab und Mitra als Zeichen äbtlicher Würde den Status des Gotteshauses als Ordenskirche demonstrieren, sind die Apostelfürsten Petrus und Paulus auf der gegenüberliegenden Seite samt den päpstlichen Insignien Hinweis auf die Weltkirche. In den Fensterlaibungen tragen Engel die Marterwerkzeuge Christi als Verweis auf Passion und Erlösungswerk; darüber finden sich Buch und Kelch, möglicherweise Hinweise auf das Amt des Diakons und Priesters.

Für die „Sacrüsteyarbeith" erhielt Franz Joseph Holzinger laut Schätzung seines Kollegen Kirschner die bescheidene Summe von 90 fl. Dennoch offenbart sich gerade an den Reliefs Holzingers gestalterisches Talent – expressiv im reuigen Petrus mit aderndurchfurchten Händen, zart und sensibel an den Engelsgestalten in den Fenstern.

Das Deckenbild, eine Ölmalerei auf Putz, von Johann Georg Schmidt aus dem Jahr 1733, hat die *Glorie des hl. Geistes* zum Inhalt. Es zitiert Figuren des nur drei Jahre zuvor fertig gestellten großen Kuppelfreskos Daniel Grans in der Wiener Hofbibliothek. Die beigegebenen Inschriften, vom Auftraggeber oder seinem Concettisten erstellte Kommentierungen der Gruppen, sind letzte Reste eines verlorenen *Conceptus pingendi* (wie er sich etwa für Trogers Zwettler Bibliotheksfresken erhalten hat), die die Gruppenbildungen in neuem Sinn uminterpretieren: Im Zentrum der Ovalkuppel erscheint in einem Strahlenkranz inmitten eines Engelreigens die Taube des Heiligen Geistes. An der Westseite umarmt „Austria" die Personifizierung Altenburgs mit dem Bienenkorb, dem Wappen des Bauabtes; ein Putto liest das Zitat aus dem Kolosserbrief (Kol 2, 21) „NE TETIGERITIS / NEQUE / GUSTAVERI[S]" („Fasset nicht an, kostet nicht, berührt nicht"), ein anderer weist auf die Ewigkeitsschlange (Uroboros), die sich in den Schwanz beißt, während hinter ihm der Höllenhund Zerberus angekettet wird. An der Nordseite der Kuppel folgt die Figur der „Standhaftigkeit" mit der Säule. Die wilden Löwen schlafen friedlich, ein Engel versorgt das Schwert in der Scheide, ein zweiter führt die Gruppe an mit einer nach Art römischer Feldzeichen auf einer Stange montierten Krone, vielleicht als Symbol der Friedensherrschaft zu verstehen. Die vier wissenschaftlichen Disziplinen, von hellem Licht des Geistes überstrahlt, bringen ihre Werke dar: die „Theologie" im Gewand der Priester des Alten Bundes, ein zurückgeschlagenes Tuch auf dem Kopf, Zeichen der Mysterien und der Offenbarung, hält in den Händen die Gesetzestafeln und ein Szepter. Die gekrönte „Jurisprudenz" mit einer Sonne auf ihrer Brust ruht in ihrem Schoß und blickt zur Kuppelmitte empor. Die Beischrift fügt diesen beiden Frauen ein Zitat aus dem Ecclesiasticus hinzu: „FIDES ET / MANSUETUDO" – („[…] was ihr [der Furcht des Herrn] wohlgefällig ist, ist Treue und Sanftmut, einen solchen überhäuft er mit Schätzen." [Sir 1, 35]). Ein Greis im Habitus eines antiken Priesters hält den Äskulap-

Hl. Benedikt von Nursia, Stuckrelief in einem Pendentif der Sakristei

DER BAROCKE KOSMOS

Gesamtansicht des Kuppelbildes in der Sakristei

stab, neben ihm liegen Destillierkolben und Kräuter als medizinisches Beiwerk. Die Gruppe schließt ein an einen Globus gelehnter Philosoph ab. Während im Vorbild der Hofbibliothek durch seine Attribute Globus und Fernrohr die Beschäftigung der Philosophie mit irdischen und himmlischen Dingen zum Ausdruck gebracht wird, scheint der lange Stab in Altenburg eher auf die Figur des Archimedes hinweisen zu wollen, der die Welt aus den Angeln zu heben vermag (was wiederum als Hinweis auf die hohe Bedeutung der Beschäftigung mit Dingen des Geistes zu interpretieren wäre). Ein Engel kommentiert die beiden Fakultäten mit dem Zitat „OPERA / EORUM / IN MANU / DEI"

("Es gibt Gerechte und Weise und ihre Werke sind in der Hand Gottes.") [Pred 9, 1]. An der Ostseite sitzen die beiden Personifikationen der „Vorhersage des Guten" in Gestalt einer Sibylle und die „Göttliche Vorsehung", die einen Engel anweist, sein Füllhorn mit reichen Gnadengaben über Altenburg auszuschütten. Ein kleiner Engel zu ihren Füßen mit Zirkel weist auf ein aufgeschlagenes Buch, das mit den Worten „IN OMNI / BONO / OPERE / ERIT / ABUN / DANTIA" („Jede Arbeit bringt Erfolg.") [Spr 14, 23] den Befehl der Göttlichen Vorsehung auslegt. Wie schon an den Fassadenfiguren exemplifiziert, erweist sich im gewählten Gesamtzitat Armut als Übel und Ergebnis leerer Redereien, das dem Segen der guten Arbeit (hier: des Bauunterfangens) entgegensteht. Über dem Eingang zur Kirche empfiehlt eine mit Sonnenblumen bekränzte Frauengestalt das Modell der Altenburger Kirche dem Heiligen Geist, ein hernieder fliegender Engel ist im Begriff, sie mit Lorbeer zu bekrönen. Sie kann in Anlehnung an das Wiener Konzept als „Durchführung" bezeichnet werden, die das Bauprojekt zuwege bringt. Die Sonnenblumen, die sich stets nach dem Lauf der Sonne richten, sind dabei als Zeichen der Gottgefälligkeit des Unterfangens zu deuten, die auch der Siegeslohn des Lorbeerkranzes unterstreicht. Hinter dem Modell schreibt Paulus auf eine Tafel „SI QUIS AUTEM / TEMPLUM DEI / VIOLAVERIT, / DISPERDET / ILLUM DEUS" („Wenn aber jemand den Tempel Gottes versehrt, wird Gott ihn verderben.)" (1 Kor 3, 17). Rechts sitzt die Figur der „Erfindung": Lesend ist sie über ein Buch gebeugt, das auf einer Sphinx ruht, als Symbole sind ihr eine Statuette des Musenführers Apoll sowie Flügeln auf dem Kopf beigegeben: Hohe Gedanken (im Bild der Flügel), kunstreiche und gelehrte Einfälle sowie die Gabe, die Schwierigkeiten des Bauunterfangens zu meistern (was durch die Sphinx ausgedrückt wird), lassen das Unternehmen wohlgelingen.

Das ausgeklügelte Spiel mit den Allegorien im Deckenbild der Sakristei scheint, am Beginn des Stiftsumbaus erdacht, für diesen begeistern und Gegner in ihren Argumenten entkräften zu wollen: Zu einer Zeit, da unter dem Schutz des Heiligen Geistes das Reich dem Kloster so gewogen und alles lasterhafte Unheil besiegt ist, da Friede herrscht und die Wissenschaften erblühen und selbst die Anzeichen göttlichen Wohlwollens das Stift durch ausreichend zur Verfügung stehende Mittel begnaden, kann ein mit so großen Entbehrungen und Einschränkungen verbundenes Projekt nur gelingen und sich des himmlischen Lohnes sicher sein.

Figurengruppe mit der Personifikation des Stiftes im Kuppelfresko der Sakristei

---

LITERATUR: *Egger, Die Frage nach dem Inventor, 1981 – Gamerith 2006.*

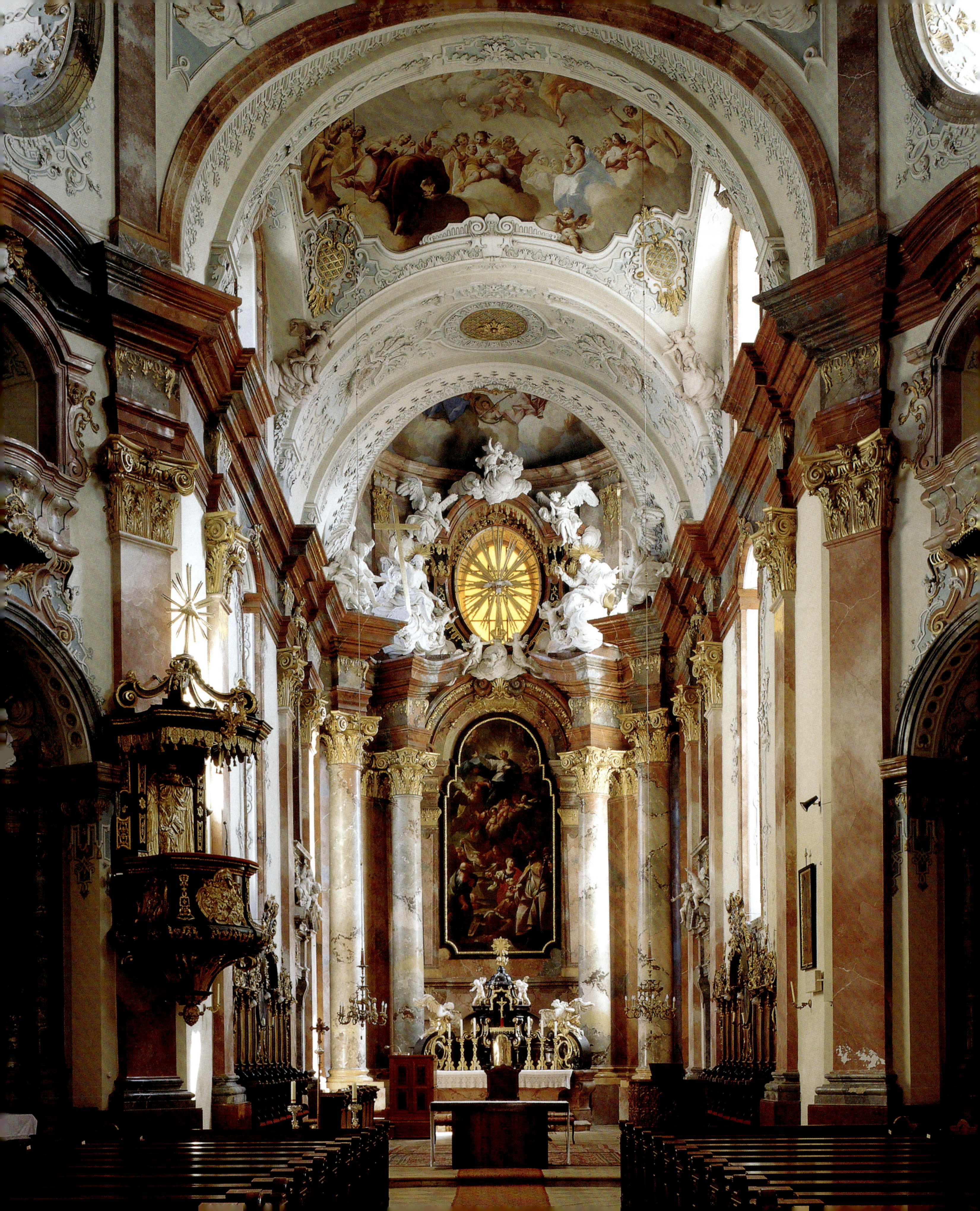

STIFTSKIRCHE

Stiftskirche
Marianischer Kosmos
Von Werner Telesko

Die mächtige Stiftskirche ist zwischen Brunngartl- und Kirchhof situiert und mit dem (im Mauerwerk) gotischen Chor wirkungsvoll in den Osttrakt der Stiftsanlage eingebunden. Die nachweislich erste Mönchskirche des 12. Jahrhunderts ist noch partiell im Westteil der Kirche enthalten. Ab circa 1160 ist der Bau einer neuen Kirche anzusetzen, die man sich als dreischiffige, basilikale und an den Kreuzgang grenzende Anlage, die um 1200 vollendet worden sein dürfte, vorzustellen hat. Nach der Errichtung eines wuchtigen dreijochigen Chores und einem Brand des Jahres 1380 erfolgte nach 1650 ein frühbarocker Umbau, der die Grundlage der zwischen 1730 und 1733 von Josef Munggenast durchgeführten Neuanlage schuf, welche die Kirche in einen längsovalen überkuppelten Zentralraum umwandelte.

Westseitig besitzt der Bau einen in Kern um 1300 zu datierenden Fassadenturm mit barockem Obergeschoß und Haube. Die Seitenteile der dreiachsigen Westfassade werden von Riesenpilastern auf hohen Sockeln gegliedert. Das Giebelgeschoß ist von Voluten eingefasst (mit den Erzengeln Michael [im Norden] und Raphael [im Süden]), die von den Seitenteilen zum Turmaufbau überleiten. Die Seitenfronten des Baus sind mit einer Ausnahme je eines Riesenpilasters an der Westecke sparsam gegliedert.

Die Innenarchitektur der Kirche sowie die reiche Ausstattung gehören zum Bedeutendsten, was in der Zeit des Übergangs vom Hoch- zum Spätbarock in Mitteleuropa geschaffen wurde. Der besondere Reiz des einheitlich gestalteten „Farbraumes" besteht vor allem in einem kongenialen Zusammenspiel von Architektur, Plastik, Stuckdekoration und den berühmten Deckenmalereien Paul Trogers. Der Kirchenbau ist in ein Eingangsjoch (mit Orgelempore), den längsovalen Kuppelraum mit anschließendem Chor-Vor- und Chor-Zwischenjoch gegliedert, das in den Altarraum mit bekrönender Apsiskalotte mündet. Die Wandgliederung des Inneren erfolgt vor allem durch Kolossalpilaster in rosa Stuckmarmor. Der Innenraum ist durch Segmentbogenfenster und Ochsenaugen (im Zentralraum) in zwei Geschoßen gut durchlichtet.

Die reiche skulpturale Ausstattung beruht im Wesentlichen auf den Arbeiten von Joseph Ignaz Holzinger aus der ersten Hälfte der dreißiger Jahre des 18. Jahrhunderts mit Stuckaturen in der Wand- und Pendentifzone des Kuppelraumes, in und um die Fensternischen, an der Emporenfront sowie als Umrahmung der Gewölbemalereien. Der Künstler arbeitete dabei mit vielfältigen Dekorationsformen: reiches Laub-, Band- und Rankenwerk, Kartuschen, Kandelaber, Palmetten, Schleierbrett- und Rosettendekor, Blütengehänge und Muscheln.

Die wirkungsvollsten und monumentalsten plastischen Akzente im Kirchenraum setzen der Hochaltar sowie die beiden Seitenaltäre in den Querarmen des Kuppelraums. Der Hochaltar ist als Ädikulaaltar mit flankierenden Freisäulen, die gegen die Raummitte gedreht sind, in die Architektur der Apsis eingepasst. Diesen rein architektonischen Charakter unterstreicht, dass auf die sonst üblichen plastischen Altarfiguren verzichtet wurde. Die Thematik des Altarbildes, die „Aufnahme Mariens in den Himmel", ist inhaltlich unmittelbar auf die

Einblick in die Stiftskirche nach Osten

monumentale plastische Darstellung der Trinität im Auszug darüber bezogen. Eine direkte Bezugnahme auf das Kloster Altenburg erfolgt in diesem Gemälde insofern, als im rechten Teil unter den Aposteln Hildburg von Poigen, die Stifterin des Klosters, und der hl. Lambert von Maastricht, der Klosterpatron, dargestellt sind. Das Ereignis der Himmelfahrt Mariens erhält somit eine konkrete Ausrichtung auf die Geschichte des Stiftes.

Die Seitenaltäre sind als Doppelsäulenädikulen in rosa Stuckmarmor mit hoher Sockelzone und gesprengtem, konkav geschwungenem Giebel in der Höhe des Hauptgesimses gestaltet. Die rundbogigen Altarbilder zeigen im Norden die Pietà mit Kreuz, im Süden den Tod des hl. Benedikt von Nursia, ausgeführt jeweils von Johann Georg Schmidt im Jahr 1733. Die qualitätvollen, überlebensgroßen Altarfiguren stellen die Heiligen Dominikus und Katherina von Siena (im Norden) sowie Leopold von Österreich und Florian (im Süden) dar.

Die kleinen Altäre in den Diagonalachsen des Kuppelraumes sind als Wandaltäre in die Nischenarchitektur der Konchen einbezogen. Die beiden ostseitigen Altäre sind als Doppelsäulenädikulen, die westseitigen hingegen nur mit einfachen Säulen gebildet. Die Altärblätter zeigen im Nordosten das Martyrium der hl. Barbara (von Paul Troger, um 1744), im Nordwesten die Geburt Christi (von Christoph de Kerle, 1765) im Südosten den hl. Johannes von Nepomuk, die Beichte der Königin hörend (von Paul Troger, 1734), und im Südwesten die Kreuzigung Christi von (von Christoph de Kerle, 1765).

Charakteristisch für die gesamte Ausstattung der Kirche mit Altären ist, dass sie sich in die mit farbigen Stuckaturen reich dekorierte architektonische Hülle gleichsam einpasst und nicht raumgreifend wirkt. Die Stimmigkeit aller Elemente der Ausstattung kulminiert vor allem in der durch das mächtige umlaufende und verkröpfte Gebälk hervorgerufenen architektonischen Einheit des Kirchenraumes. Damit sind nicht zuletzt entscheidende Vorbedingungen für die Freskierung der vier Kuppelschalen der Kirche gelegt, die – wie zu zeigen sein wird – diesen Gesichtspunkt der Einheitlichkeit insofern betonen, als die jeweiligen Inhalte der Freskenkompartimente konsequent im Sinne eines durchgehenden Programms aufeinander bezogen sind.

Der erste Vertrag zur Freskierung der Stiftskirche wurde zwischen Paul Troger und Abt Placidus Much am 2. November 1732 unterzeichnet. Wahrscheinlich hatte sich der Maler anlässlich dieses Abschlusses Gedanken über die konkrete Ausführung eines Konzepts gemacht, das letztlich wohl von Placidus Much ausgegangen sein muss. Es fällt auf, dass der Abt dem Freskanten nicht sofort alle Kirchenfresken in Auftrag gab, sondern nur die zwei relativ kleinen im Presbyterium. Am 7. April 1733 schloss Troger den Kontrakt für die große Kuppel ab und nennt Johann Jakob Zeiller (der auch im Vestibül der Bibliothek tätig war) und einen Malergesellen als Mitarbeiter. Troger war am 13. Juni 1733 mit der Arbeit an den Presbyteriumsfresken fertig, und am 29. November 1733 zahlte ihm der Abt 2000 Gulden, 1900 Gulden für das große Kuppelfresko sowie 100 Gulden als Teilzahlung für das Fresko über der Orgelempore. Eigenartigerweise wird in keinem der genannten Verträge oder in anderen Archivalien die Thematik der auszuführenden Malereien erwähnt. Ein sehr vertrautes Verhältnis zwischen dem Auftraggeber und dem Künstler scheint möglicherweise weitere Korrespondenzen und Skizzen erübrigt zu haben.

Das Freskenprogramm der Stiftskirche zeichnet sich durch eine ungewöhnliche Synthese mehrerer komplexer Sinnschichten aus, die jeweils verschiedenen Gewölbeabschnitten entsprechen (von Osten nach Westen): die Apsiskalotte mit dem Triumph der „Theologischen Tugenden" Glaube, Liebe und Hoffnung (nach 1 Kor 13, 13), daran anschließend das Chorgewölbe mit der Lobpreisung Gottvaters und des „Apokalyptischen Lammes", die berühmte Hauptkuppel mit der „Apokalyptischen Frau", dem Kampf Michaels mit dem Drachen, der Entrückung des göttlichen Kindes, der Anbetung und Lobpreisung der Majestät Gottvaters durch die vierundzwanzig Ältesten sowie der vor dem wasserspeienden Drachen fliehenden „Apokalyptischen

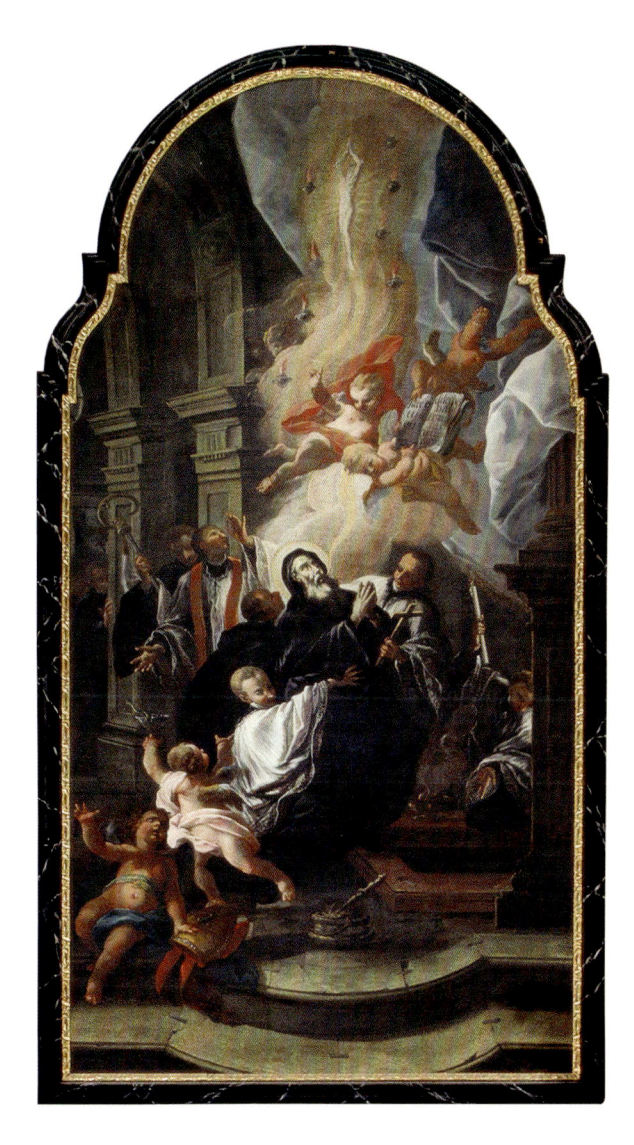

Frau", und schließlich der tanzende König David mit der Bundeslade über der Musikempore.

In der Hauptkuppel, dem mit Abstand größten Gewölbefeld, wird das zwölfte Kapitel der „Apokalypse" („Geheime Offenbarung") in voller Breite geschildert. Diese narrativ-epische Ausweitung des Geschehens ordnet der Kuppel, die nach der Restaurierung von 1992 bis 1994 in neuem Glanz erstrahlt, auch die Funktion eines eindeutigen inhaltlichen Zentrums zu. Alle anderen Deckenmalereien der Kirche sind diesem sinnstiftenden Zentrum untergeordnet. Mit den Mitteln der Malerei versucht Paul Troger, unsere auditive Phantasie zu stimulieren, um den ohrenbetäubenden Lärm von Blitzen, die knatternden Draperien, die rauschenden Flügel, das Zischen, das Schreien und Geifern der Teufelsrachen entsprechend zu evozieren. Nicht die Schau des Inspirierten, welche die „Apokalyptische Frau" als Vision des Johannes zeigt, ist hier wiedergegeben, sondern gleichsam das Geheimnis als solches, ohne einen Vermittlungsweg durch den Inspirierten anzuzeigen. Dadurch ergeben sich naturgemäß eine bisher unbekannte Verdichtung und Intensivierung der visionären Erscheinungen, wie sie nun ohne die Figur des Johannes vor unseren Augen ausgebreitet werden. Die immer als außergewöhnlich angesehene intensive „Wortmacht" der biblischen Apokalypse erscheint in Altenburg in eine kongeniale und wahrhaft alle Sinne ansprechende „Bildmacht" umgesetzt.

Besonders ungewöhnlich in Paul Trogers Deckenmalereien ist die Einführung einer reichen landschaftlichen Szenerie im westlichen Teil der Hauptkuppel, für die venezianische Anregungen des 18. Jahrhunderts (Sebastiano Ricci, Giambattista Tiepolo und Giambattista Pittoni), aber auch Einflüsse von Seiten der süddeutschen Deckenmalerei ausschlaggebend gewesen sein dürften. Bei der in diesem Bereich von Troger geschilderten Szene der Flucht der „Apokalyptischen Frau" in die Wüste dürfte es sich aber – im Vergleich mit der zeitgenössischen Malerei und Skulptur – um eine Einzelerscheinung handeln.

Die Abfolge der Freskenkompartimente beginnt im Westen über der Orgelempore mit der „Überbringung der Bundeslade durch den tanzenden David" (nach 2 Sam 6, 1–5). In diesem Zusammenhang verdient weniger die der barocken Freskentopologie entsprechende Davidikonographie über der Empore als vielmehr die seltene Ikonographie des Todes des Usa (2 Sam 6, 6f.), der durch das unerlaubte Berühren der Bundeslade („arca foederis") verursacht wird, besondere Beachtung. Die Überführung der Bundeslade steht in Altenburg nicht nur für ein alttestamentliches Ereignis, sondern muss vor allem im Kontext marianischer Symbolik betrachtet werden. Die Bundeslade gilt als ein wichtiger Typus Marias und als ein marianisches Symbol. In Maria sind Alter und Neuer Bund wirklich eins. Die „arca foederis" fungiert im konkreten Zusammenhang nicht nur in symbolischer, sondern auch in höchst erzählerischer Weise als entscheidender Auftakt zur Ikonographie der anschließenden Kuppel: „Und der Tempel Gottes im Himmel wurde geöffnet, und in seinem Tempel

Altarbild des südlichen Seitenaltars: „Tod des Hl. Benedikt"

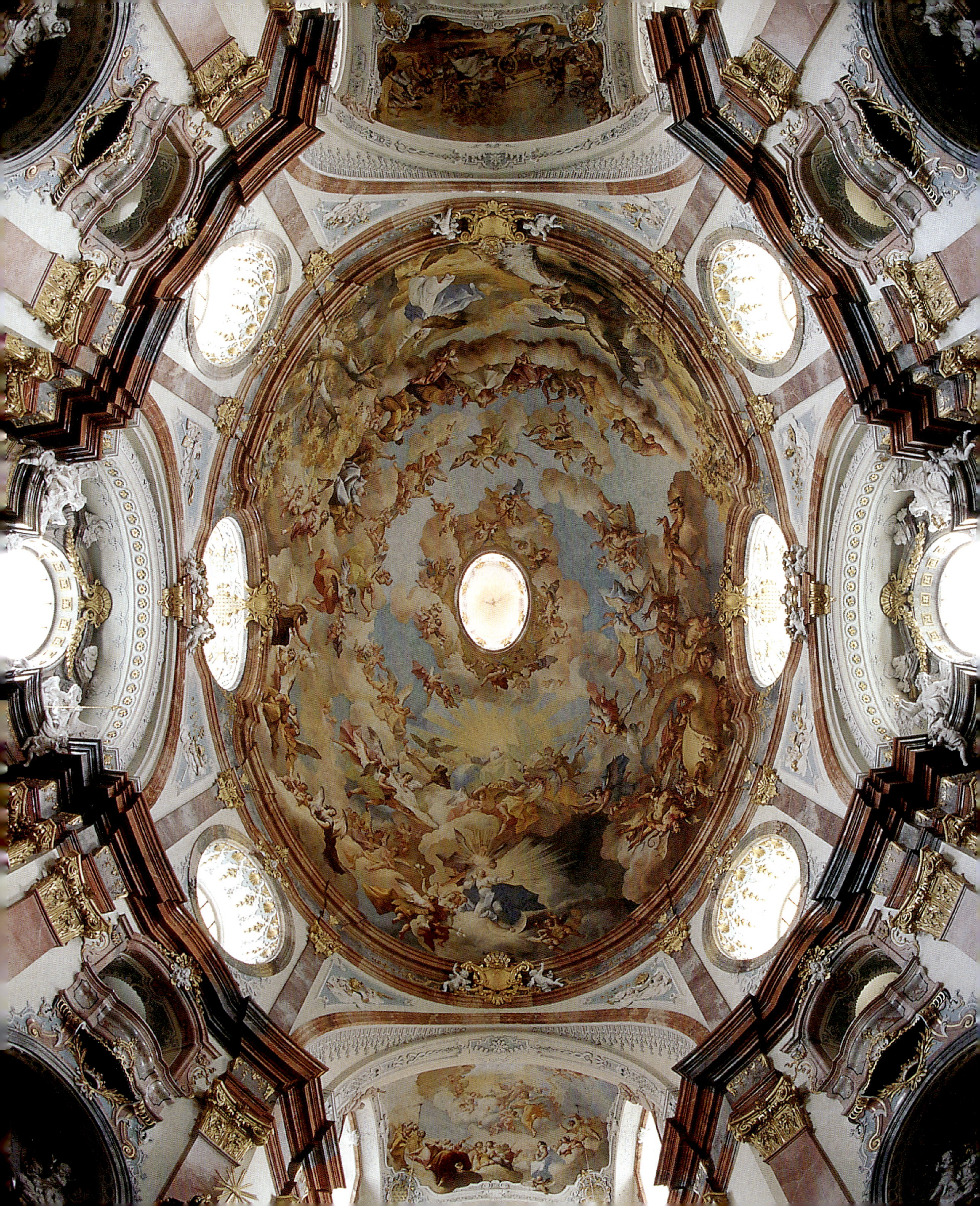

OBEN: *Ansicht des Emporenfreskos in der Stiftskirche*
GEGENÜBER: *Froschperspektive in alle Freskenabschnitte der Stiftskirche*

wurde die Lade seines Bundes sichtbar: Blitze, Stimmen und Donner entstanden, Beben und gewaltiger Hagel" (Apk 11, 19). In diesem Vers, dem letzten des elften Kapitels der „Apokalypse" vor der Erscheinung des „großen Zeichens" (Apk 12, 1), wird die Bundeslade sichtbar gemacht.

Die bildliche Erzählung des berühmten Kuppelfreskos ist sowohl episch-breit in dem für barocke Kuppelmalereien traditionellen Ringschema angelegt als auch durch achsial ausgerichtete Kompositionsstrukturen gegliedert (die „himmlische" Zone im Osten mit der „Apokalyptischen Frau" im Zentrum und die „terrestrische" Zone im Westen mit der Szene der Verfolgung der Frau). Neuartig ist, dass Troger das – durch die römische Malerei des Hochbarock – traditionelle Ringschema lockert und durch Wolken- bzw. Figurenkonstellationen variantenreich akzentuiert. Wie auch im Bibliotheksfresko agieren die Figuren auf einem in das Kuppelrund eingefügten terrestrischen Fundament mit reicher Schilderung der Landschaft, was den Gegensatz zum östlichen Teil der Kuppel mit der zentralen Lichterscheinung der „Apokalyptischen Frau" vor einer Wolkenfolie zusätzlich akzentuiert.

Im Zentrum der östlichen Kuppelhälfte thront Gottvater, umgeben von den vier Wesen der Apokalypse (Apk 4, 6–9), und stützt die szepterhaltende Rechte auf die Erdkugel. In der westlichen Hälfte befinden sich die vierundzwanzig Ältesten, die Gottvater huldigen (Apk 4, 4.10; 7, 10f.; 11, 16f.; 14, 3 und 19, 4). Direkt über dem Hauptgesims des östlichen Abschnitts der Kuppel spielt sich das inhaltlich entscheidende Geschehen (nach Apk 12, 1–16) ab: „Da erschien ein großes Zeichen am Himmel: Eine Frau, umgeben von der Sonne, den Mond unter ihren Füßen, und ein Kranz von zwölf Sternen auf ihrem Haupt. Sie war schwanger und schrie in ihren Wehen und in der Qual des Gebärens." (Apk 12, 1f.) Die „Apokalyptische Frau" als zentrale Erscheinung streckt abwehrend die Hände gegen den sie bedrohenden, bereits vom Thron gestürzten siebenköpfigen Drachen und seine höllischen Begleiter, die der Erzengel Michael in die Tiefe stürzt. Umgeben ist sie von En-

DER BAROCKE KOSMOS

Verfolgung der „Apokalyptischen Frau". Detail aus dem Hauptkuppelfresko der Stiftskirche

geln, die Lilien, Attribute der Keuschheit, tragen. Ein Engel krönt sie mit einer Strahlenkrone. Das vor der Verfolgung gerettete Kind wird von Engeln auf einem weißen Tuch (nach Apk 12, 3–5) zu Gottvater emporgetragen. Zur Laterne hin musizieren Engelscharen, singen in tanzendem Flug und sind in ewiger Anbetung und Lobpreisung Gottes begriffen (Apk 5, 11f.; vgl. Ps 150).

Die das Geschehen weiterführenden Abschnitte der Apokalypse, die vom Kampf Michaels und seiner Engel mit dem Drachen und dem satanischen Gefolge sowie von deren Sturz aus dem Himmel (Apk 12, 3f. 7–9) berichten, sind am südlichen Kuppelrand dargestellt, die Perikope der Apokalypse 12, 14–16 (Verfolgung der „Apokalyptischen Frau") im westlichen Abschnitt in einer weiträumigen, von Bäumen begrenzten Landschaft.

Das an die Kuppel nach Osten anschließende Fresko im Chorjoch zeigt den Lobpreis Gottvaters und des „Apokalyptischen Lammes" (Apk 7, 9f. und 19, 4–9), sinnfällig über dem Chorgestühl der psallierenden Mönche positioniert. Der Platz der „Anbetung des Lammes" über dem Chor ist somit in Altenburg wie auch in vielen anderen Kirchen in der liturgischen Funktion eben dieses Joches grundgelegt. Das Chorfresko führt zudem den Aspekt des Sieges über den Drachen der Hauptkuppel (Apk 12, 9) weiter, da das „Blut des Lammes" (Apk 12, 11) unmittelbaren Anteil an diesem Triumph besitzt.

Die Ausmalung der Apsiskalotte zeigt die Personifikationen der drei „Theologischen Tugenden" mit dem von den vier Apokalyptischen Wesen umgebenen „Glauben" (und den Attributen Kreuz,

Ansicht des Chorfreskos in der Stiftskirche

Kelch [mit Hostie], Dekalog und Buch) im Zentrum, der „Liebe" (mit einem Flammenbündel am Kopf und den Kindern, begleitet von dem auf die Eucharistie zu beziehenden Pelikan, der sich die Brust aufreißt, um die Jungen zu nähren) und der „Hoffnung" (in Gestalt einer Pilgerin mit blauem Mantel, Anker und Stab, daneben ein Amboss) sowie der offenbar speziell auf den klösterlichen Bereich zu beziehenden „Sanftmut" oder „Demut" (ein Lamm als Attribut in den Händen), die – ähnlich wie die „Apokalyptische Frau" im Hauptkuppelfresko – mit einem strahlenden Stern bekrönt wird (und die obsoleten weltlichen Insignien zu ihren Füßen liegen hat). Der bekehrte und überwundene „heidnische Glaube" (mit Öllampe als „Wachsamkeit" ausgezeichnet) befindet sich vor einer gestürzten Statue der Artemis (am unteren Rand der westlichen Hälfte) unter offensichtlichem Bezug auf Apk 14, 8–13 und 19, 2 (Gericht über die Stadt Babylon [Rom]). Einen weiteren Bezug zur Apokalypse vermittelt der Engel zwischen „Glaube" und „Hoffnung", der mit dem aufgerollten Evangelium den letzten Aufruf zur Anbetung des Schöpfers verkündet: „Er hatte eine ewige Botschaft den Bewohnern der Erde zu verkünden, allen Nationen, Stämmen, Sprachen und Völkern. Er rief mit lauter Stimme: Fürchtet Gott und gebt ihm die Ehre! Denn die Stunde des Gerichts ist gekommen. Betet ihn an, der den Himmel und die Erde, das Meer und die Wasserquellen geschaffen hat!" (Apk 14, 6f.). Dieser Aufruf des Engels mit dem „ewigen Evangelium" rückt die betende Pilgerfigur mit blauem Mantel („Hoffnung") inhaltlich ins Zentrum. Offensichtlich spielt hier die Idee der „pil-

DER BAROCKE KOSMOS

Ansicht der Apsiskalotte in der Stiftskirche

gernden Kirche" eine wichtige Rolle: Wie die Bundeslade nach Jerusalem unterwegs ist (Fresko über der Empore), so ist im eschatologischen Kontext die Figur der „Hoffnung" in der Apsiskalotte in Gestalt einer Pilgerin unterwegs zum „Himmlischen Jerusalem". Auffällig ist, dass Troger die Programmatik der Apsiskalotte zur Illustration des „Glaubens" in der Kaiserstiege wiederholt. Das Freskenprogramm der Altenburger Kirche zeichnet sich auch in einem anderen Beispiel durch die betonte Hereinnahme einer „Pilgerfigur" aus: Im linken unteren Abschnitt des Freskos des Chorgewölbes ist die Gestalt eines betenden Pilgers mit braunem Gewand in Rückenansicht dargestellt. Somit stellt die Figur des Pilgers in mehreren Freskenabschnitten sowohl eine die Position des Betrachters duplizierende „Reflexionsfigur" als auch ein das gesamte Programm beglei-

tendes wichtiges Leitmotiv dar. In der Bundeslade, die an den Ort gebracht wird, der für sie bestimmt ist, das Zelt Gottes, erkennt sich die Kirche selbst auf ihrem „Pilgerweg" hin zur Vollendung. Was für diese pilgernde Kirche noch Ausdruck ihrer Sehnsucht ist, sieht sie in der Person Maria erfüllt. Dieser Gesichtspunkt leitet unmittelbar zum Hochaltarblatt Paul Trogers (1734) über. Dieses ist unmittelbar mit der Thematik der Kuppel verbunden und zeigt die „Aufnahme Mariens in den Himmel". Die seitenverkehrte Wiederholung der Figur der „Apokalyptischen Frau" aus dem östlichen Bereich des Kuppelfreskos in der himmelfahrenden Maria des Hochaltarbildes zeugt vom Streben nach einer konsequenten motivischen Verdichtung und der damit zusammenhängenden motivischen und konzeptionellen Einheit des Programms. Die „Apokalyptische

STIFTSKIRCHE

LINKS UND RECHTS:
*Hochaltarbild
Paul Trogers mit
dazugehörigem
Bozzetto*

Frau" als inhaltliches Zentrum des Freskenprogramms ist zudem eine prägende Erfindung Trogers, wie er sie bereits um 1728/1729 im Fresko der Chorkuppel der Kirche der Englischen Fräulein in St. Pölten verwendete.

Verschiedene Motivprägungen der Osthälfte der Altenburger Kuppel, wie die „Apokalyptische Frau", Gottvater, die Engel und der Drache, sind aber von Troger nicht voraussetzungslos geschaffen worden, sondern gehen auf weiter zurückliegende ikonographische Traditionen zurück. Offensichtlich rekurriert das Bildschema der Kombination der vom Drachen bedrohten „Apokalyptischen Frau" mit dem Sieg Michaels auf Bildprägungen, die bereits im 15. und frühen 16. Jahrhundert (Albrecht Dürer und Lucas Cranach d. Ä.) in Graphik und Buchillustration nachweisbar sind.

Keine Urkunden, Briefe oder andere schriftliche Quellen geben über den Inventor des Altenburger Freskenprogramms Auskunft. Einen wesentlichen Einfluss auf die Freskenkonzeption der Kirche scheinen aber vor allem liturgische Formulare genommen zu haben. Immerhin ist auch „Assumptio Mariae" das Patrozinium der Stiftskirche seit den barocken Umbauten und Neugestaltungen. Neben den liturgischen Anregungen und jenen aus dem Bereich der Predigtliteratur muss das verbreitete typologische Kompendium *Speculum humanae salvationis* (*Heilsspiegel*), dessen textliche Überlieferung nachweislich um 1330 einsetzt, als wichtigste Quelle des Altenburger Programms angesehen werden. Nach dem gängigen Schema dieses *Heilsspiegels* (Kap. 36) wird die „Krönung und Aufnahme Mariens in den Himmel" mit der „Überführung der

OBEN: *Stürzender Usa aus dem Emporenfresko*
RECHTS: *„Apokalyptische Frau". Detail aus der Hauptkuppel in der Stiftskirche*

Bundeslade durch König David nach Jerusalem", „Maria als Apokalyptische Frau" und „König Salomon stellt für seine Mutter einen Thron zu seiner Rechten" kombiniert. Dies bedeutet, dass die ikonographische Grundkonzeption des Altenburger Freskenprogramms – ausgehend von der „Aufnahme" und „Krönung" Mariens (Hochaltar) – grundsätzlich im Schema dieses *Speculum humanae salvationis* vorgebildet ist, wobei das Emporenfresko die Erzählung von der Überführung der Bundeslade durch den Bericht vom Tod Usas ergänzt. Im Altenburger Miscellan-Codex mit der Signatur Cod. 308 (olim AB 13 B 6; die Sammelhandschrift wurde 1678 unter Abt Maurus Boxler neu gebunden) des Altenburger Professen und Procurators Frater Joannes de Zwettla (Czwettla), im Jahr 1413 als Profess und Prokurator des Stiftes Altenburg genannt, ist ein solches *Speculum humanae salvationis* (fol. 52r–136v) vorhanden. Der Codex ist somit durch seine Neubindung im Jahr 1678 mit Sicherheit im Stift nachweisbar und wurde vielleicht noch damals einer konkreten liturgischen Verwendung zugeführt.

Das Altenburger Freskenprogramm ist eng in den inhaltlichen „Kosmos" der Kirche eingebunden: Es existiert eine bestimmende „Lichtachse" dreier „Glorien" in der Kuppel („Apokalyptische Frau", Gottvater und Geisttaube in der Laterne) sowie in der Abfolge der Lichtglorie Jahwes über der Bundeslade im Emporenfresko, der „mit der Sonne bekleideten Frau" im Hauptkuppelfresko, über die Lichtglorien Gottvaters und des Lammes im Chorfresko, dem lichtumstrahlten „Glauben" in der Apsiskalotte bis zum Strahlenkranz des Heiligen Geistes im Hochaltarfenster, was den grundlegenden Sinngehalt der lichtmetaphorischen Bedeutungsachse vertieft, dass die von der Sonne umgebene „Apokalyptische Frau" nicht im eigenen Glanz erscheint, sondern als „Braut des Lichtes" und Gebärerin der „Sonne der Gerechtigkeit" (Mal 3, 20) im Widerschein des göttlichen Lichtes erstrahlt. Dies demonstriert nachdrücklich, dass die Dekorationen der einzelnen Freskenkompartimente in enger Abhängigkeit voneinander geschaffen wurden. Die Achse, die von der „Assumptio Mariae" (Hochaltarblatt) über den „Triumph des Glaubens" (Apsiskalotte) bis zur „Apokalyptischen Frau" (Kuppelfresko) führt, wird in der Mittelfigur des Giebels des der Kirche vorangestellten Osttraktes des Prälatenhofes mit der von Engeln verehrten siegreichen „Immaculata" über dem Drachen am Außenbau der Kirche weitergeführt. Über den Prälatenhof hinweg findet diese achsiale Konzeption in der Mittelfigur der drei „Theologischen Tugen-

Immaculata. Giebelfigur am Osttrakt des Prälatenhofes

Joseph Ignaz Holzinger, 1733/1734) alludiert: Sie bedeuten (vom Südwesten ausgehend) acht Stufen der kirchlichen Hierarchie: den Exorzisten mit Altarkreuz, Weihwasserkessel und Buch, den Akolythen mit Lavabo und Pontifikalhandschuhen, das Bischofsamt mit Stab, Mitra und Weihrauchgefäß, den Priester mit Monstranz, den Diakon mit Altargerät, das Papsttum mit Tiara, Petrusschlüsseln und dreifachem Kreuzstab, das Lektorat mit Buch, Stola und Vortragekreuz sowie das Kardinalat (mit Kardinalshut und Patriarchenkreuz).

den" mit der über den Unglauben triumphierenden „Fides" (begleitet von „Spes" und „Caritas") am Giebel des Mittelrisalites der Winterprälatur eine schlüssige Fortsetzung im Sinne einer konsequent gedachten Sinnachse der Deutung von Maria-„Apokalyptische Frau" als personalisiert gesehen vollkommene „Kirche" und „Glauben", die über den eigentlichen Kirchenbau im Zentrum des Stiftes hinausführt und deren grundlegende Aussagen im Gesamtprogramm des Klosters verortet. Gerade auf diese wird aber nicht nur in der apokalyptischen Auslegung im Kuppelfresko (die „Apokalyptische Frau" als die „Kirche" sowie Verfolgung der „Kirche" durch den Antichristen), als „Spenderin des Heils" und Theologische Tugend „Fides" in der Apsiskalotte (mit der anbetenden Pilgerin als „Spes"), sondern auch in Gestalt der katholischen Kirche als „Heilsinstitution" in den acht Stuckemblemata der Kuppelzwickel (ausgeführt von Franz

An den Skulpturen des Außenbaus wie im Gehalt der Fresken und der Stuckembleme erfolgt somit eine restlose Überhöhung der in der Hauptkuppel in epischer Breite ausgeführten apokalyptischen Vision durch einen allegorisch verdichteten Triumph der eschatologischen Ausrichtung der Kirche und des Glaubens, der sein motivisches und konzeptionelles Zentrum im „signum magnum" (Apk 12, 1) im Sinne der Interpretation Marias als Verwirklichung der aus Christus entströmenden Kirche besitzt.

Unter Abt Berthold Reisinger erfolgte im Jahr 1778 eine erste umfassende Restaurierung der gesamten Kirche, bei der die Stuckfassung farblich verändert wurde sowie die Aufsätze der Seitenaltäre, der Tabernakel des Hochaltars sowie die beiden Gemälde de Kerles in die Ausstattung integriert wurden. Zudem datiert in diese Zeit die Hauptorgel (von Anton Pfliegler, 1773) mit dem vergoldeten Abtswappen Reisingers.

LITERATUR: *Egger 1981, 87f. – Egger, Die Frage nach dem Inventor, 1981 – Reichenauer 1997 – Lorenz 1999, 357f., Nr. 112 – Telesko 2003 – Margarete Lux, Trogers Maltechnik in der Altenburger Apokalypse, in: Barockberichte 2005, 661–668 – Gamerith 2006.*

Äußerer Chorabschluss und Ostfassade
Monumentaler Schlussakkord
Von Andreas Gamerith

Ostfassade mit neu gestalteter Altane 2007

Markantester Punkt der Neugestaltung des Stiftes Altenburg war sicherlich der Entschluss, dem Kloster mit der Ostfassade eine neue monumentale Hauptfassade zu verleihen. Weithin sichtbar scheint die Anlage hier ihre Arme auszubreiten, wölbt sich die Apsis aus der Mitte der über zweihundert Meter langen Schaufront. Abt Placidus verwirklichte hier mit seinem Architekten Munggenast eine eindeutige Neuausrichtung des Klosterkomplexes. Bis dahin hatte die auch von Vischer Ende des 17. Jahrhunderts publizierte Ansicht des Klosters von Süden das Stift geprägt – mit einer langgezogenen, additiven Fassadenfront und den übereinanderliegenden fünfachsigen Arkadengängen. Nun trat sie den Vorzug an die Ostfassade ab.

Sein die Landschaft prägendes Gesicht verlor die Ostseite durch die Erweiterung des Dorfes

Altenburg, bei der die Sicht auf das Stift heute nicht mehr dominant gegeben ist. Eine Verminderung der einstigen Wirkung liegt auch an der veränderten Farbgebung der bis in die 1970er erhaltenen originalen Polychromie: Munggenast kontrastierte die langgestreckten Trakte mit ihrer filigranen, gelb-ockerfarbenen Stuckzier auf weißem Grund mit der kräftig hervortretenden Kirchenapsis. Die Massigkeit dieses Mittelrisalits suchte der Architekt zu mildern, indem (teils gemalte) Fenster die geschlossenen Wandflächen in Öffnungen aufbrachen und gemalte Faschen die Großflächigkeit untergliederten. Hier mag die Kenntnis der luftig geöffneten „Lustgartengebäude" Johann Bernhard Fischer von Erlachs anregend auf Munggenast gewirkt haben, wenngleich Fischers visionäre Architekturphantasien natürlich an den beschränkenden Vorgaben der gotischen Altenburger Apsis scheitern mussten und auch durch das mehr Hildebrandt verpflichtete dekorative Bestreben des Architekten – wie es sich etwa im Schweifgiebel äußert – nur in geschwächter plastischer Durchbildung verarbeitet wurden. Bemerkenswert an der von Munggenast vorgebrachten Lösung ist sicher das zelebrierte Absetzen des vortretenden Mittelteils von den Rücklagen, sodass nicht zuletzt diese Dissonanzen den Reiz des langgezogenen Baus ausmachen.

Im Aufriss der Apsis folgt zwei übereinanderliegenden Arkadengängen ein von drei Ovalfenstern gegliedertes Geschoß, bei dem steile Voluten zu einem geschweiften Giebelaufsatz überleiten. Dem dynamischen Aufwärtsdrang der an den Ecken angesetzten Pfeiler, deren gotischer Ursprung selbst in der barocken Umhüllung spürbar bleibt, setzt der Architekt eine horizontale Untergliederung mit kräftigen Gesimsen und Balustraden entgegen, deren Figurenbesatz die konzeptuelle Aussage des Baukörpers übernimmt.

Das Programm der Apsis, von der Altane aus „lesbar", projiziert die programmatische Summe des Altenburger Konzepts, wie sie im Inneren der Kirche gezogen wird, nach außen. Die Möglichkeit, an dieser Stelle eine zweite Kirchenfassade zu installieren – man denke an Hildebrandts zeitgleich

Apsis der Stiftskirche

entstandene Gestaltung der Göllersdorfer Pfarrkirche oder den Turm der Dürnsteiner Stiftskirche – wird nicht aufgegriffen. Leider ist die abschließende Bekrönung der Apsis, auf die zwei Engel verweisen, bis auf das Podest verloren gegangen. Ob darauf ein Kreuz, ein Herz, die Altenburger Rosen oder, wie in der 2006 unternommenen Rekonstruktion, Kelch und Hostie zu sehen waren, bleibt Spekulation. In drei Zonen wird die im gesamten Gebäude verherrlichte Tugendentrias wiederholt; zugleich werden die Allegorien als Hüter des Klosters vor allem Unheil thematisiert. Auf den Steilvoluten sitzen in Tücher gehüllte Matronen, die mit Schilden Sonne und Mond sowie die Gestirne verkörpern, und ein Sinnbild der Erde mit Mauerkrone. Sie haben je einen Arm abwehrend erhoben und schirmen von allen Seiten drohenden Schrecken ab. In den Bogengängen des untersten Geschoßes bedeuten die Grabmäler der Äbte und Wohltäter – wohl aus der alten Stiftskirche hierher versetzt – den Schutz des Hauses vor Gefahren der Unterwelt. Im Hauptgeschoß versinnbildlichen

OBEN: *Putti mit Kelch und Hostie*
RECHTS: *Skulptur an der Apsis der Stiftskirche*

Soldaten in römischer Tracht (ursprünglich mit Lanzen) „Mäßigung", „Weisheit" und „Liebe". Der Mäßigung ist das „archipendolo", das Lot, beigegeben, das von einer Inschrift kommentiert wird: „Protulit et retulit" – „es hat sich vor und zurückbewegt", was auf den gezeigten Ruhezustand des Pendels anspielt: die Mäßigung, wie das senkrecht zwischen den Schenkeln hängende Lot, kennt keine Extreme. Dem zentral aufgestellten Wächter, welcher der „Liebe" zuzuordnen ist, ist eine ursprüngliche (Metall?-)Applikation über dem Herzen verloren gegangen, sodass nur mehr die dafür im Stein angebrachte Vertiefung zu sehen ist. Auf sein Herz bezogen kündet das Lemma: „Munit et unit" – „es macht fest und eint", ein Motto, das an die Concordia-Gruppe über dem Eingang gemahnt. Der der Bibliothek zugewandte Römer weist lediglich einen Rundschild auf. Die Beischrift „Gaudet et audet" – „er freut sich und wagt" – ist für sich allein genommen nicht verständlich, ergibt aber, um das Wort sapere ergänzt das (später auch von Kant verwendete) Humanistenwort „Sapere aude!" sowie seine Abwandlung „Sapere gaude!": Habe Mut, Dich Deines Verstandes zu bedienen! – Erfreue Dich Deines Verstandes!

LITERATUR: *Egger, Bilderwelt, 1981, 86 – Zajic 2000.*

IV.
DAS KLOSTER HEUTE

Das Klosterleben im beginnenden 21. Jahrhundert

Bemühungen für Seelsorge, Kultur und Natur

Von Albert Groiß

Die Feier der Abtsbenediktion von Christian Haidinger OSB am 11. September 2005 wurde zu einem ganz besonderen Festtag. Der aus Kremsmünster in Oberösterreich postulierte Generaldechant der Diözese Linz, geistliche Assistent der Katholischen Frauenbewegung Österreichs, langjährige Vorsitzende der Cursillo-Bewegung Oberösterreichs und Pfarrer von Buchkirchen bei Wels erwartete neben den Freunden und Angehörigen der Altenburger Stiftspfarren viele Gäste zur Feier: So wurde erstmals in der Geschichte des Klosters die Liturgie der Benediktion im Prälatenhof des Stiftes und nicht in der Stiftskirche selbst, die viel zu klein geworden wäre, gefeiert. Ein „Mega-Event" für den zwölfköpfigen Konvent von Altenburg, eine kirchliche Großveranstaltung für Altenburg mit seinen sechs Stiftspfarren in einer Zeit, wo man auch in Diözesen und bei Papstmessen vorbildhafte Gottesdienste in großem Rahmen organisiert. Bei der Benediktion im Rahmen einer Eucharistiefeier blickte Altbischof Maximilian Aichern in seiner Predigt auf die Geschichte des Klosters Altenburg und den Werdegang des neuen Abtes zurück, Alt-Abt Bernhard Naber übergab seinem Nachfolger den über 800 Jahre alten Hirtenstab aus Elfenbein und der benedizierende St. Pöltner Diözesanbischof DDr. Klaus Küng prägte in seinen Schlussworten einen Begriff, der hier für die Sendung des Klosters heute stehen soll: Altenburg müsse ein „Kraftwerk" sein, ein „geistliches Kraftwerk für die Menschen im Waldviertel"!

Wie zeigt sich dieses „geistliche Kraftwerk" im Konkreten? Die Benediktiner von Altenburg versuchen in Kapitelsitzungen und bei Gemeinschaftstagen eine Übersetzung dieses Begriffes.

DAS KLOSTER ALS GEISTLICHES ZENTRUM

In den neuen Satzungen der Österreichischen Benediktinerkongregation, die am 8. Dezember 2006 in Kraft traten, heißt es:

Ziel des Lebens und Wirkens einer klösterlichen Gemeinschaft ist die Verherrlichung Gottes. Dabei verstehen die Benediktiner ihr Kloster als Zentrum. Ihr Beten, Arbeiten und Studieren, ihr Gottes- und Menschendienst hat hier seine Mitte. Mit dem Primat von Gebet und Gottesdienst gibt der hl. Benedikt einer auf Aktion ausgerichteten Zeit wesentliche und richtungweisende Impulse. Von der Liturgie her kommend, widmen sich die Mönche der Arbeit. So wird ihre Tätigkeit erst fruchtbar. […]

Die erste Aufgabe eines Klosters besteht in der Verherrlichung Gottes, ferner in der Ausbildung von

Persönlichkeiten, die fähig sind, in Gemeinschaft zu leben. Allein durch sein Dasein als geistliches Zentrum wirkt das Kloster an der Pastoral der Kirche auf die ihm eigene Weise mit.

Der Altenburger Konvent besteht aus 13 Mitgliedern. Im Kloster selber leben zehn Brüder, vier davon sind Priester. Auf den Stiftspfarren Horn, Maria Dreieichen und Röhrenbach lebt je ein Konventuale als Pfarrer.

Um die Sendung der Klöster zu gewährleisten und den Erfordernissen und Aufgaben der Kirche in unserer Zeit gerecht zu werden, ist die Gewichtung alter und neuer Aufgaben zu überprüfen; es bedarf der Bereitschaft, traditionelle Arbeitsgebiete gemäß den folgenden Kriterien neu zu ordnen oder zu vermindern und für neue pastorale Aufgaben offen zu sein.

In den Aufgabenbereichen eines Benediktinerklosters gibt es eine klare Reihung, die zwar keine Aussage über den Wert eines von einem Bruder geleisteten Dienstes trifft, wohl aber die Prioritäten klar stellt, nach denen bei Personalentscheidungen vorgegangen werden soll.

a) Das Kloster muss konkretes Zentrum des Lebens der Gemeinschaft sein: Hier verrichten die Mönche in feierlicher und ansprechender Weise den Gottesdienst, hier ist für jeden Bruder Gemeinschaft erfahrbar und lebbar.

b) Sodann wollen die Mönche für die Menschen da sein können, die das Kloster aufsuchen. Liturgie, Beichtdienst, seelsorgliches Gespräch und das Angebot für Tage der Einkehr gehören ebenso zu diesem Aufgabenbereich wie die Schulen und Internate, die von den Klöstern geführt werden.

c) Zu den Aufgaben in einem weiteren Sinn gehört auch, die Mitarbeiter, die für das Kloster im Haus, in den Betrieben, in den Schulen tätig sind, zu betreuen. Auch ihnen sollen die Quellen erschlossen werden, aus denen die Mönche selbst leben.

d) Schließlich haben wir auch Aufgaben außerhalb des Klosters, die uns historisch zugewachsen sind und die wir übernehmen bzw. weiter tragen, soweit wir es können: Seelsorge in Pfarren, wissenschaftliche Tätigkeit und Ähnliches.

Ein großes geistliches Geschenk für Mönche

Abtsbenediktion am 11. 9. 2005

und Gäste ist der geordnete Tagesablauf gemäß den vom hl. Benedikt vorgegebenen Schwerpunkten. Ziel ist ein „Beten ohne Unterlass". Der Rhythmus des Tages bietet Ruhe, Freiraum und Möglichkeit der Entfaltung für den Einzelnen und die Gemeinschaft.

Der Tagesablauf bestimmt den Alltags-Rhythmus – ein gewöhnlicher Wochentag hat in Altenburg folgende Struktur:

6.00 Vigil und Laudes
6.45–7.15 Zeit für persönliche Lectio und Meditation
7.15 Konventmesse in der Stiftskirche
7.45 Frühstück im Frühstückszimmer
8.15–12.00 Arbeitszeit
12.00 Mittagshore (Terz und Sext / Non)
12.20–13.00 Mittagessen im Refektorium
13.00–14.00 Mittagspause
14.00–17.00 Arbeitszeit
17.30 Vesper
18.00–18.30 Abendessen im Refektorium
18.30–19.00 Rekreation im Rekreationszimmer oder auf der Loggia
19.00 Komplet, anschließend Zeit zur freien Verfügung, Stille, Nachtruhe

Von Ostern bis Allerheiligen wird die Stundenliturgie „in edler Einfachheit" (Lumen Gentium 34) in der Stiftskirche gefeiert, auch Tagesgäste nehmen im Sommer „in der Mitte des Tages" die Möglichkeit wahr, der Psalmenrezitation der Mönche zu lauschen oder aktiv mitzubeten. Zur Vesper kommen viel weniger Gäste – meist nur jene, die für einige Tage Stille finden wollen oder einen Kurs im Gästehaus besuchen. Teile der Stundenliturgie (wie Hymnen, Cantica, Responsorien, Benedictus und Magnificat) werden immer gesungen, an den Sonntagen und Hochfesten auch die Psalmen der Vesper. Ansonsten werden die Psalmen wechselseitig rezitiert. In der Winterperiode beten die Benediktiner von Altenburg gemeinsam in der „Chorkapelle", einem Raum mit einer Renaissance-Stuckdecke und einem frühbarocken Chorgestühl wohl noch aus der Vorgängerkirche von 1680. Seit 1995 sind dort im Stift gemalte neue russische Ikonen „Fenster in die Ewigkeit".

Ruhe, Sammlung und Ungestörtheit, die uns die Klausur bietet, sind für das geistliche Leben notwendig. Die Klausur schützt die Privatsphäre der Gemeinschaft und des Einzelnen.

Der Klausurbereich des Klosters beginnt hinter der Chorkapelle mit einem Lesezimmer und dem Ausgang auf die Loggia (Renaissancearkaden), in der die Brüder in den Sommermonaten die abendliche Rekreation in Gemeinschaft halten. Erst nach dem Zweiten Weltkrieg wurde der anschließende Raum aus derselben Bauperiode wie die Kapelle zum Refektorium, also dem Speisesaal für den kleiner gewordenen Konvent. Abt Maurus Knappek verkleinerte die Klausur und begrenzte sie auf den ersten Stock des Konventtraktes, während im Erdgeschoß heute Frühstücksküche, Speisesaal für Gäste und Gästezimmer eingerichtet sind. Über einen Speisenlift „wandern" die Speisen für den Mittags- und Abendtisch aus der Frühstücksküche ins Refektorium. Gekocht wird seit 2003 in der neu eingerichteten „Klosterkuchl" im Kaiserhof.

Vom Refektorium gelangt man über den Klausurgang in die Zellen der Mönche; die Brüder leben in einem quadratischen Zimmer als ihrem „himmlischen Jerusalem". Erst 2007 wurde eine interne Verbindung zweier solcher Zellen geschaffen, um neben dem Schlafzimmer auch Platz für eine eigene Nasszelle zu gewinnen. Ein Quertrakt führt zur Orgelempore der Stiftskirche bzw. zum Rekreationszimmer und zum Stiftsarchiv, ein weiterer Quertrakt in die Räume der Prälatur. Der Klausurgang endet mit der Hausbibliothek, in der an die 25.000 Bände vor allem des 20. Jahrhunderts stehen. Im Sommerrefektorium im Erdgeschoß essen die Mönche an ausgewählten Feiertagen oder mit bestimmten Gästen, die der Kommunität besonders wichtig sind. Die hoch gelegene Renaissance-Kanzel ermöglicht die Tischlesung ohne technische Verstärkeranlagen – neben dieser bewundern die Gäste die frühbarocken Engel der schweren Stuckdecke dieses Raumes.

Das Leben einer Gemeinschaft entfaltet sich im Alltag des Hörens aufeinander, bei den gemeinsamen Mahlzeiten, in der Sorge um das Wohl der Gemeinschaft und des Einzelnen, im liebevollen, aufmerksa-

Klausurgang

men Umgang miteinander und in der Zeit, die die Brüder einander absichtslos schenken. Der gute alltägliche Umgang miteinander ist Zeugnis für ein Leben der Liebe und des Glaubens. Immer dort, wo zwei oder drei Brüder im Namen Christi versammelt sind, wo sie miteinander leben, sprechen, beten und arbeiten, ist der Herr mitten unter ihnen.

Novizen leben heute natürlich im Bereich der Brüder und nehmen an den Gebets-, Lesungs- und Arbeitszeiten wie alle Mönche teil. So gelingt am ehesten das Kennen lernen der Gemeinschaft und ihrer Lebensweise unter „Regel und Abt" (RB 1). Unter der „regula" versteht man die Regel des hl. Benedikt von Nursia – inspiriert von den Büchern der Heiligen Schrift und den Vätern (vgl. RB 73) – interpretiert in den Satzungen der Österreichischen Benediktinerkongregation und den „Consuetudines" (Bräuchen) der Gemeinschaft vor Ort. Der Abt ist die „verlebendigte" Regel, der „Übersetzer" der Regel ins Heute, er handelt im Namen Christi und wird als Stellvertreter Christi geglaubt („vices Christi agere" RB 2).

Auch der Abt soll sich um persönlichen Kontakt mit seinen jüngsten Brüdern bemühen. Er und andere geeignete Mönche arbeiten nach Absprache mit dem Novizenmeister am Unterricht der Novizen mit. Alle sollen den jungen Brüdern durch Wort und Beispiel zu helfen suchen. Durch dieses gemeinsame Bemühen soll es den Kandidaten und Novizen erleichtert werden, das benediktinische Leben besser zu verstehen und in die Gemeinschaft hineinzuwachsen.

Die Wahl eines Abtes durch die Gemeinschaft der Brüder sieht bereits die Benediktsregel im Kapitel 64 vor. Er und sein Prior – doch auch jeder Einzelne – ist für ein gelingendes Gemeinschaftsleben unter den Brüdern verantwortlich. Daher sind außerhalb des Alltags „Gemeinschaftstage", WIR-Tage, die Feier von Namenstagen oder persönlicher Jubiläen, gemeinsame Konventausflüge, Pilgerfahrten oder Urlaubstage in Kleingruppen wichtig. Auch der „freie Tag", der jedem Bruder zusteht, dient der Liebe zu den Brüdern und dem Auftanken für die Arbeitsbereiche, die oft sehr drängend und intensiv sein können.

Abtwahl 2005 im Kapitelsaal

Kraft und Zusammenhalt der klösterlichen Gemeinschaft kommen in erster Linie aus der im lebendigen Glauben angenommenen Berufung durch den Herrn sowie aus dem gemeinsamen Leben und Tun. Gemeinschaftsleben fordert von allen Brüdern Zeit und Kraft. Es darf nicht zugunsten der Arbeit vernachlässigt werden. Die Treue zur Lebensordnung auch im Kleinen ist ein Zeichen der Solidarität mit allen Brüdern. Deshalb sollen alle meiden, was die Gemeinschaft trennt oder belastet, und pflegen, was sie verbindet und stärkt.

Dass mehrere Brüder Arbeiten und Aufgaben gemeinsam übernehmen, soll gefördert werden. Wie das gemeinsame Gebet ist auch die gemeinsame Arbeit ein Zeichen des Gemeinschaftslebens und ein Zeugnis für gelingende Gemeinschaft.

Das Kloster bemüht sich um soziales Engagement und hat dafür ein jährliches Budget reserviert. Während des bosnisch-serbischen Krieges wurden sieben Flüchtlingsfamilien in den Räumen der sogenannten Jugendherberge versorgt, später in eigenen „Containern", die im Stiftspark aufgestellt wurden. Über die Aktion „Horn hilft Riga" entstand die Aktion „Altenburg hilft Lettland". Neben den jährlichen „Pastoralbesuchen" von Abt Bernhard vor Ort werden auch Multiplikatoren ins Stift eingeladen, um sich in katechetischen und pädagogischen Fragen weiterzubilden. 34 Lastkraftwagen und 46 Bahnwaggons an Hilfsgütern wurden bereits nach Lettland gebracht, finanziert wurden Schulen, Ausbildungsstätten und Straßenkinderheime. Doch auch kleinere Ansuchen im In- und Ausland werden von der Kommunität unterstützt, so wurden beim katastrophalen Kamp-Hochwasser im Jahr 2002 ohne lange Diskussionen allein stehende ältere Menschen aus Kamegg und Gars im Stift so lange beherbergt und versorgt, bis deren Wohnungen wieder benutzbar waren.

PFARRSEELSORGE ZU BEGINN DES 21. JAHRHUNDERTS – EINE BESTANDSAUFNAHME

Eine erste Pfarrorganisation im Horner Becken scheint erst nach 1041, dem Jahr der Eroberung der Slawenfestung auf der Holzwiese bei Gars-Thunau, möglich. In der Stiftungsurkunde für St. Nikola bei Passau von 1067 (recte 1138/1139) werden bereits die Kirchen von Neukirchen, Röhrenbach, Mold, Riedenburg und Strögen erwähnt. Die Kirche von Horn bestand ebenfalls schon zu dieser Zeit und ist die erste und einzige Pfarre, die schon bei der Gründung 1144 an das Kloster Altenburg kam. Allerdings musste das Benediktinerstift Altenburg am 1. Juli 1399 das Patronat Horn und das Besetzungsrecht an Leutold von Maissau gegen das Patronat der Pfarre Stiefern vertauschen. Erst 1689 bzw. 1694 gelang die endgültige Inkorporation von Horn.

In der Mitte des 11. Jahrhunderts bildete das Horner Becken ursprünglich eine besitzmäßige und auch pfarrliche Einheit, soweit man in dieser Zeit überhaupt schon von Pfarren reden kann. Doch lassen sich weder die ursprüngliche Mutterkirche (Horn oder Strögen) noch die Art der Aufteilung erschließen. In der Besitzerfamilie der Poigen-Rebgau kam es offensichtlich zu mehreren Besitzteilungen, die aber wegen der dünnen Quellenlage nicht mehr nachvollzogen werden kann.

Wurden Pfarren erst seit dem späten Früh- und Hochmittelalter aus finanziellen Gründen an Benediktinerklöster übergeben, so entwickelte sich im Laufe der Zeit meist eine immer engere Bindung zwischen dem Kloster und den übergebenen Pfarren – egal, ob es sich um ein Patronat oder eine Inkorporation (in allen kirchenrechtlichen Differenzierungen) handelte. Auch Altenburg erwarb neben den inkorporierten Pfarren Besitzungen und versuchte vor allem seit dem 17. Jahrhundert, die

Pfarren mit eigenen Mitbrüdern aus dem Konvent zu besetzen. Eigene Konventualen konnten als Vikare nur auf die Pfarren gesandt werden, wenn die Klostergemeinschaft entweder groß genug oder sehr arm war und keine „plebani" (Leutepriester) bezahlt werden konnten.

Zur Zeit sind sechs Pfarren dem Stift inkorporiert, dies entspricht weitgehend dem Stand von 1300: Altenburg, Horn, Maria Dreieichen, Röhrenbach, St. Marein und Strögen-Frauenhofen. Im Laufe der Geschichte des Klosters gab es auch Beziehungen zu folgenden Pfarren: Aigen, Asparn an der Zaya, Dietmannsdorf, Ludweis, Messern, Oberretzbach, St. Margarethen an der Sierning, Stiefern und Zöbing.

Man kann beobachten, dass seit dem 17. Jahrhundert vor allem ältere, verdiente Konventualen nach Jahren im Kloster auf die Seelsorgsposten der Stiftspfarren gestellt wurden, auch in kleinen Gemeinschaften. Zur Zeit leben drei Mitbrüder als Pfarrer in den Pfarrhöfen von Horn, Maria Dreieichen und Röhrenbach. Die Stiftspfarre Altenburg wird natürlich vom Kloster aus betreut, die Pfarren Strögen-Frauenhofen und St. Marein werden von einem Mitbruder excurrendo vom Kloster aus geleitet. Der Pfarrhof in Strögen ist samt den Wirtschaftsgebäuden von der Dorferneuerung und als Jugendlager genutzt, der Pfarrhof (Schloss) St. Marein ist in zwei Wohnungen geteilt, die vermietet sind.

Die Pfarrseelsorge ist in den österreichischen Klöstern eine historisch gewachsene Aufgabe. Sie ist Arbeit am Reiche Gottes. Doch darf sie nie so umfangreich sein, dass das Leben der Kommunität darunter dauernd leidet.

Die monastische Lebensweise des Pfarrseelsorgers soll in seinen pastoralen und liturgischen Bemühungen sichtbar werden. Es sei seine besondere Sorge, geeignete Leute für den Ordens- und Priesterberuf zu finden und zu fördern. Er soll den Kontakt der Pfarrangehörigen mit dem Kloster fördern. Ihnen soll die Verbundenheit von Kloster und Pfarre bewusst werden.

Eine große Ressource sehen die Altenburger Benediktiner im Umstand, dass die Stiftspfarren in einem Radius von maximal zwölf Kilometern um das Stift liegen und innerhalb weniger Minuten mit dem Auto erreicht werden können.

Horn ist heute Bezirksstadt mit dem Waldviertel-Klinikum und dem Stephansheim (Altenheim). Nebst der St. Georgskirche gibt es die alte St. Stephanskirche am Friedhof und die Kirche des Piaristenkollegs. Die Pfarre zählt aktuell 5149 Katholiken.

Altenburg ist ein Dorf mit 733 Katholiken und betreut als Zweitkirche Fuglau. Das Gebiet der Pfarre Strögen-Frauenhofen mit zwei Kirchen ist wegen der Lage in Frauenhofen eine wachsende Pfarre und hat 519 Katholiken. St. Marein als alter Wallfahrtsort ist für 526 Katholiken verantwortlich, Röhrenbach für 502. Die Wallfahrtspfarre Maria Dreieichen entstand erst im 18. Jahrhundert aus den ehemaligen Pfarren Rietenburg und Mold und hat heute 557 Katholiken.

Die pastoralen Beziehungen im „Seelsorgeraum Altenburg", also der Stiftspfarren zum Stift, sind vielfältig: Jährlich feiert man das Hochfest des hl. Benedikt am 21. März mit einem Festgottesdienst, dem der Abt des Nachbarstiftes Geras vorsteht und das Hochfest des Klosterpatrons Lambert Mitte September, dem der Abt des Zisterzienserklosters Zwettl vorsteht. Jeweils eine Pfarre ist ausgewählt, die die Liturgie (Kirchenmusik, Lektoren, Fürbitt-Texte etc.) und die anschließende Agape vorbereitet. Bei Firmgottesdiensten oder Aushilfen kommt der Abt auf die Stiftspfarren, ebenso bei Festgottesdiensten anlässlich von Jubiläen etc. Natürlich werden auch sonstige Aushilfen bisweilen über das Stift organisiert (Begräbnisse, Orgeldienste etc.). Zum Tag der „Geistlichen Berufe" pilgert jährlich die Pfarre Horn zu Fuß ins Stift, auch Ministrantenausflüge oder Ausflüge von pfarrlichen Gruppen führen zu den Jahresausstellungen oder in den Weinkeller ins Stift. Verbindendes schaffen die „Neujahrsparty" im Stift mit den Haushälterinnen, Pastoralassistentinnen und Pastoralassistenten, weiters Pilgerreisen, Auftritte der Altenburger Sängerknaben oder die monatliche Jugendvesper in der Ikonenkapelle. Vertiefungen des geistlichen Profils der Stiftspfarren sollen durch Advent- und Fastenimpulse, Glaubensabende, Angebote wie „Exerzitien im Alltag", Klausurtage für Pfarrgemeinderäte oder Events für Firmlinge angeboten werden. So kann das Kloster noch deutlicher als geistliches „Kraftwerk" und Zentrum wahrgenommen werden und in die anvertrauten Stiftspfarren „ausstrahlen"!

TOURISMUS ALS PASTORALE CHANCE

„Gäste fehlen im Kloster nie." (RB 53,16) weiß schon der hl. Benedikt. Einzelreisende und organisierte Gruppen entdecken seit den 1960er Jahren immer mehr auch Klöster als Kraftquellen, Wallfahrtsorte, Stätten der Begegnung und Orte der hohen Kunst. Konnte ein Gastpater früher jeden Besucher persönlich durch Bibliothek und Schatzkammer führen, macht man sich heute Gedanken über Besucherleitsysteme, graphische Gestaltung von Dokumentationstafeln und Rahmenerzählungen für Audio-Guides. Das Kloster sieht auch im Touristen einen Gast, der ins Kloster kommt, um Gott zu suchen. Je nach Zeit und Intensität einer möglichen Auseinandersetzung mit den wesentlichen Fragen

Was ist der Mensch?
Was ist Sinn und Ziel unseres Lebens?
Was ist das Gute, was die Sünde?
Woher kommt das Leid, und welchen Sinn hat es?
Was ist der Weg zum wahren Glück?
Was ist der Tod, das Gericht und die Vergeltung nach dem Tode?
Und schließlich: Was ist jenes letzte und unsagbare Geheimnis unserer Existenz, aus dem wir kommen und wohin wir gehen? (Nostra aetate 1)

versuchen die Verantwortlichen in der „Tourismusabteilung" das Angebot im Kloster zu gestalten. Die Themen von wechselnden Jahresausstellungen sind unterschiedlich und versuchen über ungewöhnliche Ansätze wie Archäologie, Garten oder kunsthistorische Themen den Gast mit Themen der Bibel, des Mönchtums oder der Weltreligionen zu konfrontieren.

Das Kloster selbst, die lebendige Gemeinschaft der Brüder und die kulturellen Gegebenheiten des Hauses eröffnen viele Möglichkeiten für die außerordentliche und kategoriale Seelsorge. Die Gemeinschaft bildet den tragenden Rahmen für die Verkündigung des Evangeliums durch einzelne Brüder.

Folgende Themen wurden in den letzten 15 Jahren bei Sonderausstellungen in den verschiedenen Teilen des Stiftes auch pastoral aufgearbeitet:

1994: Das Alte Kloster. Baukunst und Mönchsleben im mittelalterlichen Altenburg (Kreuzgang und Regularräume)

1998: Paul Troger. Der Maler des Himmels (Deckenfresko der Kaiserstiege, Kaiserzimmer, Stiftskirche)

1999: Mönche – Maurer – Maler (Deckenfresko der Kaiserstiege und Kaiserzimmer)

2000: Fundort Kloster. Archäologie im Klösterreich (Sala terrena, Veitskapelle, Kreuzgang)

2001: Fundort Stephansdom (Krypta)

2002: Archäologie im Klösterreich (Sala terrena, Veitskapelle, Ausgrabung auf der Altane, Kreuzgang)

2003: Bibliothek. Die begehbare Bibel (Schöpfungsgarten, Sakristeigang, Bibliothek)

Schüler bei einer Bibliotheksführung

2004: Vor dem Angesicht der Engel … (Sakristeigang, Vorhalle zur Bibliothek, Vorhalle zur Krypta, Altes Kloster)
2006: Garten der Religionen (Stiftspark, Salettl)
2006: Placidus Much † 1756. Bauabt des Stiftes Altenburg (Vorhalle zur Bibliothek)
2007: Innen & Außen. Gebautes & Gewachsenes. Gärten und Gartensäle im Stift Altenburg (Sala terrena, neuer Apothekergarten, Altane)

Der Tourismus wird als „Kanzel" für Menschen, die keine Sonntagspredigt mehr hören, gesehen – rund 50.000 Besucher nehmen dieses Angebot jährlich wahr!

Immer wichtiger werden Vernetzungen mit Partnerbetrieben: Das Stift Altenburg gehört zu den Gründungsmitgliedern der Vereinigung „Klösterreich" (seit 1997), Abt Christian Haidinger ist seit 2006 der dritte „Klösterreich-Abt".

„Klösterreich" ist eine lebendige Gemeinschaft von Klöstern, die

– ihre Schätze zeigen – Kultur
– zum Mittun einladen – Freude
– ins klösterliche Leben aufnehmen – Sinn.

So laden 21 Klöster in Österreich, Tschechien und Ungarn zu Themenwegen wie Malerei, Musik, Bibliotheken, Gärten, Gesundheit, Wein, Kloster auf Zeit etc. ein.

Altenburg ist weiters Mitgliedsbetrieb der Kamptalgärten, der Gartenplattform Niederösterreich und Teil der Erfahrungsaustauschgruppen „Burgen, Stifte und Schlösser im Waldviertel" und der „TOP-Ausflugsziele in Niederösterreich".

DAS KLOSTER ALS KULTURKOMPETENZZENTRUM

Mit der Gründung des Sängerknabeninstituts im Jahr 1961 wurden die Tore für Musik und Schauspiel geöffnet. Die barocken Säle der Bibliothek, Krypta, Marmorsaal oder der Kaiserzimmer boten sich für derartige Veranstaltungen an. Mit dem Einbau der Klima- und Heizanlage in die Stiftskirche können nun auch über die Sommermonate von Juni bis September hinaus (sakrale) Konzerte zur Aufführung kommen.

Die Klöster waren immer Zentren kulturellen Lebens. Auch heute werden viele Menschen durch dieses Erbe angezogen. Kunstschätze und kulturelle Aktivitäten können interessierten und suchenden Menschen Gott erfahrbar machen.

1979 wurde unter Abt Bernhard Naber das „1. Internationale Kammermusik Festival Austria" in der Bibliothek des Stiftes eröffnet, seither finden alle großen Konzerte von „Allegro Vivo" unter Bijan Khadem-Missagh in der Stiftsbibliothek von Mitte August bis Mitte September statt.

Die „Sommerspiele Stift Altenburg" begannen mit Sprechtheater unter Intendant Dieter O. Holzinger im Jahr 1987 mit Hecastus von Hans Sachs und spielen seither an drei Wochenenden jeweils ab Mitte Juli in der Bibliothek oder Krypta des Stiftes als Teil des „Theaterfestes Niederösterreich". Der derzeitige Intendant Michael A. Mohapp überlegt, ob nicht auch der „Kulturstadl" beim „Garten der Religionen" für sommerliche Aufführungen sehr geeignet wäre.

Der Pianist Robert Lehrbaumer gründete 1983 eine Musikakademie für Tasteninstrumente, die seit 1988 als „Altenburger Musik Akademie" im Marmor- und Theatersaal, in Stiftskirche und Kaiserzimmern jeweils Mitte Juli erklingt. Gäste erleben das Kloster als „klingendes Stift Altenburg", wenn sie durch die Höfe schlendern; Konzerte am Abend ermöglichen Schüler an der Orgel und anderen Tasteninstrumenten Höchstleistungen.

Die Altenburger Sängerknaben sind vor allem für die kirchenmusikalische Gestaltung der Konvent- und Pontifikalämter an Sonntagen und Hochfesten verantwortlich, zusätzlich laden sie auch jährlich am dritten Advent zum „Advent im Stift Altenburg", zwei Sonntage vor Ostern zum „Passionskonzert" und Mitte Juni zum „Sommerkonzert" ein. Zahlreiche Auftritte in Niederösterreich und Wien, Platten- und CD-Aufnahmen und jährliche Konzerttourneen machen die Sängerknaben und das Sift Altenburg im In- und Ausland bekannt (2007 Rumänien, 2006 Brasilien, 2004 Spanien, 2003 Italien, 1997 Israel, 1996 Japan). Derzeitiger musikalischer Leiter ist Mag. Markus

DAS KLOSTER HEUTE

DIE „WIEDERENTDECKUNG" DER KLOSTERGÄRTEN

Mit der Gestaltung des Kreuzgartens nach der archäologischen Grabung und Rekonstruktion des gotischen Kreuzganges aus dem ersten Viertel des 14. Jahrhunderts wurde 1993/1994 ein erster neuer Garten im Stift Altenburg angelegt.

Nachdem die Mauern des Kreuzgangs 1994 mit einem „Regenschirm" überdacht waren, wurde anlässlich des 850-Jahr-Jubiläums des Stiftes auch der kleine Garten innerhalb der Vierung um den mittelalterlichen Brunnen durch den Landschaftsgärtner Leonhard Eder angelegt. Der zweite Teil des „Brunngartls", der auf dem barocken Niveau um vier Meter höher liegt, wurde im Jahr der Bibel 2003 zum „Schöpfungsgarten", er führt zu den Anfängen des Menschseins und des Kosmos und ermöglicht eine Betrachtung des eigenen Lebensweges. In der Zwischenzeit erfuhren auch die wichtigsten Höfe durch sanfte Eingriffe ihre neuen Formen: Der Prälatenhof wurde endgültig von ausgewachsenen, 25-jährigen Thujen befreit und symmetrisch mit alten Eiben und Buchsbäumen auf vier grünen Rasenfeldern gegliedert, der große Kaiserhof erfuhr eine bunte Bepflanzung um den revitalisierten Springbrunnen und Zierkirschen in Holztrögen. Mit der Neugestaltung des Johannishofes als Skulpturengarten und des Großen Stiftsparkes, der zu Pfingsten 2006 als „Garten der Religionen" eröffnet wurde, gelang nicht nur ein Qualitätssprung und eine Weichenstellung punkto Gartengestaltung für das Stift, sondern auch eine neue theologische Schwerpunktsetzung der pastoralen Aktivitäten der Benediktinergemeinschaft im Sinne des Zweiten Vatikanischen Konzils. Mit der Neuanlage eines „Apothekergarten" östlich der Kaiserzimmer mit der grotesken Sala terrena und des „Regel-Gartens" auf der Altane als Bindeglied von der mittelalterlichen Klosteranlage zur Architektur des 21. Jahrhunderts entstanden 2007 weitere neue Gartenanlagen.

Nur in politisch ruhigen und wirtschaftlich besseren Zeiten konnten seit der Barockzeit die zahlreichen Gärten neu angelegt und auch gepflegt

OBEN: *Konzert von Allegro Vivo in der Stiftsbibliothek*
UNTEN: *Konzert der Altenburger Sängerknaben*

Pfandler, die Internatsleitung haben Ernst und Maria Kugler inne.

Musikalische Heimat finden in Altenburg auch der überregionale Chor „Cappella Ars Musica" unter Maria Magdalena Nödl, das junge Ensemble „Il viaggio" des Stiftskapellmeisters Markus Pfandler und viele andere Chöre aus dem In- und Ausland, die neben Probenwochenenden auch immer wieder Aufführungen in der Stiftskirche oder Bibliothek anbieten.

werden. Aufschluss geben uns die historischen Ansichten des Stiftes, die es seit dem Frühbarock gibt:

Vom spätmittelalterlichen Klosterbau zeugen nur die zwölf Blätter aus dem sogenannten Rotelbuch A und 7 Blätter aus dem Rotelbuch B, die um 1681 hergestellt wurden und noch das Kloster aus den unterschiedlichen Himmelsrichtungen und Perspektiven vor Beginn der Barockisierung zeigen. Davor stehen die Stifter, Wohltäter und Patrone des Klosters, die Fassaden und Gärten bilden meist nur den Hintergrund der bemalten Pergamentblätter. Hatten ab dem Klosterplan von St. Gallen im 9. Jahrhundert die Klöster meist einen Gemüsegarten („hortus"), Kräutergarten („herbularius") und einen Obstgarten („pomarium"), so zeigt das Rotelbuch A am Blatt 11 „ab Occidente" den Konventgarten als Obstgarten und das Blatt 12 ab Oriente vielleicht nordöstlich der Veitskapelle einen Kräutergarten, an dem wieder (Obst-)Bäume anschließen. Ein Gemüsegarten kann im Bereich des heutigen Gästegartens und im Bereich des Wirtschaftshofes angenommen werden.

Ein Stich von Georg Matthaeus Vischer aus dem Jahr 1672 ist zwar etwas älter, doch bildet er das Scharnier für den Übergang zur barocken Klosteranlage: Noch ragt das mittelalterliche Abtshaus steil über den Felsen der heutigen Altane, doch der neue Konventtrakt mit der neuen Loggia (ab 1651/1652) und der davor liegende Konventgarten mit großen Beeten sind fertig gestellt – als die nun neue, mächtige Schaufront des Stiftes gegen Süden!

Aus der Zeit Josef Munggenasts ist eine Totale des Neubaues unter Abt Placidus Much in Tempera auf Pergament der nächste Zeuge. Es fehlt eine genaue Jahresangabe (1733?), am Schriftband ist zu lesen: „Prospectus novae structurae Monasterii Altenburgensis". Das Original ist seit 1975 nicht auffindbar, es gibt aber ein Foto dieser Zeichnung. Nur der Konventgarten ist als Rekreationsgarten durch geschnittene Hecken und Rundbeete gestaltet, die sichtbaren Hof- und Gartenflächen mit ihren Brunnen sind nicht bepflanzt. Liegt dies daran, dass es sich nur um die Planung des Gebäudeprospektes Munggenasts handelt und der Konventgarten schon früher angelegt worden ist? Oder sind die Höfe und die Altane nur als Kiesflächen geplant? Es heißt, dass die Nachfolger Abt Placidus Muchs (1715–1756), nämlich Abt Justus Stuer und Abt Willibald Palt das fertig stellen wollten, was rund um die neuen Stiftsgebäude noch nicht vollendet war. Unter Willibald Palt wurden wirklich erst der Johannishof und der Große Stiftspark um 1765 mit einer Mauer umgeben.

Als Titelblatt eines kleinen Stiftsführers aus dem Jahr 1950 verwendet P. Gregor Schweighofer einen wohl stilisierten Stich Anno 1740, ohne nähere Angaben des Originals zu machen. Die Datierung ist sicherlich nicht richtig, da die Mauern um den Großen Stiftspark erst um 1765 gebaut wurden. Die Vogelperspektive von Osten ermöglicht den Einblick in alle Gärten: Der Konventgarten in drei Etagen gegliedert scheint Nutzgarten für die klösterliche Küche zu sein, der Apothekergarten mit drei Einzelbeeten für die Ziehung von Heilkräutern, der Große Stiftspark mit Salettl (Lusthaus), Brunnen, Orangerie und symmetrisch angelegten Doppelquadrat als Ort der Erholung (Rekreation) für die Mönche. Erst auf den nächsten beiden Kupferstichen von Abt Honorius Burger sind rund 100 Jahre später wieder die Gärten zu sehen: Auffällig ist, dass auf diesen beiden der Konventgarten für die klösterliche Erholung (Rekreation) gestaltet ist, der Apothekergarten östlich des Kaisertraktes mit kleinen rechteckigen Beeten für die Kräuter zu medizinischen Zwecken (Heilung) und der Große Stiftspark mit Orangerie, Glashäusern, Salettl, Brunnen, Gemüsebeeten,

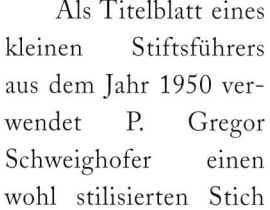

Kupferstich von Georg Matthaeus Vischer von 1672

Hecken, Obstbäumen wohl für die Nahrungsherstellung, doch auch für die Erholung diente. Die Nutzungskonzepte scheinen sich zwischen Konventgarten und Park in diesen 100 Jahren verschoben zu haben, doch die barocke Dreiteilung der klösterliche Gärten: Nahrung – Heilung – Rekreation scheint zu bleiben.

Einen weiteren Einblick in die Altenburger Gärten gibt der Franziszeische Kataster von 1823. An Gärten sind hier der Stiftspark, der Konventgarten, der Apothekergarten, der Prälaten- und Gästegarten mit den Wegesystemen und Bäumen in Grün ausgezeichnet; die Höfe wie der Johannishof, Prälaten-, Kaiser-, Wirtschafts- und Kirchhof sowie der Brunngarten und die Altane sind ohne Grün dargestellt. Auffallend ist die Nord-Süd Allee im Johannishof, die in Kreisen und geschwungenen Wegesystemen gepflanzten (Obst-)Bäume im Stiftspark und die zahlreichen Obstbäume im Tiergarten.

Aufschlussreich ist die 162 mal 95 Zentimeter große Lithographie von Weeser-Krell aus dem Jahr 1903. Als Vorfahre einer Luftbild-Fotographie zeigt sie die Stiftsanlage ohne Stiftspark von Westen her. Der Kaiserhof mit dem zentralen Springbrunnen ist begrünt, Eiben stehen an den Wegkreuzungen. Der Prälatengarten ist ein lang gestreckter Wandelgarten mit einem Zentralweg über die drei Etagen, der von Obstbäumen flankiert ist. Das alte Badhaus und eine Pergola aus Holz an der zentralen Wegkreuzung bilden die Gartenarchitektur und zeugen von der Nutzung als Erholungsraum. Auch der Gästegarten scheint Obstgarten zu sein. Im Johannishof finden sich große Laubbäume; die Eingangsallee im Quadrant vor dem Eingang zum Kloster beginnt mit den zwei Sphingen und endet mit den Sandstein-Allegorien der Wohltat und der Agrikultur, die seit 1850 dort aufgestellt waren. Dazwischen stehen sechs barocke Sandsteinsockeln mit Blumenkästen. Ein diagonaler Weg führt zum Eingang des Stiftparks, südlich davon liegt ein Rondell mit südländischer Sommerbepflanzung (Palme?).

Das Benediktinerstift Altenburg besticht auf den Luftaufnahmen des 20. Jahrhunderts immer wieder durch seine Lage inmitten der unberührten Wälder des Kamptales und seiner weitläufigen Park- und Gartenanlagen. Zur verbauten Fläche des „Barockjuwels des Waldviertels" von 7, 27 Hektar kommen 10, 65 Hektar Garten- und Parkflächen und 788 Hektar Wald (davon 66 Hektar Schutzwald) hinzu. Ungefähr ein Drittel dieser Gärten sind heute den Mönchen und Hausgästen des Klosters vorbehalten, so der Konventgarten, Prälaten- und Gästegarten. Alle anderen Gärten und Höfe sind für Besucher des Klosters während der Sommermonate zugänglich.

SCHÖPFUNGSGARTEN

Zum „Jahr der Bibel" wurde 2003 der Westteil des ehemaligen „Brunngartls" in den sogenannten „Schöpfungsgarten" umgewandelt, der die wichtigsten Grundthemen der biblischen Schöpfungstheologie anschaulich und „begreifbar" macht.

1) Den Garten betritt man im Bereich „Frieden & Lebensmöglichkeit", dessen Fläche den vier Elementen zugeordnet und mit einer Hecke aus Hainbuchen abgeschirmt ist. Im Zentrum dieses Bereiches steht ein Olivenbaum, der als Symbol des Friedens gilt. Es braucht mindestens eine Generation des Friedens (18 Jahre), damit vom Olivenbaum erstmals Früchte geerntet werden können. In diesem friedlichen, nach außen hin geschützten Bereich findet sich alles, was zum Leben notwendig ist – Wasser, Erde, Feuer, Luft.

Das Element Wasser ist mit einem Quellstein dargestellt, kombiniert mit blattzierenden Stauden und blassen Blüten.

Das Element Erde verkörpert ein abgesenkter Sitzplatz mit Terracotta-Kugeln, einzelnen Trittplatten und entsprechender Bepflanzung.

Das Element Feuer stellt eine Feuerstelle mit rotlaubigen und rot-orangen Blütenpflanzen dar.

Das Element Luft bilden Gräser und zartlaubige, „luftige" Stauden.

2) Ein schmaler Durchgang führt zur „Chaoshecke" (aus Baustahl, Baumstümpfen, Steinen und Metallteilen etc.), die von starkwüchsigen Pflanzen umwuchert wird. Das Chaos – Unordnung ist fixer

LINKS:
Schöpfungsgarten
RECHTS:
Personifikation des Ackerbaues im Johannishof

Bestandteil von allem – wird durch die Hainbuchenhecke vom Bereich Frieden & Lebensmöglichkeit ferngehalten.

3) Es folgt der Bereich der „Versuchung". Der Weg weitet sich zu einem Platz, in dessen Mitte ein Granatapfelbaum (Adam & Eva) umgeben von zurückweisenden, stechenden Berberitzen steht. Die Bepflanzung ist eine Kombination von verführerischem Naschobst (z.B. Erdbeeren, Stachelbeeren etc.) und stacheligen Pflanzen.

4) Der Bereich „Schöpfung & Bund" liegt im angrenzenden Kies- und Steinbeet. Inmitten dieser leblosen Steinwüste liegt eine „grüne Insel" – ein Kreis aus unterschiedlichsten Pflanzen. Das gelbblättrige Ligusterhochstämmchen verbindet sich mit Polsterglockenblumen, Brandknabenkraut, Thymian, Purpurglöckchen etc. zu einer lebendigen Oase.

5) Den Bereich „Beherrschen" bilden ein rotlaubiger Fächerahorn und kleine Blutberberitzen in einer dezenten, grünen Bodendeckerbepflanzung. Der Ahorn beherrscht das Bild, unterdrückt die Berberitzen aber nicht.

6) Den sehr persönlich gehaltenen Bereich von „Hüten & Bewahren" betritt man durch eine einfache, mit Geißblatt berankte Pergola. Eine Hängebuche steht schützend im Moorbeet über einer mit Buchs eingefassten, wertvollen Samthortensie. Der kleine abgeschlossene Sitzplatz in der Nische hinter der Eibe lädt zum Verweilen ein.

7) Der Bereich des „Heiles" („Schalom") befindet sich unter dem Nussbaum. Ein großer Sitzplatz ist von einem halbmondförmigen, apsisähnlichen Hochbeet aus Natursteinen mit integrierten Holzsitzbänken eingefasst. Ruhe und Harmonie vermittelt das leise Glucksen des Quellsteines mit ansprechender Schattenbepflanzung. Im „Schalom" warten die Gäste, die sich auf die Ausstellung einstimmen oder diese nach dem Rundgang einwirken lassen.

SKULPTURENGARTEN IM JOHANNISHOF

Im Rahmen des „Festivals der Gärten. Kamptal 2006" wurde der Johannishof als Entree zum Stift neu angelegt. Die Besucher betreten nun vom Parkplatz kommend durch eine mit Sichtbeton gestaltete Toranlage den Hof. Die Verlängerung der Hauptallee aus rund 50 Jahre alten Kirschbäumen, die vom barocken Salettl über einen modernen Nirostabrunnen in die Skulpturenallee direkt auf den Kirchturm der Klosteranlage zusteuert, wurde mit einer Granit-Stöckelpflasterung zum Haupteingang des Kloster weitergeführt. Diese Neugestaltung wurde durch den Rückbau der Straße und der früheren Parkflächen möglich. Eine Allee von Eiben, Arabesken aus Buchs und Sandsteinfiguren aus dem Jahr 1739, die Tugenden darstellen, begrüßen die Besucher des Klosters. Die „Wohltat" wird durch einen Jüngling, der Brot spendet und einen Adler zu seinen Füßen hat, symbolisiert, die „Wahrheit" stellt ein Bein auf eine Kugel, trägt Buch, Palmzweig und Griffel in den Händen. Der „Ackerbau" ist mit Ähren, dem auf einen Weinstock gestützten Sonnenrad, Sichel und Spaten dargestellt, die „Keuschheit" als verschreckt zurückweichende Frauengestalt, die „Heilkunst" mit einem Äskulapstab; die benediktinische Tugend der „Mäßigkeit" gießt Wasser aus zwei Krügen. Das Wegesystem schließt den Zierobelisken aus dem 17. Jahrhundert ein, der einst Zeiger einer Sonnenuhr war. Der Hauptweg ermöglicht den Eingang ins Stift (Pforte & Klosterladen, Marmorsaal als einstiger Empfangsraum des Abtes), Seitenwege begleiten zur „Klosterkuchl" (Gastronomie im Kaiserhof) und zu weiten Spaziergängen in den angrenzenden Wald. Engel, die der berühmte Barockmaler Paul Troger für Altenburg entworfen haben soll, begrüßen den Gast beim Hauptportal, sie strecken ihre Herzen entgegen, sie begrüßen alle Gäste im Sinne der benediktinischen, herzlichen Gastfreundschaft: Sei unser Gast!

GARTEN DER RELIGIONEN

Nach einer intensiven Diskussion mit Gartengestaltern und nach rund zwölfmonatiger Bauzeit und einer Investitionssumme von einer Million Euro wurde im Rahmen des „Festivals der Gärten. Kamptal 2006" am Pfingstsonntag 2006 der „Garten der Religionen" im ehemaligen Park des Stiftes eröffnet. Als thematisches Konzept wurde die Erklärung des Zweiten Vatikanischen Konzils über die „Haltung der katholischen Kirche zu den nichtchristlichen Religionen" namens Nostra aetate herangezogen.

Wahrscheinlich ist der Versuch der „Übersetzung" der vor 40 Jahren erstellten Konzilserklärung Nostra aetate in die Sprache von Gartenarchitektur der erste, der unternommen wurde, um die neue Haltung der Kirche zu den nichtchristlichen Religionen einem Publikum verständlich zu machen, das diesen Text des Zweiten Vaticanums nie lesen und studieren würde.

Die Grundintention der gärtnerischen Umsetzung ist jene des Konzils: Es ist Aufgabe der Kirche, die „Einheit und Liebe unter den Menschen und damit auch unter den Völkern zu fördern" (Nostra aetate 1). Damit eröffnet ein Weg der geduldigen und positiven Koexistenz der Kirche mit anderen Religionsgemeinschaften. Daraus ergibt sich die Aufforderung zur Anerkennung alles „Wahren" und „Heiligen" und die Einladung zum Dialog mit den Andersgläubigen. „Mit aufrichtigem Ernst betrachtet sie (die Kirche [A.G.]) jene Handlungs- und Lebensweisen, jene Vorschriften und Lehren, die zwar in manchem von dem abweichen, was sie selber für wahr hält und lehrt, doch nicht selten einen Strahl jener Wahrheit erkennen lassen, die alle Menschen erleuchtet. Unablässig aber verkündet sie und muss sie verkündigen Christus, der ist der Weg, die Wahrheit und das Leben (Jo 14, 6)." (Nostra aetate 2).

In der Anerkennung der religiösen Erfahrung der verschiedenen Völker, insofern sie Erfahrung einer verborgenen Macht, eines höchsten Gottes oder sogar eines persönlichen Du ist, werden in Nostra aetate der Hinduismus, Buddhismus, der Islam und das Judentum in besonderer Weise gewürdigt. Die beiden asiatischen Religionen werden nur in wenigen Absätzen mit aufrichtigem Ernst vorgestellt, die beiden abrahamitischen Religionen ausführlicher mit Hochachtung in den Artikeln 3 und 4 bedacht, da sie den alleinigen Gott, „den Schöpfer des Himmels und der Erde, der zu uns Menschen gesprochen hat" (Nostra aetate 3), anbeten. Statt der im Laufe der Kirchengeschichte entstandenen Zwistigkeiten, Feindschaften und sogar Verfolgungen mahnt die Synode, sich um Achtung und „gegenseitiges Verstehen zu bemühen und gemeinsam einzutreten für Schutz und Förderung der so-

Ölbaum im Gartenfeld des Judentums

zialer Gerechtigkeit, der sittlichen Güter und nicht zuletzt des Friedens und der Freiheit für alle Menschen" (Nostra aetate 3). In der Einheit von Lumen Gentium 16 stellt Nostra aetate 3 eine Revolution jener Sicht des Islam dar: Zum ersten Mal wird in der christlichen Theologie seit dem 7. Jahrhundert der Glaube der Muslime mit Wertschätzung als monotheistische Glaubensform anerkannt.

Besonders durch das Judentum, mit dem Gott in seinem unsagbaren Erbarmen den Ersten Bund geschlossen hat, empfängt die Kirche die Offenbarung des Alten Testamentes und „wird genährt von der Wurzel des guten Ölbaumes, in den die Heiden als wilde Schösslinge eingepfropft sind (Röm 11, 17–24)." (Nostra aetate 4). Die paulinische Israeltheologie (Röm 9–11, Eph 2) bildet die theologische Tiefenstruktur des Gesamttextes, das Verhältnis der Kirche zum Judentum ist durch die Verbundenheit in der Herkunft aus der Heilsgeschichte Israels, in den Anfängen der Kirche und in der gemeinsamen Hoffnung ausgezeichnet.

Innerhalb des christlichen Klostergartens, dessen Zentrum ein barockes Salettl bildet, wurde nun den nichtchristlichen Religionen Raum gegeben, in dem die einzelnen Religionen des Hinduismus, Buddhismus, Judentum und Islam in bekannten Formen und Allusionen dargestellt sind. Hauptgestaltungselement ist der „Weg", außerdem wird in jedem Feld auch „Wasser" als Symbol der Suche nach Gott thematisiert.

Die Mitte der Gartenfelder bildet ein einfacher Brunnen, aus dem der Mensch Wasser schöpfen kann, wenn er selbst Durst hat, Wasser mit anderen (Mensch, Tiere und Pflanzen) teilen möchte, Wasser für sein alltägliches Leben braucht und/oder sich zur Quelle des lebendigen Wassers hingezogen fühlt. Nicht von ungefähr führt Jesus mit der Samariterin bei Johannes 4 am Jakobsbrunnen das Gespräch mit der Frage, ob Gott nur auf dem Berg (Garizim) oder in Jerusalem angebetet werden müsse. Jesus antwortet: „Die Stunde kommt und sie ist schon da, zu der die wahren Beter den Vater anbeten werden im Geist und in der Wahrheit; denn so will der Vater angebetet werden. Gott ist Geist und alle, die ihn anbeten, müssen im Geist und in der Wahrheit anbeten." (Jo 4, 23f.) Wie dem Jakobsbrunnen kommt auch dem Beer-Lahai-Roi („Brunnen des Lebendigen") bei Hagar in Gen 16, 7–14 bzw. dem Brunnen Zamzam in der Nähe der Ka'ba in Mekka aus der Sicht der Muslime eine ähnliche Bedeutung zu.

Der lebendige Gott, nach dem der Mensch dürstet, ist im Alltag, bei der Arbeit, in Freud und Leid, zu finden. Denn: Der Geist Gottes ist allumfassend ohne Begrenzung durch Raum und Zeit gegenwärtig und wirksam. Er wirkt im Herzen eines jeden Menschen, der auf die Wahrheit und das Gute ausgerichtet ist und der wahrhaft Gott sucht. Der Geist gibt jedem Menschen Licht und Kraft, um auf seine höchste Berufung zu antworten, und er bietet allen die Möglichkeit, „mit dem Ostergeheimnis in Berührung zu kommen in einer Weise, die nur Gott kennt". (vgl. Gaudium et Spes 10, 15, 22)

Wichtig in der Gartengestaltung sind durch die bewusst gesetzte Wegeführung die Abgrenzung der einzelnen Religionen voneinander, doch auch die Angrenzungen und Verbindungswege zueinander: Von dem zentralen Schöpfbrunnen aus Steinen führt ein breiter Weg in den Garten des Judentums, das als Anklang an das himmlische Jerusalem als

Quadrat mit seinen zwölf Toren dargestellt ist (Ez 40, Apk 21). Feinblättriges Chinaschilf bildet die „Stadtmauer", die Form des Quadrates hebt das Judentum von allen anderen Religionsfeldern, die den Kreis oder Teile des Kreises als Grundriss haben, ab. In der Mitte wächst ein knorriger, 400 Jahre alter Ölbaum, dessen Wurzeln sich vom Wasser des Brunnens nähren und von dem ein Schössling als Zweig in den Garten des Christentums emporwächst (vgl. Röm 11, 17–24). Weitere Symbole sind ein Quellstein, aus dem Wasser entspringt (Mosesquelle nach Ex 17, 5–7), zehn Steine (Zehn Gebote als Lebensworte) u.a.

Das Christentum, das organisch aus dem Judentum emporwächst, wird mit einem in Niederösterreich geläufigen „Kalvarienberg" dargestellt, von dem das Kreuz und die barocken Statuen der Gottesmutter Maria und des Lieblingsjüngers strahlen. Dieses Kreuz aus Sandstein und das goldene, „verklärte" Kreuz auf dem Turm der Stiftskirche bilden die Klammer um den „Garten der Religionen". Die einzelnen Religionen werden dadurch nicht bewertet, sondern in ihren Beziehungsmöglichkeiten zueinander und zum Christentum dargestellt. Vom Kalvarienberg aus ergibt sich der beste (Über-)Blick auf diese Beziehungsfelder – es ist der Blick vom Standpunkt des Christen aus. Unter dem Kreuz entspringt eine Quelle, die über eine Stufenanlage vom Kreuz hinabströmt und den zentralen Brunnen nährt.

Vom zentralen Brunnen, aber auch vom Judentum und Christentum führen Wege ebenso zu den Muslimen, die biblische Texte des Alten wie des Neuen Testaments im Koran als Offenbarung empfangen haben und die als dritte abrahamitische Religion, die an den einen Gott glaubt, auch Propheten (u.a. Adam, Noah, Moses und Johannes der Täufer), Maria als die Mutter Jesu oder Jesus selbst verehren. Im Islam wird Gott mit 99 Namen angerufen, die Konzilserklärung Nostra Aetate 3 nennt von den zentralen Gottesattributen „einzig", „lebendig", „in sich seiend", „barmherzig" und „allmächtig", um die Beziehung Gottes und die Differenz zu seiner Schöpfung zu beschreiben.

Als zentrale Glaubensinhalte der Muslime werden die „fünf Säulen" gartenarchitektonisch dargestellt: Der Glaube an Allah und die Aufforderung, den Tag durch das Gebet zu heiligen als Gebetsplatz, der Richtung Mekka (Ka'ba) ausgerichtet ist, die Pilgerfahrt nach Mekka als steinigen Weg durch die Wüste, das Almosen-Geben als Teich (Überfluss) und ausgetrocknetes Flussbett (Armut) und das Fasten im Ramadam durch einen den Garten ausnehmenden Holzkreis, der alles Ablenkende ausblendet.

Die Gartenfelder der „östlichen Religionen" Hinduismus und Buddhismus liegen im Osten. Von ihnen gibt es keine direkte Verbindung zum zentralen Brunnen. Nur zwischen den (verwandtschaftlich nahen) hinduistischen Religionen und dem Buddhismus gibt es eine direkte Wegverbindung.

Das Zentrum des hinduistischen Gartens bildet ein Teich, der als ruhender Pol in den kreisenden Welten liegt. Über fünf Ausbuchtungen, d.h. die vier Kasten (Priester, Krieger, Bauern und Arbeiter) und die kastenlosen „Unberührbaren" gelangt man auf verschiedenen Wegen (Stufen, Holzsteg u.ä.) zu diesem Mittelpunkt. Durch den „unerschöpflichen Reichtum von Mythen und tiefdringenden philosophischen Versuchen", durch „tiefe Meditation, asztetische Lebensformen", aber auch die „liebend vertrauende Zuflucht zu Gott" sollen die Menschen „Befreiung aus der Enge und Beschränktheit" (Nostra aetate 2) aus dem wiederkehrenden Kreislauf erfahren. Das Ziel wird als Befreiung aus Enge beschrieben. Das Konzil nennt die wichtigsten Yoga-Wege: Das „Karma-Yoga" des Opfers und der Aszese, das „Jnana-Yoga" der mystischen Einheit mit seinen unterschiedlichen Übungen und bezeugten Erleuchtungserfahrungen sowie den „Bakti-Yoga" der liebevoll vertrauenden Hingabe an Gott.

Die Kreisbewegung als Symbol ist auch Hauptdarstellungselement des Buddhismus, konzentrische Wege führen immer tiefer bzw. immer höher in das Innere des Menschen. Im Inneren fallen alle Gegensätze (Yin – Yang) zusammen. Zwei Maulbeerbäume spenden Schatten dem, der „mit frommen und vertrauendem Sinn entweder den

KLOSTERLEBEN IM BEGINNENDEN 21. JAHRHUNDERT

"Garten der Religionen", Buddhismus

Zustand der vollkommenen Befreiung zu erreichen (sucht) oder – sei es durch eigene Bemühung, sei es vermittels höherer Hilfe – zur höchsten Erleuchtung" (Nostra aetate 2) gelangen möchte. Der kurze Text über den Buddhismus für Nostra aetate verdankt sich einer Expertenrunde, in der auch Buddhisten mitarbeiteten. Die Traditionen des alten Buddhismus, des Theravada (Hinayana), und des japanishen Zen wird mit der Umschreibung „eigene Bemühungen" charakterisiert. Hingegen kennen die Traditionen des neueren Buddhismus (Mahayana) im Bodhisattva-Ideal die Hilfe höherer Erleuchtungswesen, die auf den Eintritt ins Nirvana aus Mitleid und Güte für alle Lebewesen verzichten. Den verschiedenen Richtungen wird frommer und vertrauender Sinn zugeschrieben, der die menschliche Erfahrung von „Erleuchtung" und „Befreiung" ermöglicht. Der Namen der Stiftergestalt, Buddha, wird im Text nicht erwähnt.

Für jene, die meinen, in die Philosophien des Buddhismus tief eingedrungen zu sein, gibt es einen eigenen „Meditationsplatz" außerhalb des Kreises – trotz angelernter Meditationspraktiken bleiben sie dennoch nur in den äußeren Bereichen des asiatischen Denkens und Suchens.

Nostra aetate erwähnt noch andere Religionen: „So sind auch die übrigen in der ganzen Welt verbreiteten Religionen bemüht, der Unruhe des menschlichen Herzens auf verschiedene Weise zu begegnen, indem sie Wege weisen: Lehren und Lebensregeln sowie auch heilige Riten." (Nostra aetate 2) Diesen übrigen Religionen ist im Gartenareal von Altenburg ein neu ausgepflanzter Baumkreis gewidmet, der in der Mitte eine Feuerstelle birgt.

Nördlich der Felder des „Gartens der Religionen" – jenseits der Schwelle – steht (und stand seit der Erstgestaltung des Gartens im 18. Jahrhundert) als Zentrum und Ziel der Gartenanlage das barocke Salettl als Bild für das „Himmlische Jerusalem" – in dem es keinen Tempel mehr gibt (jüdisch – christlich), das „Paradies" (muslimisch), das „Brahman" (hinduistisch) oder das „Nirvana" (buddhistisch). Es steht jenseits des Hauptweges im Norden des Gartens und ist von allen Religionsfeldern einsehbar und erreichbar. Es erinnert an Ortsangaben für den Berg Zion oder das Kommen Gottes aus dem Norden (vgl. Ps 48, 3; Ij 37, 22; Jes 14, 13; Ez 1, 4). Vor der Fassade fließt reines Wasser aus einem gläsernen Brunnen (Kristall) und tränkt die Gartenfelder.

*Groß ist der Herr und hoch zu preisen
in der Stadt unsres Gottes.
Sein heiliger Berg ragt herrlich empor;
er ist die Freude der ganzen Welt.
Der Berg Zion liegt weit im Norden;
er ist die Stadt des großen Königs.
Gott ist in ihren Häusern bekannt
als ein sicherer Schutz. (Ps 48, 2–4)*

Die Benediktiner von Altenburg wollen versuchen, im Laufe der Zeit auch Vertreter der genannten Religionsgemeinschaften einzuladen, um einander besser kennen zu lernen und über die Gartengestaltung in den Dialog zu kommen: Eine „Summerschool" soll dem christlich-muslimischen Dialog zwischen jungen Menschen fördern. Ein Garten ist etwas Lebendiges – er kann umgestaltet werden, wenn der Dialog zu neuen Erkenntnissen führt und sich die Religionen durch das neue Miteinander in unserer globalen Welt immer besser verstehen und dienen. Wir Menschen „sind ja eine einzige Gemeinschaft", wir „haben denselben Ursprung, da Gott das ganze Menschengeschlecht auf dem gesamten Erdkreis wohnen ließ". Auch haben wir „Gott als ein und dasselbe Ziel." (Nostra aetate 1)

KLOSTER ALS ARBEITGEBER UND „BAUHERR"

Seit dem Jahr 2001 lenkt Diplomingenieur Richard Hackl als Wirtschaftsdirektor die Betriebe des Stiftes. Das Wirtschaftsteam, das aus Wirtschaftsdirektor, Abt und zwei Konventualen besteht, entwickelt die wirtschaftlichen Strategien und erstellt die Jahresbudgets für die betrieblichen Teilbereiche. Oberste Instanz der Entscheidungsfindung ist natürlich das Kapitel, zu dem alle Professmönche gehören.

Betriebe und Unternehmungen aller Art, welche für die vielfachen Aufgaben der Klöster die materielle Basis schaffen, stellen in der Notwendigkeit, sie entsprechend der Soziallehre der Kirche verantwortungsbewusst und beispielhaft zu führen, einen eigenen Aufgabenbereich der Gemeinschaften dar.

Die Betriebsstruktur ist im Jahr 2007 folgendermaßen aufgegliedert:

– Forstrevier Altenburg
– Forstrevier Wildberg
– Landwirtschaft
– Vermietung und Verpachtung
– Tourismus – Klosterladen
– Tourismus – Ausstellungen, Veranstaltungen
– Tourismus – Gäste
– Sängerknaben
– Klosterkuchl
– Zentralkanzlei
– Bautrupp
– Raumpflege und Wäscherei
– Hoheitsbereich – Konvent und sechs Pfarren

Insgesamt werden rund 35 Mitarbeiter das ganze Jahr hindurch beschäftigt, in der Saison kommen für die Stiftsführungen und das Service in der „Klosterkuchl" Teilzeitkräfte, Aushilfen und Praktikanten hinzu.

Die klösterlichen Betriebe müssen helfen, das Leben für die Mitbrüder im Konvent, die seelsorglichen Aktivitäten im Stift und auf den Pfarren, das Internat der Sängerknaben und das soziale Engagement des Klosters (z.B. in Lettland) zu ermöglichen. Außerdem müssen die großen Stiftgebäude und die zum Stift gehörigen Kirchen, Pfarrhöfe, Forst- und Gutshäuser nach Vorgaben des Denkmalschutzes erhalten und gepflegt werden. Ein Kapitelbeschluss gibt vor, dass in Zukunft Gebäude revitalisiert und nicht bloß renoviert werden. Sowohl im Kloster als auch in den Pfarren muss es Leben in den Räumlichkeiten geben, ansonsten ist eine Erhaltung aus wirtschaftlichen Gründen nicht mehr leistbar. Als markantes Beispiel sei hier die Altane, die Aussichtsterrasse ins Kamptal östlich der Stiftskirche, genannt: Die vorgeschriebene statische Sanierung wurde in ein Programm der „Attraktivierung" einbezogen. Nach einem Architektenwettbewerb des Landes Niederösterreich („Kunst im öffentlichen Raum") wurde das Architektenteam Jabornegg & Palffy mit der Sanierung und Überdachung der Altane, doch ebenso mit der Umsetzung eines Nutzungskonzeptes der gotischen Räume für den Tourismusbetrieb beauftragt. Das Ergebnis ist eine zeitgenössische Architektur als Schnittstelle zwischen der gotischen und barocken

Bausubstanz, die beide Stile lesbar macht und in Dialog bringt. Nur mit Hilfe des Eingriffes des 21. Jahrhundert können die Besucher des Stiftes sowohl das mittelalterliche Kloster als auch die Prunkräume des Barockstiftes über ein zentrales Besucherfoyer erreichen.

So wird das zur Zeit laufende „Generalsanierungsprogramm" für das Barockstift auf zehn Jahre mit je 630.000 Euro budgetiert: Es betrifft die Stiftsdächer, Fassaden, Sandsteinskulpturen und die Kirchen-Innenrenovierung. Die statische Sanierung der Altane und die attraktivere Gestaltung des Stiftes (Parkplatz, Infrastruktur wie Toiletten, Besuchereingang, barrierefreie Zugänge zu den Schauräumen u.ä.) kommen in vier Jahren auf insgesamt drei Millionen Euro. Aufgrund dieser Maßnahmen finden nicht nur acht Handwerker des stiftseigenen Bautrupps ganzjährig Arbeit, sondern auch zahlreiche Firmen und Restauratoren (für Putze, Wandmalereien, Stuck, Kunstmarmor).

FORSTWIRTSCHAFT, JAGD, FISCHEREI, BIOMASSE-HEIZUNG

Rund 2800 Hektar Waldflächen aus den verschiedenen Stiftungen und Ankäufen durch die fast 900-jährige Klostergeschichte bilden das wichtigste Standbein für alle wirtschaftlichen Überlegungen. Da ein Stift „in Jahrhunderten denkt", wird die Forstwirtschaft ökologisch und nachhaltig betrieben – man setzt auf Naturverjüngung der geeignetsten heimischen Hölzer. Der Forstbetrieb ist auf zwei Reviere (Altenburg und Wildberg) aufgeteilt und wird von zwei Förstern organisiert. Sehr wichtig sind die Verpachtungen der Jagd- und Fischreviere am Kamp und der Taffa. Auch einige kleine Teiche zur Karpfen- und Forellenzucht sind verpachtet.

Die Zentralheizung des Stiftes wurde schon 1985 auf eine Biomasse-Heizung umgestellt, die im Jahr 2002 erneuert und mit einer Rapsöl-Heizung ergänzt wurde. Punkto Heiztechnik war Altenburg immer schon am neuesten Stand: Die Archäologen entdeckten als älteste Heizung eine Fußbodenheizung aus dem Hochmittelalter, später den mit 1480 datierten ältesten Kachelofen Österreichs. Im Nachruf auf den 1756 verstorbenen Abt Placidus Much wird erwähnt, dass er die Zellen der Mönche mit Kachelöfen ausstatten ließ – diese wurden bis in die 1960er Jahre benutzt und wichen schließlich einer Zentralheizung, die bis 1985 mit Erdöl betrieben wurde. Im Sinne der erneuerbaren Energie gibt es seit 2006 auch Versuche mit Sonnenkollektoren über der renovierten Orangerie und dem Pulverturm. Die gotischen Keller unter der Altane werden mit Erdwärmepumpen im Sinne des „Melker Systems" klimatisiert.

BIOLOGISCHE LANDWIRTSCHAFT

Die Flächen der Landwirtschaft sind teils verpachtet, doch rund 400 Hektar nimmt der stiftseigene Gutsverwalter selbst unter den Pflug. Die Arbeit in der Landwirtschaft hat sich in den letzten 50 Jahren komplett verändert; nur mehr drei Mitarbeiter sind im organisch-biologischen Landbau beschäftigt, der im Jahr 2005 nach den Übergangszeiten umgestellt wurde. Die sechs Hektar Weingärten in Limberg bei Maissau wurden bis Ende 2005 traditionell bewirtschaftet, sind allerdings seit 2006 verpachtet.

WEIN-MARKETING

Unter dem Werkstättentrakt des Stiftes liegt der größte Stiftsweinkeller des Waldviertels. Eine 100 Meter lange, fünf bis sechs Meter breite und bis vier Meter hohe Röhre aus Bruchsteinen und Ziegeln mit 13 Dampflucken zur Durchlüftung wurde vom barocken Bauabt Placidus Much über ein kleines Tal gebaut und überschüttet, sodass ein idealer Weinkeller für Weißwein entstand. Die durchschnittliche Raumtemperatur beträgt 8 bis 12 Grad Celsius. Die Luftfeuchtigkeit von 70 bis 80 Prozent ermöglicht ein kleiner Bach, der gefasst durch den gesamten Keller fließt. Der historische Höhepunkt der Weinwirtschaft in Altenburg ist zwischen 1680 und 1780 anzusiedeln, deshalb wurde der Weinkeller so großzügig ausgebaut. Das Stift besaß drei unterschiedliche Gebiete für den Weinanbau:

Weingüter im Kamptal in Zöbing ab 1397
(Lesehof mit Wappen)
Weingüter um Wien
(Krumpendorf und Nußdorf)
Weingut im Weinviertel in Limberg (ab 1755; 13 Hektar), heute noch sechs Hektar

In der Barockzeit unterschied man vier Arten von Wein: Je nach Qualitätsstufen wurde er als Prälatenwein, Konventwein, Offizierswein (Wein für die Klosteroffizialen wie Verwalter, Forstmeister etc.) und Gesindewein bezeichnet.

Paul Troger ließ sich 1733 für seine Monumentalmalereien in der Stiftskirche auch mit dem besten Wein „wie ihn der Herr Prälat trinket" ausbezahlen. Für die Hauptkuppel der Stiftskirche verlangte er 1900 Gulden, „anbey Zehen emer Nußberger, auß aldasigen Altenburger Kheller außkosten zu lassen". Die Stiftsweine werden als eigene Marke mit einheitlicher Etikette im Klosterladen, beim Klosterheurigen in Maissau und in der Klosterkuchl verkauft, die Namen der Sorten beziehen sich auf klösterliche Titel und Persönlichkeiten des Klosters: Prälatenwein, Konventwein, Trogerwein etc.

KLÖSTERLICHE GASTRONOMIE

Der Küchenmeister sorge für die tägliche Nahrung und eine einfache, aber gesunde und abwechslungsreiche Kost. Er achte auf die Berücksichtigung der Diätvorschriften des Arztes bzw. des Infirmars.

Die in den Satzungen der österreichischen Benediktiner beschriebene einfache, aber gesunde und abwechslungsreiche Kost wird seit 2003 in der neuen „Klosterkuchl" im Kaiserhof zubereitet und über Catering in das Refektorium der Mönche gebracht. Doch auch die Sängerknaben, Mitarbeiter und Gäste des Hauses werden über die Klosterkuchl versorgt. Für Tagesbesucher bietet das angeschlossene Lokal in den Saisonmonaten Ostern bis Allerheiligen rund 140 Sitzplätze im ehemaligen Kuhstall bzw. im Gastgarten des Kaiserhofes. Auch die Tagesgäste werden eingeladen, das „Konventmenü" mit den Patres zu teilen, das sich an den Fest- und Fasttagen des Klosters orientiert. Im Jahr 2004 wurde in Maissau – in der Nähe des Weingartens in Limberg – ein Heurigenlokal gekauft und zum „Klosterheurigen" umgestaltet; seit 2006 ist dieses Lokal verpachtet. Heimische, bodenständige Kost und der Genuss des einen oder anderen Gläschens Stiftweins am Tor ins Waldviertel, dem Manhartsberg, wird gerne von den Besuchern des Stiftes bei der An- oder Abreise in Anspruch genommen.

SÄNGERKNABEN-INSTITUT

Nach dem Vorbild der benachbarten Waldviertler Stifte Zwettl und Geras regte Abt Maurus Knappek im Jahr 1961 an, auch in Altenburg ein Sängerknabeninternat einzurichten. Als erster Kirchenmusiker wurde der junge Leopold Friedl gefunden, der bis zu seiner Erkrankung an Parkinson 1987 den Chor leitete und diesen auf ein sehr hohes musikalisches Niveau brachte. Da die Gruppe der Sängerknaben stets anwuchs und die jungen Sänger bis zur Matura im Internat bleiben konnten, wurde das ursprünglich im Südflügel des Kaiserhofes gelegene Internat auch auf den ehemaligen Gasttrakt im Nordflügel des Kaisertraktes vergrößert. Bis 1989 hatte je ein Benediktiner die pädagogische Leitung des Internates inne, seither leitet das Ehepaar Ernst und Maria Kugler das Internatsleben und bekommt Unterstützung durch einen Präfekten aus dem Kloster. Von 1989 bis 2002 übernahm Dr. Peter Hrncirik die künstlerische Leitung der Sängerknaben. Seit 2005 ist Stiftsorganist Mag. Markus Pfandler als Chorleiter vom Stift Altenburg und dem Gemeindeverband der Musikschule Horn bestellt. Ein Förderverein namens „Freunde der Altenburger Sängerknaben" unterstützt mit seinem Obmann Gen.-Dir.-Stellvertreter Johannes Coreth die Finanzierung des Chores durch Mitgliedsbeiträge und Charity-Veranstaltungen. Die Sängerknaben besuchen verschiedene Schulen in Horn (4. Klasse Volksschule, Gymnasium oder Aufbaugymnasium, Hauptschule, Handelsschule oder Handelsakademie). Nachmittags wird neben der gesanglichen Ausbildung und den Chorproben auch schulische Lernhilfe geboten. Rund 20 Knaben nächtigen im

Stift, die andere Hälfte des Chores nutzt das Internat halbtags. Die Betreuung der Sängerknaben wird einerseits durch Betreibung eines Hortes, andererseits durch das Führen einer dislozierten Gruppe des Bundesschülerheimes Horn gewährleistet. Durch die 14-tägige Gestaltung der Sonntagsgottesdienste, die Mitfeier der kirchlichen Festtage und der klösterlichen Gedenktage, wie Stifterrequien etc., liegt das Hauptaugenmerk der Ausbildung im spirituellen Bereich auf dem kirchlichen Jahresfestkreis und dem Erleben von christlicher Lebensgestaltung. Ansporn für die musikalische Fertigkeit sind große Fernseh- und Radioauftritte oder die jährlichen Konzerttourneen zu Beginn der Sommerferien in die ganze Welt.

JUGENDANGEBOTE

Kontakte zur Jugend in den Pfarren und im Kloster sind dem Konvent sehr wichtig, auch wenn sie nicht leicht aufzubauen und zu halten sind. Daher wirken immer wieder Konventualen im Schulunterricht als Religionslehrer an Volksschulen oder am Gymnasium Horn oder als Präfekten im Sängerknabeninternat.

Das ganze Kloster ist nach der Regel des hl. Benedikt eine Schule für den Dienst am Herrn. Deshalb sollen die Leiter der Schule und des Internates darauf achten, dass den Schülern und Lehrern nicht nur fachliches Wissen, sondern auch geistliche Inhalte vermittelt werden. Sie haben die Aufgabe, unter den Lehrern und Erziehern den Geist des Zusammenwirkens zu wecken und für die Weiterbildung aller zu sorgen. Sie sollen sich darum bemühen, dass die dem Kloster anvertrauten Jugendlichen zu Gott suchenden Menschen werden und religiös, fachlich und menschlich den Erfordernissen der Zeit entsprechen können. Mit den ehemaligen Schülern mögen sie Kontakt pflegen und so die seelsorglichen Aufgaben des Klosters auch über die Schulzeit hinaus unterstützen.

„Kloster auf Zeit", „Tage der Gemeinschaft" mit der „Katholischen Studierenden Jugend" St. Pölten, „Sylvestertage", „Ostertage" wurden und werden immer wieder organisiert und beworben. Anstelle von sporadischen Jugendgebeten wurde 2006 eine monatliche Jugendvesper in der Ikonenkapelle eingeführt, bei der jeweils unterschiedliche Gruppen (Schulklassen, Firmgruppen, Pfarrjugendgruppen o.ä.) mit dem Abt die Vesper vorbereiten und einladen. Meistens kommen zwischen 30 und 50 junge Menschen zu dieser Art von Gottesdienst und Begegnung. Für Schulklassen der Unterstufe gibt es im Rahmen der Tourismusabteilung ein „kloster for kids"-Programm, das jeweils auf die Themen der Sonderausstellungen abgestimmt ist. Schüler der Oberstufe können „Einen Tag im Kloster" miterleben. Großen Erfolg brachte 2003 eine Ausstellung zum Thema Die Bibel für alle Sinne; Veranstaltungen wie diözesane „Ministrantentage" bringen an die 3000 junge Menschen ins Kloster.

GÄSTEHAUS

Ein spezifisches Zeichen benediktinischer Spiritualität ist die Gastfreundschaft. Im Gast und im Fremden nehmen wir Jesus Christus auf. Es entspricht den Erfordernissen unserer Zeit und unserer Spiritualität, dass die Klöster eine offene Tür für Gäste haben und so vielen Menschen zur geistigen Heimat werden. Die Aufnahme der Gäste soll immer mit Wissen und Zustimmung des Gastmeisters erfolgen und entspreche den Möglichkeiten und Grenzen des Hauses und den jeweiligen Verhältnissen.

Im Jahr 1992 konnte im Erdgeschoß des Konventtraktes ein kleines Gästehaus eingerichtet werden – Seminarraum, Ikonenkapelle, eine Teeküche und ein gemütliches „Kaminzimmer" ermöglichen kleine Kurse, Klausuren oder geistliche Begleitung für einzelne Gäste. 2007 wurden alle 17 Zimmer in einem einheitlichen Standard mit Nasszellen ausgestattet. In den Sommermonaten werden auch die Räume des Sängerknabeninternates und die Schlafsäle im barocken Gästetrakt Gästen zur Verfügung gestellt, sodass rund 100 Gäste in einfachen Quartieren bei Sommerkursen Unterkunft im Kloster finden. Bei Tagesveranstaltungen (Symposien, Versammlungen o.ä.) kann die Zahl der Tagungsteilnehmer entsprechend höher sein, wenn der Theatersaal oder die Bibliothek angemietet werden. Die

Sonnenaufgang über dem „Garten der Religionen"

„Klosterkuchl" im Kaiserhof verköstigt wie den Konvent auch die Hausgäste. Der Versuch, die nicht beheizten und oft leer stehenden Trakte um den Kaiserhof (Kaiserzimmer, barocke Gästezimmer und Schüttkasten) zu einer „Klösterreich-Hotellerie" zu widmen, wurde in den Jahren 2001/2002 nicht umgesetzt. „Kloster auf Zeit" ist wieder sehr gefragt, nicht nur bei Studenten, sondern auch bei Wirtschaftstreibenden und Managern, die in ihrem Beruf voll gefordert sind und bei Tagen im Kloster wieder zur Ruhe und zum Durchatmen kommen möchten. Auch für den interreligiösen Dialog ist die Abgeschiedenheit der Räume von großem Vorteil und wird z.B. bei einer dreiwöchigen „Summerschool" der Universität Wien als Campus für den christlich-muslimischen Dialog genutzt. Die Begleitung durch die Mönche, Spaziergänge durch die Gärten und den angrenzenden Wald, doch auch das Stundengebet der Mönche wird gerne als Struktur für die Vertiefung und Besinnung auf das Wesentliche des Lebens angenommen. Oft werden die für Mönche ganz selbstverständlichen und einfachen Dinge zum wertvollen Geschenk für Menschen in der Welt: der immer gleiche Tagesrhythmus, die gemeinsamen Essenszeiten, das Gebet vor Tisch oder das Lesen in der Heiligen Schrift. Andererseits werden durch die Gäste im Kloster auch die Mönche ermutigt, dankbar ihren Weg weiterzugehen und Beter und Helfer für andere Menschen zu sein.

U. I. O. G. D.

LITERATUR: *Die Satzungen der Österreichischen Benediktinerkongregation, hg. durch die Österreichische Benediktinerkongregation 2006, Melk 2006 – Groiß / Hüttl 2006 – Groiß / Diallo-Strobl 2007.*

BIBLIOGRAPHIE ZUR GESCHICHTE DES STIFTES ALTENBURG

BITZENHOFER Fr. A., Hochfürstlicher Passauerischer Kirchen- und Hofkalender, Passau 1771.
MARIAN (= FIDLER A.), Austria sacra: Oesterreichische Hierarchie und Monasteriologie, Geschichte der ganzen österreichischen, klösterlichen und weltlichen Klerisey, beyderley Geschlechtes. Aus den hinterlassenen Sammlungen des weyland Edlen Josephs Wendt von Wendthenthal 4. T., Bd. 8. Das Erzherzogthum Oesterreich unter der Enns oder Niederösterreich, Wien 1787, 40–64.
WISSGRILL F. K., Schauplatz des landsässigen Nieder-Oesterreichischen Adels vom Herren- und Ritterstande 1–5, Wien 1794–1800.
FRAST J., Abtei Altenburg (Historisch mahlerische Darstellungen von Oesterreich, hrsg. von KÖPP V. FELSENTHAL A. und C., Wien 1814–1824), 237.
BUCHINGER J. N., Geschichte des Fürstenthums Passau, 1–2, München 1816–1824.
MESSERER A., Epicedion. Manibus dedicatum reverendissimi Domini Bertholdi Reisinger Abbatis Monasterii Altenburgensis etc., Wien 1820.
Historisch-topographische Darstellung der Pfarren, Stifte, Klöster des Erzherzogtums Österreich, Wien 1824–1840.
BURGER OSB H., Beschreibungen vom Stifte Altenburg, der Herrschaften, Ortschaften und Stadt Horn sammt (sic!) geschichtlichen Notizen, in: Schweickhardt F., Darstellung des Erzherzogthumes Oesterreich unter der Enns 1, Wien 1839, 3–67.
MESSERER A., Succingtum Chronicon Domus nostrae, Wien 1839.
FRAST J. v., Predigt am Feste des heiligen Lambert, gehalten bei der Gelegenheit der siebenhundertjährigen Säcular-Feier des Benediktiner-Stiftes Altenburg, den 22. September 1844, in: FRAST J. von, Zwei Predigten, Wien 1844, 27–43.
SAVA K. v., Die mittelalterlichen Siegel der Abteien und Regularstifte im Erzherzogthume ob und unter der Enns, Jahrbuch der k.k. Central-Commission zur Erforschung und Erhaltung der Baudenkmale 3 (1859), 195–248, bes. 219f.
BURGER OSB H., Geschichte der dem Stifte Altenburg incorporierten Pfarren, Hippolytus 3 (1860), 250–256, 477–480 und 4 (1861),187–193, 393–399.
BURGER OSB H., Zur Geschichte der Pfarre Stiefern, Hippolytus 3 (1860), 291–294.
BURGER OSB H., Aus den Archiven des Stiftes Altenburg über die Pfarre Zöbing, Hippolytus 3 (1860), 374f.
BURGER OSB H., Zur Geschichte der Stadtpfarre Horn, Hippolytus 3 (1860), 17–21, 80–87, 328–334. 4 (1861), 273–279, 417–422, 493–499.
BURGER OSB H., Geschichtliche Darstellung der Gründung und Schicksale des Benediktinerstiftes St. Lambert zu Altenburg in Niederösterreich, dessen Pfarren, Besitzungen und mehrerer hiesige Gegend betreffenden Ereignisse, Wien 1862.
HARDTMUTH J. B., Die Abteien Niederösterreichs, Wien 1862,112–122.
BURGER OSB H., Catalogus Religiosorum Patrum et Fratrum monasterii ad S. Lambertum in Altenburg, Austr. inf., Ord. S. Benedicti, ex Necrologio Monasterii excerptum, Wien 1864.
BURGER OSB H., Zur Geschichte der Herren von Meissau, Blätter des Vereines für Landeskunde von Niederösterreich 1 (1865), 160f..
BURGER OSB H., Urkunden der Benedictiner-Abtei zum Heiligen Lambert in Altenburg, Nieder-Österreich V.O.M.B. vom Jahre 1144 bis 1522 (Fontes Rerum Austriacarum. Österreichische Geschichtsquellen, hg. von der historischen Commission der kaiserlichen Akademie der Wissenschaften in Wien II/21), Wien 1865.
BURGER OSB H., Zusätze und Verbesserungen zur geschichtlichen Darstellung, Horn 1868.
FRIESS G. E., Studien über das Wirken der Benediktiner in Oesterreich für Cultur, Wissenschaft und Kunst (Programm des k.k. Gymnasiums zu Seitenstetten 1868–1872).
KEIBLINGER OSB I. F., Geschichte des Benedictiner-Stiftes Melk in Niederösterreich, seiner Besitzungen und Umgebungen, 1–2, Wien 1851–1869.
BÖHM C. v., Die Handschriften des k.k. Haus-, Hof- und Staats-Archivs, Supplementband., Wien 1874, 105 (Visitationsprotokolle 1543/44).
SCHINDL R., Kurze Darstellung der Reformation in Niederösterreich, 2. Jahresbericht des NÖ. Landesgymnasiums an Horn, Horn 1874.
KERSCHBAUMER A., Geschichte des Bisthums St. Pölten, 1–2, Wien 1875–1876.
Topographie von Niederösterreich, hrsg. vom Verein für Landeskunde von Niederösterreich, 1–8, Wien 1877–1927.

HEILIG J., Beiträge zur Geschichte der Pfarre Aigen, Geschichtliche Beilagen zu den Konsistorial-Currenden der Diözese St.Pölten, Bd.1, 1878.
WIEDEMANN T., Geschichte der Reformation und Gegenreformation im Lande unter der Enns, 1–5, Prag-Leipzig 1879–1886.
PÖLZL I., Die Herren von Meissau, Blätter des Vereines für Landeskunde von Niederösterreich N.F. 14 (1880), 1–23, 161–181, 382–401.
WENDRINSKY J., Die Grafen von Rebegau-Peugen, Blätter des Vereines für Landeskunde von NÖ N.F. 14 (1880), 181–194.
WOLFSGRUBER C., Stift Altenburg, in: Brunner S., Ein Benediktinerbuch, Würzburg 1880, 76–83.
Michaeli-Bruderschaft. Die neunte Generalversammlung der Bruderschaft vom hl. Erzengel Michael in der Diözese St. Pölten am 31. Juli 1881 in dem Benediktinerstift Altenburg, St. Pölten 1881.
ROMER F., Könytári Búvárlataim Altenburgban és Göttweigban, in: Magyar Könyv-Szemle, Budapest 1881, 99–116.
NEILL S., Topographie der verschollenen Ortschaften im Viertel ober dem Wienerwalde und im Viertel ober dem Mannhartsberge, Blätter des Vereines für Landeskunde von Niederösterreich N.F. 17 (1883), 55–116, 145–218, 329–393.
PRÖLL L., Die Herren von Sonnberg, Programm des Gymnasiums Oberhollabrunn 1884/85.
DOLLMAYR H., Paul Troger's Fresken zu Altenburg in Niederösterreich, Berichte des Altertums-Vereins 26 (1890), 1–15.
ENDL OSB, F., Beiträge zur Geschichte der Veste Wildberg (bei Horn) in Niederösterreich, Blätter des Vereines für Landeskunde von Niederösterreich N.F. 25 (1891), 364–384.
GRENSER A., Die Wappen der Äbte von Altenburg, Jahrbuch der k.k. heraldischen Gesellschaft Adler N.F. 1 (1891), 1–20.
ENDL OSB F., Siegel einiger Herren von Meissau, Monatsblatt Adler 4 (1892), 100–101, 107–113.
ENDL OSB F., Beiträge zu einer Monographie Trogers, St. Leopoldsblatt, Wien 1894.
ENDL OSB F., Die Wallfahrtskirche zu Dreieichen, Wien 1894.
FAHRNGRUBER J., Hosanna in excelsis. Beiträge zur Glockenkunde aus der Diözese St. Pölten, St. Pölten 1894.
SEEMÜLLER J., Das Altenburger Bruchstück des Wilhelm von Orlens, Zeitschrift für deutsches Altertum und deutsche Literatur 38 (1894), 219–222.
WAHRMUND L., Das Kirchenpatronatsrecht und seine Entwicklung in Österreich, 1–2, Wien 1894–1896.
ENDL OSB F., Studien über Ruinen, Burgen, Kirchen, Klöster und andere Denkmale der Kunst, Geschichte und Literatur etc. des Horner Bodens, Horn 1895–1896 (nur 3 Hefte erschienen).
ENDL OSB F., Paul Troger, ein Künstler der Barockzeit, Studien und Mitteilungen der Benediktiner 16 (1895), 452–458, 648–663 und 17 (1896), 83–97, 278–289.
STEINMEYER E. und SIEVERS E., Die althochdeutschen Glossen 3, Berlin 1895 (Nachdruck Dublin-Zürich 1969), 690–691 sowie 4, Berlin 1898 (Nachdruck 1969), 375f.
BREITSCHOPF R., Eine Handschrift aus dem Benedictinerinnen-Kloster zu Göttweih, Studien und Mitteilungen zur Geschichte der Benediktiner 17 (1896), 488–493.
FRIESS G. E., Der Aufstand der Bauern in Niederösterreich am Schlusse des 16. Jahrhunderts, Blätter für Landeskunde von Niederösterreich N.F. 31 (1897), 3–98, 307–453.
ENDL OSB F., Eine Handschrift aus dem Benedictinerinnen-Kloster zu Göttweig im Stifte Altenburg, Studien und Mitteilungen zur Geschichte der Benediktiner 19 (1898), 264–271.
KIESSLING F., Eine Wanderung im Poigreiche, Horn 1898.
ZAK A., Zur Geschichte der Conföderationen geistlicher Stifte, Studien und Mitteilungen zur Geschichte der Benediktiner 19 (1898), 278–286.
ENDL OSB F., Ueber Kunst und Kunstthätigkeit im Stifte Altenburg in der Vergangenheit bis ca. 1850, Studien und Mitteilungen zur Geschichte der Benediktiner 20 (1899), 599–614.
ENDL OSB F., Ueber Studium und Wissenschaft im Benedictiner-Stifte Altenburg bei Horn in Nieder-Oesterreich seit den ältesten Zeiten bis um die Mitte des 19. Jahrhunderts, Studien und Mitteilungen zur Geschichte der Benediktiner 20 (1899), 146–151, 458–470.
ENDL OSB F., Ein Fragment aus dem „Wilhelm von Orlens" des Rudolf von Ems, Mittheilungen der dritten (Archiv-)Sektion der k.k. Central-Commission 4 (1899), 187–189.
PLESSER A., Topographie der verschollenen Ortschaften im Viertel ober dem Mannhartsberge, Blätter des Vereines für Landeskunde von Niederösterreich N.F. 33 (1899), 309–350.

169

EIGNER O., *Geschichte des aufgehobenen Benediktinerstiftes Mariazell in Niederösterreich*, Wien 1900.
FOHRINGER C., *Das sociale Wirken der katholischen Kirche in der Diözese St. Pölten* (Schindler F.M. {Hrsg.}, *Das sociale Wirken der kathol. Kirche in Österreich* 7), Wien 1900, 178–186 (Altenburg – Beitrag von F. Endl OSB).
ENDL OSB F., *Geschichte d. alten Stadtschule zu Horn in Niederösterreich*, in *Beiträge zur österreichischen Erziehungs- u. Schulgeschichte* H.3, Wien–Leipzig 1901, 1–80.
ENDL OSB F., *Aus unruhigen, bedrängten Zeiten*, Studien und Mitteilungen zur Geschichte der Benediktiner 22 (1901), 568–577.
GABLER J., *Necrologium der Säkular- und Regular-Geistlichkeit der Diözese St. Pölten*, St. Pölten 19013.
ENDL OSB F., *Ein Znaimer Bildhauer des 17. Jahrhunderts unter Abt Raymund Regondi im Stifte Altenburg*, Studien und Mitteilungen zur Geschichte der Benediktiner 23 (1902), 632f.
ENDL OSB F., *Die Stadt Horn um das Jahr 1600*, Krems/D. 1902.
TOBNER P., *Lilienfeld 1202–1902*, Wien 1902.
ENDL OSB F., *Die Beziehungen des Stiftes Altenburg sowie der umliegenden Stifte, Klöster und Weltpriester-Pfarren etc. zu dem Piaristen-Kollegium zu Horn*, Studien und Mitteilungen zur Geschichte der Benediktiner 22 (1903), 58–67, 282–302, 582–597.
PLESSER A., *In Vergessenheit geratene Burgen und Schlösser des Waldviertels*, Monatsblatt des Vereines für Landeskunde von Niederösterreich 2 (1904/05), 10–15, 22–26, 81–87, 136–137.
Verzeichnis des Kueffsteinschen Familienarchivs in Greillenstein aus dem Jahre 1615, Greillenstein 1905.
VANCSA M., *Geschichte Nieder- und Oberösterreichs*, 1–2, Stuttgart 1905–1927.
ENDL OSB F., *Die Statue des Stiftsbaumeisters Munkenast aus der Zeit um das Jahr 1740 im Prälatengarten des Stiftes Altenburg in Niederösterreich*, Studien und Mitteilungen zur Geschichte der Benediktiner 27 (1906), 114–120.
KRESCHNIĊKA J., *Schola Pia Hornana. Bilder aus der Zeit der Gründung des Horner Gymnasiums 1657–1700*. Festschrift. des Niederösterreichischen Landes-Real- und Obergymnasiums in Horn zur Erinnerung an den 250jährigen Bestand d. Gymnasiums in Horn, Horn 1907.
TIETZE H., *Die Denkmale des politischen Bezirkes Krems* (Österreichische Kunsttopographie 1), Wien 1907–1908.
KUEFSTEIN K. von, *Studien zur Familiengeschichte*, 1–4, Wien–Leipzig 1908–1928.
LINDNER OSB P., *Monasticon Metropolis Salzburgensis antique. Verzeichnis aller Äbte u. Pröpste d. alten Kirchenprovinz Salzburg*, Salzburg 1908.
ZAK A., *Geistige Kultur im Bezirk Horn*, Eggenburg 1908.
Biographisches Album für den österreichischen, katholischen Klerus, Wien 1909.
STRÖHL G. H., *Die Wappen der Ordensstifte in Niederösterreich*, Kunst und Kunsthandwerk 13 (1910), 341–374, bes. 361–363.
BUBERL P., *Die Denkmale des politischen Bezirkes Zwettl* (Österreichische Kunsttopographie 8/1, 8/2), Wien 1911.
SÖRÖS P., *Tihany als Filialabtei von 1701 bis auf die Gegenwart*, Budapest 1911.
TIETZE H., *Die Denkmale des politischen Bezirkes Horn* (Österreichische Kunsttopographie 5), Wien 1911.
ZAK A., *Österreichisches Klosterbuch. Statistik des Ordens und Kongregationen der Katholischen Kirche in Österreich*, Wien–Leipzig 1911, 259–323.
ZAK A., *Siegel- u. Wappenbilder der niederösterreichischen Stifte und Klöster*, Mitteilungen des Vereines für Landeskunde von Niederösterreich 6 (1912/13), 170–174, 187–194, 218–223, 234–239, 249–256, 267–269, 330–337, 345–349.
MITIS O. von, *Studien zum älteren Urkundenwesen*, Wien 1912.
Historische Baudenmäler der Stadt Horn, Horn 1914.
PERGLER J., *Baugeschichtliche Darstellung der Stadtpfarrkirche „Zum heiligen Georg" in Horn*, Horn 1914.
KOLLER L., *Die St. Pöltener Baumeisterschule*, Christliche Kunstblätter 57 (1916), H. 4–7.
REISCHL F., *Die Stiftsherren. Ein Buch von den Abteien u. Propsteien in Österreich*, Wien 19174.
HUEMER B., *Die Salzburger Benediktinerkongregation 1641–1808* (Beiträge zur Geschichte des Alten Mönchstums 9), Münster/W. 1918.
KOLLER L., *Prandtauer und seine Schule*, Mitteilungen der Zentral-Kommission für Denkmalpflege 3. F. 16 (1918), 57–77.
PERGLER J., *Das Benediktinerordensstift St. Lambert zu Altenburg*, Horn 1918.
ZIBERMAYR I., *Legation des Kardinals Cusanus in Österreich u. die Ordensprovinz Salzburg* (Religionsgeschichtliche Studien und Texte, H. 29), Münster/W. 1914.
REISCHL F., *Die Wiener Prälatenhöfe*, Wien 1919, 180–184.
NECKHEIM G. H., *Der Maler Paul Troger*, Donauland 4 (1920), 452–459.

ENDL OSB F., *Vom Verbrüderungswesen des Stiftes Altenburg*, Studien und Mitteilungen zur Geschichte der Benediktiner 41 (1921/22), 115–118.
RIESENHUBER M., *Die kirchlichen Kunstdenkmäler des Bistums St. Pölten*, St. Pölten 19232.
ENDL OSB F., *Stift Altenburg und das alte Poigreich im Wandel der Zeiten (Eine Reimchronik)*, St. Pölten 1924.
HELMLING OSB L., *Zwei alte Bücherverzeichnisse im Stift Altenburg*, Studien und Mitteilungen zur Geschichte der Benediktiner 42 (1923/24), 233–240.
LECHNER K., *Geschichte der Besiedlung und ursprünglichen Grundbesitzverteilung des Waldviertels*, Jahrbuch für Landeskunde von Niederösterreich N.F. 19 (1924), 10–210.
RIESENHUBER M., *Die kirchliche Barockkunst in Österreich*, Linz/D. 1924.
WOLF J., *Beiträge zur Geschichte des Ursprungs und der Entwicklung des Parrochialsystems in Nieder-Österreich* (ungedruckte Dissertation), Wien 1924.
HELMLING OSB L., *Altenburg, Kurzer Führer durch die Geschichte und Kunstwerke des Stiftes*, St. Pölten 1925.
SCHAFFRAN E., *Die niederösterreichischen Stifte* (Österreichische Bücherei Sonderband 1), Wien, Leipzig 1925, 93–116.
STEPAN E. (Hrsg.), *Das Waldviertel*, 1–7, Wien 1925–1937.
LECHNER K., *Grafschaft, Mark und Herzogtum*, Jahrbuch für Landeskunde und Heimatschutz von Niederösterreich und Wien N.F. 20/1 (1926/27), 32–69, wiederabgedruckt in ders., *Ausgewählte Schriften*, hrsg. von Vancsa K., Wien 1947, 8–44.
MEIER H., *Gertrud, Herzogin von Österreich und Steiermark*, Zeitschrift des Historischen Vereins für Steiermark 23 (1927), 5–38.
ENDL OSB F., *Stift Altenburg in seiner Beziehung zur Kunstgeschichte Niederösterreichs*, Unsere Heimat N.F. 1 (1928), 263–272.
HANTSCH H., *Jakob Prandtauer*, Wien 1928.
TELLENBACH G., *Die bischöflich passauischen Eigenklöster und ihre Vogteien* (Historische Studien 173), Berlin 1928 (Nachdruck Vaduz 1965).
BERG V., *Die Perle des österreichischen Barock*, Der getreue Eckart 6 (1929), 1127–1131.
ENDL OSB F., *Stift Altenburg* (Österreichische Kunstbücher 42), Augsburg–Wien 1929.
HEPNER E., *Klosterbibliotheken*, Atlantis 9 (1929), H. 4, 244–249.
ZEDINEK OSB W., *Die rechtliche Stellung der klösterlichen Kirchen, insbesondere Pfarrkirchen, in den ehemaligen Diözesen Salzburg und Passau und ihre Entwicklung bis zum Ausgang des Mittelalters* (Veröffentlichungen des Instituts für ostbairische Heimatforschung 9), Passau 1929.
ENDL OSB F., *Aus dem schönen Lande des blauen Nibelungenstromes. Kulturgeschichtliche epische Bilder*, Eggenburg 1930.
GUGENBAUER G., *Meisterwerke der Gotik im Stifte Altenburg*, Christliche Kunstblätter 71 (1930), 9–11.
JACOBS OSB R., *Paul Troger* (Veröffentlichungen der österreichischen Gesellschaft für christliche Kunst 1), Wien 1930.
SEDLMAYR H., *Österreichische Barockarchitektur 1690–1740*, Wien 1930.
KERZAN D., *Die Wirtschaftsorganisation der geistlichen Grundherrschaften im Mittelalter* (ungedruckte Dissertation), Wien 1932.
KLEBEL E., *Zur Frühgeschichte Wiens* (Abhandlungen zur Geschichte und Quellenkunde der Stadt Wien 4 = Festgabe für Voltelini H.), 1932, 7–112, bes. 75–76.
BRUNNER L., *Eggenburg. Geschichte einer niederösterreichischen Stadt* 1–2, Eggenburg 1933–1939.
DWORSCHAK F. u. KOLLER L., *Die Schaumünzen deutscher Äbte und Ordensleute*, Kirchenkunst 5 (1933), 44.
KOLBE J., *Das Horner Gymnasium*. Festschrift anläßlich der 275 Jahrfeier, Mödring 1933.
LECHNER K., *Geschichte der Besiedlung und ältesten Herrschaftsverteilung* (Heimatbuch des Bezirkes Horn, hrsg. v. Lukas F. und Moldaschl F., Bd. 1, Horn 1933, 246–304.
Personalstand der Benediktinerabtei zum hl. Lambert in Altenburg, Bez. Horn, NÖ, mit kurzer Chronik von 1918–1932, Altenburg 1933.
PLESSER A., *Das religiöse Leben im Zeitenwandel. Kirchen und Klöster* (Heimatbuch des Bezirkes Horn, hrsg. von LUKAS F. und MOLDASCHL F., Bd. 1, Horn 1933), Horn 1933, 338–375.
TIETZE H., *Die bildende Kunst* (Heimatbuch des Bezirkes Horn, hrsg. von LUKAS F. und MOLDASCHL F., Bd. 1, Horn 1933), 376–419.
ENDL OSB F., *Die Sphinxe des Steinmetzmeisters F. L. Fahrmacher von Eggenburg im Stifte Altenburg*, Unsere Heimat 7 (1934), 238–243.
PETERMAIR H., *Die bauliche Anlage der Stifte Altenburg, Herzogenburg und Seitenstetten und ihre baukünstlerischen Beziehungen im Mittelalter und in der Barocke* (ungedruckte Dissertation), Wien 1934.
RESCH R., *Retzer Heimatbuch 1–2*, Retz 1936 und 1951.
SILVESTRIS G., *Wie sah Altenburg vor 800 Jahren aus?*, Das Waldviertel 9 (1936), 108–111.

STROMMER OSB T., *Die österreichischen Benediktinerstifte* (Benedictus-Kalender 1936, hrsg. von der Abtei Seckau), 50–54.
BRUNNER S., *Zwei Herrschaftskarten d. Waldviertels*, in: STEPAN E. (Hrsg.), Das Waldviertel, 7/2, Wien 1937, 280–299.
GÖHLER H., *Kirchliche und Pfarrorganisation, Reformation und Gegenreformation*, in: STEPAN E. (Hrsg.), Das Waldviertel 7/1, Wien 1937, 65–100.
HEINZ W., *Verfassungs- und Besitzgeschichte des Benediktinerklosters St. Lambert. Altenburg* (ungedruckte Dissertation), Wien 1947.
HIRSCH H., *Die Klostergründungen*, in: STEPAN E. (Hrsg.), Das Waldviertel 7/1, Wien 1937, 101–119.
LECHNER K., *Besiedlungs- und Herschaftsgeschichte des Waldviertels*, in: STEPAN E. (Hrsg.), Das Waldviertel 7/2, Wien 1937, 5–276.
WEIGL H., *Abgekommene Siedlungen*, in: STEPAN E. (Hrsg.), Das Waldviertel 7/2, Wien 1937, 277–279.
RAUSCHER H., *Ein Zehentbuch aus dem Hornergau*, Jahrbuch für Landeskunde von Niederösterreich N.F.27 (1938), 114–120.
Horn und seine Umgebung 8. "Bilder aus dem Waldviertel", Horn o. J.
KOLLER L., *Kirchliche Heimatkunde Niederösterreichs* (als Hektogramm vervielfältigt), Unternalb 1947.
MARHOLD N., *St. Benedikt in Österreich* (St. Pöltner Diözesankalender 1948), St. Pölten 1947, 49–61.
NAIMER A., *Beiträge zu den kirchlich-religiösen Verhältnissen des Waldviertels im Spätmittelalter* (ungedruckte Dissertation), Wien 1947.
STROMMER OSB T., *Das Stift Altenburg 1344–1944. Eine Chronik*, Altenburg 1947.
GUTKAS K., *Geschichte des Klosters Altenburg in Mittelalter und früher Neuzeit* (ungedruckte Dissertation), Wien 1949.
Kreisamt und Bezirkshauptmannschaft Krems an der Donau 1753–1850-1950, Krems 1950.
Verzeichnis der österreichischen Katastralgemeinden, Stand 1950, und Übersicht über die Pfarren im österreichischen Bundesgebiet vor der josefinischen Pfarregulierung. Beilage zum historischen Atlas der österreichischen Alpenländer, II. Abt..
EIS G., Rezension von *"Der sogenannte Heinrich von Melk". Nach R. Heinzels Ausgabe von 1867 neu hrsg. von R. Kienast*, Heidelberg 1946, Zeitschrift für deutsche Philologie 71 (1951/52), 214–216.
Heimatbuch des Bezirkes Hollabrunn, Wien 1951.
MAASS F., *Der Josephinismus. Quellen zu seiner Geschichte in Österreich 1760–1790*, Bd. 1–5 (Fontes Rerum Austriacarum D 71–75), Wien 1951–19611.
SCHWEIGHOFER OSB G., *Zur Gründung des Stiftes Altenburg*, Das Waldviertel N.F. 1 (1952), Nr. 4, 1–7, Nr. 5, 1–8.
STROMMER OSB T., *Besitz und Wirtschaftsgeschichte des Stiftes Altenburg mit chronikartigen Beiträgen zur Geschichte des Konvents und der Pfarre* (Manuskript, Abschrift im Sammelband des Stiftsarchivs Altenburg), 1952.
FORSTREITER E., *Das Horner Bürgerspital, seine Stiftung und rechtsgeschichtliche Entwicklung und sein Archiv*, Jahrbuch für Landeskunde von Niederösterreich N.F. 31 (1953/54), 34–80.
KILLIAN J., *Chronik von Frauenhofen*, Wien 1954.
DWORSCHAK F., *Das Leben Martin Johann Schmidts* (Der Maler Martin Johann Schmidt, genannt "Der Kremser Schmidt", 1718–1801, bearbeitet von DWORSCHAK, F., FEUCHTMÜLLER, R., GARZAROLLI-THURNLACKH K. und ZYKAN J., Wien 1955), 1–69.
GUGITZ G., *Österreichs Gnadenstätten in Kult und Brauch 2. Niederösterreich u. Burgenland*, Wien 1955.
SCHWEIGHOFER OSB G., *Poigreichführer*, Horn 1955.
WOLF H., *Erläuterungen zum Historischen Atlas der österreichischen Alpenländer, Abt. 2. Die Kirchen und Grafschaftskarte, 6. T. Niederösterreich*, Wien 1955.
FORSTREITER E., *Die Bevölkerung des Waldviertels und einiger seiner Städte und Märkte in den letzten 300 Jahren* (Horner Kalender 1956), 21–33.
Barocke Kunst aus Waldviertler Klöstern. Ausstellung im Stifte Altenburg, Juni–September 1956, Ausstellungskatalog, Wien 1956.
SCHWEIGHOFER OSB G., *Die Entwicklung der Pfarrorganisation im Poigreich des Mittelalters*, Das Waldviertel 5 (1956), 84–94, 121–140.
SCHWEIGHOFER OSB G., *Stift Altenburg*, Wien 19572.
SCHWEIGHOFER OSB G., *Die Altenburger Klosterbibliothek*, Biblos 7 (1958), 110–123.
Jakob Prandtauer und sein Kunstkreis. Ausstellung zum 300. Geburtstag des großen österreichischen Baumeisters in Stift Melk, Wien 19603.
FEUCHTMÜLLER R., MACHURA L. u. WEBER F., *Niederösterreich. Landschaft, Geschichte, Kultur*, Wien-St. Pölten-München 1961.
SCHMIDT G., *Two unknown English Horae from the Fifteenth Century*, The Burlington Magazine 103 (1961), Nr. 694, 47–54.
SCHWEIGHOFER OSB G., *Altenburg*, Notring-Jahrbuch 1961, 11–14.

HOSP E., *Zwischen Aufklärung und katholischer Reform. Jakob Frint, Bischof von St. Pölten, Gründer des Frintaneums in Wien* (Forschungen zur Kirchengeschichte Österreichs 1), Wien–München 1962.
MRAZEK W., *Deckenmalerei* (Barock in Österreich, v. GRIMSCHITZ B., FEUCHTMÜLLER R. und MRAZEK W., Wien 19625), 24–47.
EPPEL F., *Das Waldviertel – Seine Kunstwerke, historischen Lebens- und Siedlungsformen*, Salzburg 1963.
FEUCHTMÜLLER R., *Joseph Munggenast – das barocke Gesamtkunstwerk zur Zeit Paul Trogers* (Paul Troger und die österreichische Barockkunst, Ausstellung im Stift Altenburg bei Horn = Katalog des NÖ. Landesmuseums N.F. 6, hrsg. vom Amt d. NÖ. Landesregierung, Schriftleitung WENINGER P., Wien 1963), 13–26.
FEUCHTMÜLLER R., *Paul Troger und die österreichische Barockkunst. Ausstellung im Stift Altenburg bei Horn* (Katalog des NÖ. Landesmuseums N.F. 6, hrsg. vom Amt der NÖ. Landesregierung, Schriftleitung WENINGER P.), Wien 1963.
MRAZEK W., *"Bilderschaffender Verstand, Ikonologie und ikonologische Stilform"* (Paul Troger und die österreichische Barockkunst. Ausstellung im Stift Altenburg bei Horn = Katalog des NÖ. Landesmuseums N.F. 6, hrsg. vom Amt d. NÖ. Landesregierung, Schriftleitung WENINGER P., Wien 1963), 77–88.
SCHWEIGHOFER OSB G., *Paul Trogers Leben und seine Beziehungen zum Stifte Altenburg* (Paul Troger und die österreichische Barockkunst. Ausstellung im Stift Altenburg bei Horn = Katalog des NÖ. Landesmuseums N.F. 6, hrsg. vom Amt d. NÖ. Landesregierung, Schriftleitung WENINGER P., Wien 1963), 68–76.
Die Gotik in Niederösterreich. Kunst, Kultur und Geschichte eines Landes im Spätmittelalter, bearbeitet von DWORSCHAK F. und KÜHNEL H., Wien 1963.
SCHWEIGHOFER OSB G., *Stift Altenburg. Eine Führung*, Altenburg 1963.
HASSINGER H., *Die Landstände der österreichischen Länder. Zusammensetzung, Organisation und Leistung im 16.–18. Jahrhundert*, Jahrbuch für Landeskunde von Niederösterreich N.F. 36/2 (1964) {Festschrift zum hundertjährigen Bestand des Vereins für Landeskunde von Niederösterreich und Wien}, 989–1035, bes. 998.
ASCHENBRENNER W. und SCHWEIGHOFER OSB G., *Paul Troger. Leben und Werk*, Salzburg 1965.
Das niederösterreichische Heimatbuch 1–2, Wien 1965.
PERGER R., *Der Seckauerhof in Wien*, Wiener Geschichtsblätter 20 (1965), H. 3, 463–468.
PONGRATZ W., *Fahrt durch das "Poigreich"*, Das Waldviertel 14 (1965), 46–50.
SCHWEIGHOFER OSB G., *Vorarbeiten zu einem Beitrag für die Austria Benedictina* (Manuskript in Stift Altenburg), um 1965–1970.
WEIGL H., *Historisches Ortsnamenbuch von Niederösterreich 1*, Wien 1965.
JEKAL G., *Alte Drucke aus Niederösterreich 1500–1700 mit Ausnahme von Krems und Wien* (ungedruckte Dissertation), Wien 1966.
MINELLI A.U., *Maria Dreieichen*, Das Waldviertel 15 (1966), 7/9, 202–205 und 10/12, 316–320).
HOOTZ R. (Hrsg.), *Kunstdenkmäler in Österreich. Ein Bildhandbuch 3. Oberösterreich, Niederösterreich, Burgenland*, München–Berlin 1967.
JEKAL F., *Die protestantische Druckerei auf der Rosenburg im Kamptal*, Das Waldviertel 16 (1967), 204–213.
LENSCHEN W., *Gliederungsmittel und ihre erzählerischen Funktionen im "Willehalm von Orlens" des Rudolf von Ems* (Palaestra 250), Göttingen 1967, bes. 52, Nr. 17b.
MINELLI A. U., *St. Marein. Beiträge zur Ortsgeschichte*, Das Waldviertel N.F. 16 (1967), 95–99, 149–152.
MATSCHE F., *Der Freskomaler Johann Jakob Zeiller (1708–1783)* (ungedruckte Dissertation), Marburg/L. 1970.
MAYER A., *Die geistige Kultur in Niederösterreich von der ältesten Zeit bis zum Beginne der Reformation*, Wien 1971.
FEUCHTMÜLLER R., *Kunst in Österreich. Vom frühen Mittelalter bis zur Gegenwart*, Bd. 2, Wien–München–Basel 1973.
Groteskes Barock. Niederösterreichische Landesausstellung im Stift Altenburg, hrsg. vom Amt der NÖ. Landesregierung, Abt. III/2, Schriftleitung WINKLER G. (Kataloge des NÖ. Landesmuseums N.F. 62), Wien 1975.
SCHWEIGHOFER OSB G., *Die Veitskapelle* (Groteskes Barock. Niederösterreichische Landesausstellung im Stift Altenburg, hrsg. vom Amt der NÖ. Landesregierung, Abt. III/2, Schriftleitung WINKLER G. = Kataloge des NÖ. Landesmuseums N.F. 62, Wien 1975), 62–63.
BRSKOVSKY U. u. FABER M., *Ikonographie und Deutungsversuch der Krypta* (Groteskes Barock. Niederösterreichische Landesausstellung im Stift Altenburg, hrsg. vom Amt der NÖ. Landesregierung, Abt. III/2, Schriftleitung WINKLER G. = Kataloge d. NÖ. Landesmuseums N.F. 62, Wien 1975), 64–66.
EGGER H., *Ergänzende Bemerkungen zur Ikonographie der Fresken von Stift Altenburg* (Groteskes Barock. Niederösterreichische Landesausstel-

lung im Stift Altenburg, hrsg. vom Amt der NÖ. Landesregierung, Abt. III/2, Schriftleitung WINKLER G. = Kataloge des NÖ. Landesmuseums N.F. Nr. 62, Wien 1975), 54–61.
FEUCHTMÜLLER R., Altenburg oder: Der Kosmos im Kloster. Die umfassende Renovierung des Stiftes offenbart ein barockes Weltbild, Die Presse, 27./28. September 1975, 27.
SCHWEIGHOFER OSB G., Stift Altenburg. Eine Führung, Wien 1975².
1000 Jahre Babenberger in Österreich. NÖ. Jubiläumsausstellung im Stift Lilienfeld, hrsg. vom Amt d. NÖ. Landesregierung, Abt. III/2, bearbeitet von Zöllner E. u.a. (Kataloge des NÖ. Landesmuseums N.F. 66), Wien 1976, 284.
LECHNER K., Die Babenberger, Markgrafen und Herzöge von Österreich 976–1246 (Veröffentlichungen des Instituts für Österreichische Geschichtsforschung 23), Wien–Köln–Graz 1976.
STENZEL G., Von Stift zu Stift in Österreich, Wien 1977, 47–51.
CREAN J. E., Obsculta, o fili / Hör, o Tochter: Gender Modification in A 1505 Rule of Saint Benedict, Classical Folia 31 (1977), 153–162.
CREAN J. E., The unique language of the Altenburg Rule of St. Benedict, Studies in Medieval Culture 12 (1977), 125–132.
PETRI E. und CREAN J. E., Handschriftenverzeichnis mittelhochdeutscher Benediktinerregeln bis 1600, Regula Benedicti Studia 6/7 (1977/78), 151–154.
EGGER G. und EGGER H., Schatzkammer in der Prälatur des Stiftes Altenburg (Schriften der Bibliothek des Österreichischen Museums für angewandte Kunst 19), Wien 1979.
POLLEROSS F. B., Paul Trogers Phoebus-Apoll-Fresko im Marmorsaal des Stiftes Altenburg (masch. Aufnahmearbeit am Kunsthistorischen Institut der Universität), Wien 1979.
REINHART H., Altenburgs Schatzkammer, Das Waldviertel 28 (1979), 198–199.
EGGER H., Die „besonders meublirte und gezierte Todten-Capelle" des Stiftes Altenburg, alte und moderne Kunst 25 (1980), H. 171, 8–14.
FEUCHTMÜLLER R., Die Farbe in Räumen des österreichischen Spätbarock (Von Farbe und Farben. Albert Knoepfli zum 70. Geburtstag = Veröffentlichungen des Instituts für Denkmalpflege an der Eidgenössischen Technischen Hochschule Zürich 4, Zürich 1980, 247–250).
SCHWEIGHOFER OSB G., Gründung und Geschichte des Stiftes Altenburg (ungekürzter Beitrag zu „Stift Altenburg und seine Kunstschätze", unveröffentlichtes Manuskript), Altenburg 1980.
Stift Altenburg und seine Kunstschätze, hrsg. von EGGER H. und G., SCHWEIGHOFER OSB G. und SEEBACH G., St. Pölten–Wien 1981. Inhalt:
SCHWEIGHOFER OSB G., Die Geschichte des Stiftes Altenburg, ebd., 6–35.
SEEBACH G., Zur Baugeschichte des Stiftes Altenburg, ebd., 36–63.
EGGER H., Die Bilderwelt des Stiftes Altenburg, ebd., 64–88.
EGGER G., Die Schatzkammer des Stiftes Altenburg, ebd., 89–92.
LECHNER G. M., Die Stifterreihe des Niederösterreichischen Pressehauses in St. Pölten–Wien (Rezension), Studien und Mitteilungen zur Geschichte des Benediktiner-Ordens 92 (1981), H. 3/4, 396–398.
EGGER H., Die Frage nach dem Inventor der Bildprogramms von Stift Altenburg und die Ikonographie der Sakristei, alte und moderne Kunst 26 (1981), H. 177, 7–11.
POLLEROSS F. B., Eine Wanderung durch das Kamptal anno 1843, Waldviertler (Zwettler) Kurier 23 (1981), 21–27.
WAGNER C., Groteskes hinter Klostermauern. Barocke Lebensfreude und Memento Mori in Stift Altenburg, Parnass 1 (1981), H. 2, 54–61.
CORNELSON F., Walderschließung u. Holzernte im Forstbetrieb Stift Altenburg (ungedruckte Diplomarbeit, Universität für Bodenkultur), Wien 1981.
CREAN J. E., Embellishment in feminine versions of the Rule of St. Benedict in middle high German, Cistercian Studies 16 (1981), 66–75.
SCHEIDL W., Ein Beitrag zur Ortsgeschichte von Altenburg, Das Waldviertel 31 (1982), 4–13.
SCHINDLER H., „Altenburg", in: Kunstreisen in Österreich von Passau nach Wien, Passau 1982, 338–345.
BRUCHER G., Barockarchitektur in Österreich (DuMont Dokumente), Köln 1983, 250f., 287, 312.
EGGER H., Der Triumph der Gerechtigkeit, der Tapferkeit und der Liebe. Zur Ausstattung der Trakte des 17. Jahrhunderts um den Prälaturhof des Stiftes Altenburg, alte und moderne Kunst 28 (1983), H. 189, 1–7.
KLEIN K., Frühchristliche Eremiten im Spätmittelalter und in der Reformationszeit. Zur Überlieferung und Rezeption der deutschen „Vitaspatrum"-Prosa, in: GRENMANN L. u. STACKMANN K. (Hrsg.), Literatur und Laienbildung im Spätmittelalter und in der Reformationszeit. Symposion Wolfenbüttel 1981, Stuttgart 1984 (Germanistische Symposien/Berichtsbände V), 686–695, bes. 688, Anm. 17.
SCHULTES L., Eine gotische Figur des Heiligen Nikolaus aus Fuglau, Kamptal-Studien 4 (1984), 155–160.

SCHWEIGHOFER OSB G., NABER OSB B., Stift Altenburg, Wien 1984.
WINDL H. J., Kompletter Kreuzgang freigelegt, Niederösterreichische Kulturberichte 1984, 11.
Bibliographie der deutschsprachigen Benediktiner 1880–1980 (SMGB.E 29/1), St. Ottilien 1985 (Altenburg, bearbeitet v. SCHWEIGHOFER OSB G., 150–156).
ANGERER J. F., Caeremoniae regularis observantiae sanctissimi patris nostri Benedicti ex ipsius regula sumptae, secundum quod in sacris locis, scilicet Specu et monasterio Sublacensi practicantur. Corpus Consuetudinum Monasticarum ed. HALLINGER K. (CCM XI,1), Siegburg 1985.
DEUER W., Stift Altenburg und seine Baugeschichte. Buchbesprechung, 2. T., Kamptal-Studien 5 (1985), 237–246.
HASLINGER H., Abt Placidus Much, Bauherr des Stiftes Altenburg und der Wallfahrtskirche Maria Dreieichen (Wallfahrten in Niederösterreich), Katalog der Ausstellung in Stift Altenburg vom 4.5.–7.10.1985, bearbeitet v. EGGER H., Altenburg 1985.
POLLEROSS F. B., Bilderwelt und Schatzkammer des Stiftes Altenburg. Buchbesprechung, 3. T., Kamptal-Studien 5 (1985), 247–298.
SCHRAGL F., Geschichte der Diözese St. Pölten, St. Pölten–Wien 1985.
SCHRENZEL M., Paul Troger, Maler der Apokalypse, Wien 1985.
FEUCHTMÜLLER R., St. Florian und die Bildwelt der österreichischen Barockstifte, in: Welt des Barock, hrsg. von R. Feuchtmüller u. E. Kovacs, Bd. 2, Wien–Freiburg/B.–Basel 1986, 24–52.
SEEBACH G., Stift Altenburg, Studien zur Baukunst der Benediktiner im Mittelalter 1–2, (unveröffentlichte Dissertation Phil.), Wien 1986.
SEEBAUER Renate, Ortsgeschichte von Mahrersdorf (Schriftenreihe des Waldviertler Heimatbundes 27), Krems 1986.
ANGERER J. F., Breviarium caeremoniarum monasterii Mellicensis. Corpus Consuetudinum Monasticarum ed. HALLINGER K. (CCM XI,2), Siegburg 1987.
RUH K., Art. Nikolaus von Lyra (Nicolas de Lyre) OFM, in: Verfasserlexikon, Bd. 6, Berlin–New York 1987², 1117–1122, bes. 1119.
LUKAN K., Das Waldviertelbuch. Kulturhistorische Wanderungen, Wien–München 1988².
MASAKO T., Handschriftlich überlieferte Choralschulen des 19. Jahrhunderts in Österreich, (ungedruckte Dissertation Phil.), Wien 1988.
BARTON W. M., Allegro Vivo, 10 Jahre Internationales Kammermusik Festival Austria 1979–1988, Bad Vöslau 1988.
SCHUBERT W., Quellen zur Geschichte Favoritens. Grundbuch des Stiftes Altenburg Nr. 9 (1430–1448), Wien 1989.
ANDRASCHEK-HOLZER R., Eine deutsche Allerheiligenlitanei des 15. Jahrhunderts aus dem Benediktinerstift Altenburg, Das Waldviertel 38 (1989), 29–35.
EPPEL F., Das Waldviertel. Seine Kunstwerke, historischen Lebens- u. Siedlungsformen, neu bearbeitet von EPPEL G. und ZOTTI W., Salzburg 1989⁹ (1963¹).
FEUCHTMÜLLER R., Der Kremser Schmidt 1718–1801, Innsbruck–Wien 1989.
DEHIO-Handbuch. Die Kunstdenkmäler Österreichs. Niederösterreich nördlich der Donau, bearbeitet von BENESCH E. u.a., Wien 1990, 11–31.
Fotosammeln. Österreichische Fotografie von privaten österreichischen Leihgebern. Katalog zur gleichnamigen Ausstellung im Kaisertrakt des Stiftes Altenburg in Niederösterreich: 5.5. bis 28. 10. 1990, Großebersdorf 1990.
KARL T. (Bearb), Die Baumeisterfamilie Munggenast. Sonderausstellung des Stadtmuseums St. Pölten anläßlich des 250. Todestages von Joseph Munggenast, St. Pölten 1991.
HUBER S. und P., Mineral und Dose. Katalog zur Ausstellung im Stift Altenburg, Waldviertel, vom 31. 5. bis 27. 10. 1991, Wiener Neustadt 1991.
ANDRASCHEK-HOLZER R., Symbolum Athanasianum auf Deutsch. Cod. Altenburg. AB 15 B 1, fol. 286v–287v, Unsere Heimat 62 (1991), 131–135.
PRIHODA I., Gedanken zum ältesten Horn, im Bereich der Stadt Horn, in: ANDRASCHEK-HOLZER R. u. RABL E. (Hrsg.), Museum und Stadt Horn. Beiträge zu Museums- und Stadtgeschichte, Horn 1991, 33–45.
SCHEIDL W., Ortsgeschichte von Altenburg 1938–1946, Altenburg 1991.
CREAN John E., The Altenburg Rule of St. Benedict (Regulae Benedicti Studia Supplementa 9, hrsg. von HEBLER OSB M.), St. Ottilien 1992.
KUHR G., BAUER G., REINGRABNER G., Verzeichnis der Neubekehrten im Waldviertel 1652–1654. Cod. Vin. 7757, Nürnberg 1992.
KRENN Martin und ARTNER Gottfried, Bericht zu den Ausgrabungen des Vereins ASINOE im Projektjahr 1992/93, Fundberichte aus Österreich 31 (1993), 101–175.
GROISS OSB A., Rezension zu: Crean, J. E., Jr., The Altenburg Rule of St. Benedict. A 1505 high German vision adapted for nuns. Regulae Benedicti Studia Supplementa 9, St. Ottilien 1992, in: Füreinander 1/1993, und in: Monastische Informationen 78/Dez. 1993.

TUZAR J., KRENN M., *Untersuchungen im Benediktinerstift Altenburg, NÖ, Fundberichte aus Österreich* 31 (1993), 157–175.
BERGER R. (Red.), *Allegro Vivo, 15 Jahre Internationales Kammermusik Festival Austria 1979–1993. Das Waldviertel als Musikviertel*, Horn 1993.
KAISER A., *Musikalische Zeugnisse aus dem Stift Altenburg*, in: *Allegro Vivo, 15 Jahre Internationales Kammermusik Festival Austria 1979–1993. Das Waldviertel als Musikviertel*, Horn 1993, 80–98.
ANDRASCHEK-HOLZER R., *Aus niederösterreichischen Klosterbibliotheken: Der Codex Altenburgensis AB 15 E 6 (Göttweig 1505) in der historischen und philologischen Forschung, Unsere Heimat* 64 (1993) 4–12.
ANDRASCHEK-HOLZER R., *Die Anregungen Pater Friedrich Endls OSB zum Projekt eines Horner „Local-Museum" zu Ende des 19. Jarhunderts, Unsere Heimat* 4 (1993) 232–238.
GROISS OSB A., *Altenburg*, in: *Benediktiner in Österreich*, Horn 1993, 60–62.
SCHEIDL W., *100 Jahre Schulhaus Altenburg 1893–1993, 208 Jahre Volksschule Altenburg 1785–1993. Festschrift und Geschichte*, Altenburg 1993.
SCHEIDL W., *100 Jahre Freiwillige Feuerwehr Altenburg 1893–1993. Festschrift und Geschichte*, Altenburg 1993.
Klosterführer. Christliche Stätten der Besinnung im deutschsprachigen Raum, Mainz 1993, 28–29.
SEILER S.G., *Oasen der Stille. Ein Führer zu achtzig Zentren der Meditation in Deutschland, Österreich und der Schweiz*, München 1993, 137–139.
CREAN J. E., Jr., *Scriptural Adaptation and Accomodation in the Altenburg Rule of St. Benedict. Abba, Pater or Frau Mutter?, Regula Benedicti Studia* 18 (1994), 65–78.
GROISS OSB A., *Benediktinerabtei Altenburg. Spiritualität, Geschichte, Kunst*, Salzburg 1994.
BOXLER H., *Abt Maurus Noxler von Altenburg in Niederösterreich und seine Familie*, in: *Äbte. Überarbeitetes Separatum aus „Chronik der Familien Bochsler von Boxberg, Bochsler vom Embrach, Bochsler, Boxler" 1984/1991*, o.O. 1994, 1–15.
GROISS OSB A. und HASLINGER H. (Hrsg.), *Das Alte Kloster. Baukunst und Mönchsleben im mittelalterlichen Altenburg. Benediktinerabtei Altenburg 1144–1994*, Altenburg 1994.
GROISS OSB A. (Hg.), *Schematismus der Benediktiner im Kloster des hl. Lambert zu Altenburg*, Salzburg 1994.
ENGEL P., NUVOLONI L. und Mc BRIDE P., *Vorbeugender Insektenschutz in denkmalgeschützten Bibliotheksräumen. Stickstoff zur Bekämpfung von Buchschäden, Restauratorenblätter* 14 (1994), 57–64.
PRUCKNER O., *Das Kamptal. Geschichte, Kultur, Natur, Ausflüge, Wanderungen und angenehme Plätze von der Quelle bis zur Mündung*, Wie 1994, 159–188.
ANDRASCHEK-HOLZER R. (Bearb.), *Benediktinerstift Altenburg 1144–1994 (35. Ergänzungsband der StMB)*, St. Ottilien 1994.
Inhalt:
WAGNER OSB B., *Die Stiftungsurkunde des Klosters Altenburg*, ebd., 9–50.
SCHRAGL F., *Das Kloster und seine Pfarren*, ebd., 51–83.
TUZAR J., KRENN M., *Untersuchungen im Benediktinerstift Altenburg NÖ*, ebd., 85–113.
TELESKO W., *Die Pergamenthandschriften im Benediktinerstift Altenburg*, ebd., 115–135.
LENZENWEGER J., *Das Stift Altenburg und seine Beziehungen zur Kurie vom Beginn der Papstresidenz in Avignon bis zum Großen Abendländischen Schisma*, ebd., 137–156.
GROISS OSB A., *Altenburg im Jahrhundert der Katastrohen – hussitische Plünderungen und Melker Reformideen*, ebd., 157–180.
ANGERER J., *„Habent fata sua libelli" – Der Kodex Altenburg AB 13 A 10*, ebd., 181–193.
ANDRASCHEK-HOLZER R., *Die Psalmenübersetzung im Cod. Altenb. AB 15 B 1*, ebd., 195–214.
KLEIN K., *Deutschsprachige Handschriften des Mittelalters im Benediktinerstift Altenburg / NÖ*, ebd., 215–223.
GUTKAS K., *Zur Besitzgeschichte des Klosters Altenburg im späten Mittelalter*, ebd., 225–234.
REINGRABNER G., *Kloster ohne Konvent – Bemerkungen zur Geschichte des Stiftes Altenburg in der Reformationsepoche*, ebd., 235–255.
KNITTLER H., *Zur Einkommensstruktur der niederösterreichischen Stifte um die Mitte des 18. Jahrhunderts*, ebd., 257–275.
WINKLER W., *Der Barockbaumeister Leopold Wissgrill, ein Mitarbeiter von Joseph Munggenast (1701–1770). Herkunft und Lehrjahre*, ebd., 277–293.
WERNER J., *Barocker Stuckdekor und seine Meister im Stift Altenburg*, ebd., 293–328.

KARL T. *„Der „Wiener Schmid" in Altenburg*, ebd., 329–340.
STÜRMER F., *„Der weiße Stein von Eggenburg" – Barocke Steinmetzkunst im Stift Altenburg am Beispiel des Steinmetz Franz Leopold Fahrmacher*, ebd., 341–351.
LECHNER OSB G. M., *Benediktinische Bildtradition in Altenburg*, ebd., 353–368.
KOWARIK OSB W., *Das Studium der Altenburger Kleriker in Melk 1834–1852*, ebd., 369–376.
SEVERUS OSB E. v., *Erste Begegnung im Maria Laach – in Altenburg*, ebd., 377–380.
ANDRASCHEK-HOLZER R., *Das Lebenswerk P. Friedrich Endls OSB (1857–1945): ein vorläufiger Bericht*, ebd., 381–408.
SCHEIDL W., *Die Ereignisse im Stift Altenburg in der Zeit des Nationalsozialismus und in der folgenden Besatzungszeit (1938–1946)*, ebd., 409–431.
NABER OSB B., *Folgen einer Aufhebung. Inventarverluste des Stiftes Altenburg zwischen 1940 und 1946*, ebd., 433–441.
HUBER P. und S., *Die Mineraliensammlung des Stiftes Altenburg*, ebd., 443–445.
SCHMID-KLIMESCH, *Die Benediktiner und Hubert Aratym. Kloster und Künstler – ein Beispiel von heute*, ebd., 447–452.
GROISS OSB A., *Mönche im Klosterpalast. Gedanken zum Paradox mönchischen Lebens*, ebd., 453–460.
Ein Barockjuwel im Poigreich, in: *Die Briefmarke. Philatelistische Fachzeitschrift* 42/5 (1994) 19–22.
TOMAN L., *Stift Altenburg – Rückkehr zu den Wurzeln. Zur Ausstellung „Das Alte Kloster"*, in: *Niederösterreichische Kulturberichte. Monatsschrift für Kultur und Wissenschaft*, Juli/August 1994, 2–4.
ANDRASCHEK-HOLZER R., *Zum 850 Jahr-Jubiläum der Benediktinerabtei Altenburg 1144–1994: Die „Altenburger Historikerschule" des 19. und 20. Jahrhunderts, Unsere Heimat* 65 (1994) 4–12.
ANDRASCHEK-HOLZER R., *Die Pflichten der Göttweiger Laienschwestern: Cod. Altenb. AB 15 E 6 (Göttweig, 1505) fol. 9v–12r, Mitteilungen des Instituts für Österreichische Geschichtsforschung* 102 (1994) 172–178.
ANDRASCHEK-HOLZER R., *Aspekte der Altenburger Wissenschaftsgeschichte und überregionale Geistesgeschichte. Aus Anlaß des 850jährigen Gründungsjubiläums von Stift Altenburg, Das Waldviertel* 43 (1994) 376–396.
TUZAR J., *Untersuchungen im Bereich der sogenannten Altane im Stift Altenburg, Niederösterreich*, in: *Fundberichte aus Österreich* 33 (1994), 245–253.
MÜLLNER A., *Zwischenbericht über die anthropologische Bearbeitung der Skelette im Stift Altenburg*, in: *Fundberichte aus Österreich* 33 (1994), 251–253.
BLASCHITZ G. und KRENN M., *Bodenfliesen als Ornament und Symbol. Ein interdisziplinärer Versuch zur mittelalterlichen Bedeutungsforschung*, in: *Fundberichte aus Österreich* 33 (1994), 81–108.
ANDRASCHEK-HOLZER R., *Frauenklöster des Mittelalters in neuer Sicht. Neue Aspekte zu Geschichte und Kultur des Göttweiger Nonnenkonvents, Studien und Mitteilungen des Benediktiner-Ordens und seiner Zweige* 106 (1995), 101–120.
KRENN M., ARTNER G. und KRENN-LEEB A., *Bericht zu den Ausgrabungen des Vereins ASINOE im Projektjahr 1994/95*, in: *Fundberichte aus Österreich* 33 (1995), 205–268.
BOCK S. (Bearb.), *Österreichs Stifte unter dem Hakenkreuz. Zeugnisse und Dokumente aus der Zeit des Nationalsozialismus 1938–1945, Ordensnachrichten* 34 (1995), bes. 54–61.
BÖSNER OSB B., *Kirche: „Pilgerndes" Gottesvolk von Anfang an. Aus der Geschichte der christlichen Wallfahrt*, in: *In Gottes Namen fahren wir. Ein Leitfaden für Wallfahrtsleiter und Wallfahrer*, St. Gabriel/Mödling 1995.
MITTENDORFER K. und KAISER A., *Altenburg. Bibliothek des Benediktinerstiftes*, in: BUCHINGER W. und MITTENDORFER K. (Bearb.), *Handbuch der historischen Buchbestände in Österreich*, Bd. 3: *Burgenland, Kärnten, Niederösterreich, Oberösterreich, Salzburg*, Hildesheim-Zürich-New York 1996, 87–93.
AMON M., *Festschrift anläßlich der Eröffnung des NÖ. Landeskindergartens der Gemeinde Altenburg*, Altenburg 1996.
WAGNER OSB B., *Die Deutung des Deckenfreskos im Marmorsaal des Benediktinerstiftes Seitenstetten, Veröffentlichungen des Tiroler Landesmuseums Ferdinandeum* 77 (1997), 27–38.
ANGELMAYER E., *Die Geschichte der Pfarre Horn von 1880 bis 1929* (ungedruckte Diplomarbeit), Wien 1997.
MATSCH N., *Leopold Friedl – Kirchenmusiker und Komponist in einer Phase des Umbruches* (ungedruckte Diplomarbeit in Katholischer Kirchenmusik, Hochschule für Musik und darstellende Kunst Wien), Wien 1997.
ANDRASCHEK-HOLZER R., *Methodisches zur Auswertung historischer*

Bibliothekskataloge am Beispiel von Stift Altenburg. In: Jahrbuch des Vereins für Landeskunde von Niederösterreich 63/64 (1997/98), 11–20.
ANDRASCHEK-HOLZER R., *Buchaufstellung und Bestandsbenutzung in der Bibliotheksgeschichte unter besonderer Berücksichtigung der historischen Altenburger Stiftsbibliothek, Das Waldviertel 47 (1998) 192–202.*
WAGNER OSB B., *Paul Troger und Seitenstetten, in: 4. Jahresbericht, Schuljahr 1997/98, hg. vom Benediktinerstift Seitenstetten 1998, 20–45.*
REICHENAUER B. und SULZGRUBER A., *Paul Troger in der Stiftskirche Altenburg, Thaur 1997.*
FROHMANN G., *„(...) wie gut passen sie zusammen!", in: Niederösterreichische Kulturberichte 1998, H. 6, 3f.*
GIESRIEGL H., *Paul Trogers Werke 1698–1762, Südtirol in Wort und Bild 42 (1998), 1–5.*
GROISS OSB A., *Das „Trogerstift" Altenburg. Altenburger Benediktiner in der Trogerforschung, Das Waldviertel 47 (1998), 20–30.*
GROISS OSB A., *Gemeinsames Kulturprojekt der NÖ. Stifte 1998. Paul Troger, der Maler der Apokalypse, in: Fuereinander 20 (1997), 1–3, und in: Ordensnachrichten 37 (1998), 67–69.*
GROISS OSB A. und LUX M. (Hg), *Der Maler des Himmels. Paul Trogers apokalyptische Inszenierungen im Stift Altenburg. Katalog zur Sonderausstellung, Thaur 1998.*
LUX M., *Der Maler des Himmels. Paul Trogers apokalyptische Inszenierungen im Stift Altenburg, in: Niederösterreichische Perspektiven 1 (1998) 30f.*
RENNER OSB T. R., *Honorius Josef Burger (1788–1878). Ein Abt zwischen Josephinismus und Reform (ungedruckte Diplomarbeit), St. Pölten–Wien 1998.*
WILFINGER G. M., *Eine Regula Benedicti im Cod. Altenburgensis. Drei Stufen zu einem neuen Leben nach Kap. 58 (ungedruckte Diplomarbeit), Wien 1998.*
GROISS OSB A., *Spätmittelalterliche Lebensformen der Benediktiner von der Melker Observanz vor dem Hintergrund ihrer Bräuche. Ein darstellender Kommentar zum Caeremoniale Mellicense des Jahres 1460 (BGAM 46), Münster/W. 1999.*
KOFLER G., *Die Herrschaft Stift Altenburg. Zur Einnahmen- und Betriebsstruktur 1751–1845 (ungedruckte Diplomarbeit), Wien 1999.*
GROISS OSB A., *„Mönche – Maurer – Maler" – Zur diesjährigen Ausstellung im Stift Altenburg, Das Waldviertel 48 (1999) 166–170.*
BÖSNER OSB R., *Wallfahrt nach Maria Dreieichen, in: Jahrbuch der Diözese St. Pölten 1999, St. Pölten 1999, 33–36.*
SCHMIDT G., *Addenda zur italienischen Buchmalerei aus österreichischen Bibliotheken, in: Römische Historische Mitteilungen 41 (1999), 323–338, bes. 324–329 (zum Cod. AB 13 C 4).*
STROBL B., *Der Klostergarten der Benediktinerabtei Altenburg. Klösterliche Gartenkultur gestern und heute betrachtet anhand der Gärten und Höfe des Stiftes Altenburg (ungedruckte Diplomarbeit am Institut für Obst- und Gartenbau, Universität für Gartenbau), Wien 2000.*
Fundort Kloster. Archäologie im Klösterreich. Katalog zur Ausstellung im Stift Altenburg, Fundberichte aus Österreich. Materialheft A 8, hg. vom Bundesdenkmalamt, Schriftleitung ADLER H., Wien 2000.
Inhalt:
FARKA, C., *Zum Ausstellungsthema: Fundort Kloster. Klosterarchäologie der Abteilung für Bodendenkmale des Bundesdenkmalamtes, ebd., 11–36.*
WAGNER, B., *Poigen, der alte Name von Altenburg, ebd., 37–47.*
EGGER, H., *Kurz gefasste Geschichte der Benediktinerabtei Altenburg vor dem Barockumbau (1144–1648), ebd., 48–57.*
GROISS OSB A., *Klosterleben im Mittelalter anhand der Melker Hausstatuten von 1451, ebd., 58–63.*
TUZAR, J., *Ausgrabungs- und Forschungsgeschichte des Benediktinerstiftes Altenburg, ebd., 64–72.*
ZAJIC, A., *Die Grabdenkmäler der Abtei Altenburg , ebd., 73–86.*
ZAJIC, A., *Der so genannte Kumanenstein der Abtei Altenburg – ein Kriegerdenkmal von 1304, ebd., 87–93.*
GROISS OSB A., *Zum Ausstellungsrundgang. Die Räumlichkeiten als „kostbare Vitrinen", ebd., 112–121.*
EGGER H., *Altenburg, in: FAUST OSB U. und KRASSNIG W. (Hg), Die benediktinischen Mönchs- und Nonnenklöster in Österreich und Südtirol (Germania Benedictina III/1), St. Ottilien 2000, 213–289.*
CASSER A., *Die Bibliotheksfresken von Paul Troger im Benediktinerstift Altenburg. Eine Untersuchung zur Österreichischen Deckenmalerei im 18. Jahrhundert (ungedruckte Hausarbeit zur Erlangung des Magistergrades an der Ludwig-Maximilians-Universität München, Institut für Kunstgeschichte), Textband und Bildband, München 2002.*
FRANZ R., *Mittelalterliche Kachelfunde im Stift Altenburg/ Niederösterreich, in: Keramos 171 (2001), 31–38.*
RENNER OSB T., *Honorius Burger (1788–1878). Ein Horner Bürger auf dem Altenburger Abtsthron, in: Waldviertler Biographien, Bd 1, hg. von HITZ H., PÖTSCHER F., RABL E. und WINKELBAUER T., Waidhofen/Thaya 2001, 97–120.*
HOFMANN T. (Red.), *Kulturpark Kamptal. Erlesenes und Erlebnisse für Geniesser, Horn 2001*
REINGRABNER G., *Einlangen von Pilgern – Wallfahrt und barocke Frömmigkeit zu Maria Dreieichen, ebd., 165–170.*
REINGRABNER G., *Die langen Nächte des Horner Stadtpfarrers, ebd., 178–183.*
REINGRABNER G., *Stift Altenburg – die Neugierde eines Mönches, ebd., 184–187.*
MALLI R., *Wein im barocken Klosteralltag des Stiftes Altenburg, ebd., 188–193.*
NABER OSB B., *Vom geistigen Erbe im Kulturpark Kamptal, ebd., 219.*
BÖSNER OSB R., *P. Odilo Flagel OSB. Ein schlichter Marienverehrer aus dem Waldviertel, in: Mikrut J. (Hg) Faszinierende Gestalten der Kirche Österreichs, Bd. 6, Wien 2002, 117–153.*
NABER OSB B., *P. Benedikt Frey OSB, Ein Priester am Puls der Zeit, ebd., 155–170.*
ANDRASCHEK-HOLZER R., *P. Gregor Schweighofer – Geschichtsschreiber der Benediktinerabtei Altenburg, NÖ. Unsere Heimat 73 (2002), 25–36.*
GANS R., *Kloster über Kloster. Altenburg: Der himmelsblaue Lichtstrahl ins Dunkel der Geschichte, in: ders., G'schichten vom Land. Ausflugsziele in Niederösterreich, Wien 2002, 309–318*
SEEBAUER R., *Kontinuität im Wandel (Bausteine zur Sozialgeschichte von Mahrersdorf), Edition Weinviertel, Gösing 2002.*
GROISS OSB A. und TELESKO W., *Rundgang durch die Ausstellung des Stiftes Altenburg „Bibliothek – die begehbare Bibel". Konzept und Katalog, Das Waldviertel 52 (2003), 1–17.*
GROISS OSB A., *Die Altenburger Stiftsbibliothek – eine begehbare Bibel, Das Waldviertel 52 (2003), 18–34.*
TELESKO W., *Beiträge zur barocken Bibliotheks- und Wissenschaftsgeschichte des Stiftes Altenburg, Das Waldviertel 52 (2003), 35–47.*
GROISS OSB A., *Abt Ambros Griebling – ältester Benediktinerabt der Welt verstorben, Das Waldviertel 52 (2003), 78f.*
GROISS OSB A., *Abt Bernhard Naber OSB – 25 Jahre Abt im Stift Altenburg, Das Waldviertel 52 (2003), 120–123.*
OSCHWALD H., *Wandern durch Bibel und Geschichte. Zwei Klöster an einem Ort: Altenburg, in: OSCHWALD H. und MILOVANOVIC M., Zeit für Klöster. Orte der Ruhe und Besinnung, Bucher 2002, 164–171.*
TELESKO W., *Paul Trogers Deckenmalereien in der Stiftskirche Altenburg – Studien zu ihren ikonographischen und liturgischen Grundlagen, Unsere Heimat 73 (2003), 92–113.*
BERGER R. (Red.), *Allegro Vivo. 25 Jahre Fortissimo für die Kammermusik (Bibliothek der Provinz 1), Weitra 2003.*
WALTENBERGER A., *Abt Maurus Knappek und das Stift Altenburg in der Zeit des Nationalsozialismus, der Russenbesatzung und der beiden Nachkriegsjahrzehnte (ungedruckte Dissertation zur Erlangung des Doktorgrades der Philosophie aus der Studienrichtung Geschichte, Geistes- und Kulturwissenschaftliche Fakultät Wien), Wien 2003.*
TUZAR J. M. und KRENN M., *Altenburg und Pernegg – zwei Fallbeispiele zur Klosterarchäologie in Niederösterreich, in: Studien zum Prämonstratenserorden, hg. von CRUSIUS I. und FLACHENECKER H. (Veröffentlichungen des Max Planck-Instituts für Geschichte 185, Studien zur Germania Sacra) 25 (2003), 517–542.*
TSCHUDEN F., *Geschichte und Entwicklung des marianischen Wallfahrtsortes zu Drey Eichen auf dem so genannten Moderberg (ungedruckte Diplomarbeit zur Erlangung des Magistergrades der Philosophie aus der Studienrichtung Volkskunde, Geistes- und Kulturwissenschaftliche Fakultät Wien), Wien 2004.*
ELLEGAST OSB B., *Farben der Welt – Farben des Himmels – Farben des Glaubens. Paul Troger und die Welt des Barock, in: Ordensnachrichten 43 (2004), 66–76.*
GROISS OSB A., *Mönchtum und Engel. Die Stifte der Diözese St. Pölten als Orte der Verkündigung im Rahmen von Besichtigungen und religiösen Ausstellungen am Beispiel Altenburgs Sonderausstellung 2004 „Vor dem Angesicht der Engel ...", in: AIGNER T. u.a. (Hg.), C.R.Y. Festschrift zum 75. Geburtstag von Heinrich Fasching, St. Pölten 2004, 485–491.*
GROISS OSB A., HÜTTL OSB M., *„Vor dem Angesicht der Engel ..." Engel im Barockjuwel des Waldviertels. Eine Führung, Wien 2004.*
KRENN M., SCHÖN D. und WAGNER J., *Rettungsgrabungen in Kirchen, in: Archäologie: Denkmalpflege in Niederösterreich Bd. 32, St. Pölten 2005, 30–33.*
TOMASCHEK J., *Zur Herkunft des Gründerkonventes von Altenburg, Unsere Heimat 76 (2005), 4–24.*
Paul Troger (1698–1762). Sein Werk im Spannungsfeld des europäischen Barock, in: Barockberichte 2005, H. 38/39, Salzburg 2005.
TELESKO W., *Die Deckenmalereien zur „Apokalypse" in der Stiftskirche Altenburg. Ikonographische und liturgische Grundlagen, ebd., 571–576.*

BIBLIOGRAPHIE

CASSER A., Irdische Wissenschaft und göttliche Weisheit – Das Programm der Altenburger Bibliotheksfresken als Ausdruck barocker Wissenschaftsdiskussion, ebd., 577–581.

KARNER H., Quadratura und stucco finto bei Paul Troger, ebd., 590–595.

LUX M., Trogers Maltechnik in der Altenburger Apokalypse – Vorbereitende Arbeiten zur freskalen Ausführung, ebd., 661–668.

TELESKO W., Einführung in die Ikonographie der barocken Kunst, Wien-Köln-Weimar 2005, 91–109 (Zum Freskenprogramm der Stiftskirche)

DREWS G. und WERLITZ J., Die schönsten Klöster in Deutschland, Österreich und Schweiz, Augsburg 2005, 110–112.

GROISS OSB A., HÜTTL OSB M., Garten der Religionen. Geschichte, Gedanken, Deutungen zu den Gärten des Stiftes Altenburg, Altenburg 2006.

GROISS OSB A., Konzil im Grünen. Garten der Religionen in Altenburg, Erbe und Auftrag 82 (2006), 458–460.

GAMERITH A., Non otiose, sed laboriose! Überlegungen und Fragen zur spätbarocken Umgestaltung des Stiftes Altenburg anlässlich des 250. Todestages von Abt Placidus Much, Das Waldviertel 55 (2006), 369–385.

GAMERITH A., Das Wechselspiel von Programm – Vermittlung – Komposition in Paul Trogers Deckenfresken in der Altenburger Stiftskirche (1732–1734), in: OECHSLIN W. (Hg.), Wissensformen. Sechster Internationaler Barocksommerkurs, Stiftung Bibliothek Werner Oechslin, Einsiedeln, 10.–14. Juli 2005 (in Vorbereitung).

GROISS OSB A. und STROBL-DIALLO B., Innen & Außen. Gebautes & Gewachsenes. Gärten und Gartensäle im Stift Altenburg, Altenburg 2007.

RESTAURIERUNGSBERICHTE UND BEFUNDUNGEN

PRENNER I., SCHEEL E., Restaurierungsbericht – Dokumentation zweier Leinwandgemälde 18. Jh (Supraportengmälde), Wien 1988

PRENNER I., SCHEEL E., Restaurierungsbericht Ölmalerei auf Leinwand, Portrait eines Habsburgers 18. Jh., Wien o.J.

LUX E., Stift Altenburg. Bericht über die Untersuchungen der Schadensphänomene der Malereien von Paul Troger, Wien 1990.

WERNER E. und H., Bericht über eine Musterarbeit in der Stiftskirche, krönende Puttigruppe am linken kleinen Seitenaltar 1992.

PRENNER I., SCHEEL E., Restaurierungsbericht über das Leinwandgemälde „Hl. Ambrosius", Wien 1992.

PRENNER I., SCHEEL E., Restaurierungsbericht über das Leinwandgemälde „Hl. Gregor", Wien 1992.

PRENNER I., SCHEEL E., Restaurierungsbericht über das Leinwandgemälde „Hl. Augustinus", Wien 1992.

PRENNER I., SCHEEL E., Restaurierungsbericht über das Leinwandgemälde „Hl. Hieronymus", Wien 1992.

PRENNER I., SCHEEL E., Restaurierungsbericht Ölgemälde „Hl. Johannes Nepomuk, die Beichte der Königin hörend", Wien 1993.

PRENNER I., SCHEEL E., Restaurierungsbericht Ölgemälde „Geburt Christi" C. de Kerle, Wien 1993.

LUX E., Dokumentation der Restaurierung der Kuppelmalereien von Paul Troger in der Stiftskirche Altenburg, 2 Bände, Wien 1994.

PRENNER I., SCHEEL E., Dokumentation über die Restaurierung des Hochaltargemäldes Himmelfahrt Mariä aus dem Stift Altenburg / NÖ, Wien 1995.

PRENNER I., SCHEEL E., Restaurierungsbericht Ölgemälde „Kreuzigung" C. de Kerle, Wien 1995.

PRENNER I., SCHEEL E., Dokumentation über die Restaurierung des Hochaltargemäldes Himmelfahrt Mariä aus dem Stift Altenburg / NÖ, Wien 1995.

PRENNER I., SCHEEL E., Restaurierbericht Schlossansicht – Ausstattung Wildberg, Wien 1995.

PRENNER I., SCHEEL E., Dokumentation über die Restaurierung des Altargemäldes vom Nördlichen Seitenaltar BEWEINUNG CHRISTI von Johann Georg Schmid aus der Stiftskirche Altenburg / NÖ, , Wien 1996.

KICKER WANNER Edith, Bericht der Restaurierung der Sala terrena im Prälatenhof, Wien 1996.

ENGEL P., Dokumentation zur Restaurierung von 3 Barockreliquiaren, Langenlois 1996.

SCHMIDL I., Arbeitsbericht über die Restaurierung eines Gewölbefeldes Hl. Gregorius in der Fraterie des Alten Klosters von Stift Altenburg, Weidling 1997.

KREHON V., Restaurierbericht „Troger-Sarg", Wien 1997.

KREHON V., Restaurierbericht Objekte aus dem Stift Altenburg, Wien 1997.

HADEYER E., Befund Stuckdecken – Gästetrakt Stift Altenburg, Krems / Stein 1998.

PRENNER I., SCHEEL E., Untersuchungsbericht über das Gemälde „Heilung des Blinden Tobias" aus der Bibliothek des Stiftes Altenburg, Wien 1998.

PRENNER I., SCHEEL E., Untersuchungsbericht über das Gemälde „Der zwölfjährige Jesus predigt im Tempel" aus der Bibliothek des Stiftes Altenburg, Wien 1998.

PUMMER E., Bericht über die Steinkonservierung, Ephitaphe an der Ostseite der Stiftskirche (Abt Andreas; Abt Maurus Boxler), Rossatz 1999.

SIPEK B., Restaurierung eines Lacca-Povera Kleinmöbels aus dem Besitz des Stiftes Altenburg, Wien o.J. (ca. 2000)

SASSHOFER B., Stift Altenburg, Fassade Stiftskirche. Steinrestaurierungsarbeiten 22.4.–11.6. 2002, Wien 2002.

EISENHUT F., Instandsetzungsbericht der großen Orgel der Stiftskirche zu Altenburg (Orgeldokumentarische Beiträge Bodem), Leopoldsdorf/Wien 2003.

PUMMER E., Benediktinerstift Altenburg. Steinrestaurierungsarbeiten im Prälatenhof anno 2004. Giebelgruppe OST & Portal Südtrakt, Rossatz 2005.

HADEYER E., Fassadenbefundung Gartenpavillon, Stift Altenburg, NÖ, Krems / Stein 2005.

SASSHOFER B., Stift Altenburg / Torbögen. Steinrestaurierungsarbeiten vom 23.6.–10.8. 2005, Wien 2005.

PUMMER E., Benediktinerstift Altenburg. Steinrestaurierungsarbeiten 2005/06. Parkfiguren, Rossatz 2006.

PUMMER E., Benediktinerstift Altenburg. Steinrestaurierungsarbeiten 2005/06. Giebelattika Gästetrakt, Rossatz 2006.

LUX E., Dokumentation der Restaurierungsarbeiten der Malereien Paul Trogers in der Kaiserstiege des Stiftes Altenburg im Jahr 1998, Wien 2007.

LUX E., Dokumentation der Restaurierungsarbeiten der Malereien Paul Trogers in der Empore der Stiftskirche Altenburg im Jahr 2002, Wien 2007.

PRENNER I., SCHEEL E., Bericht zur Untersuchung und Befundung des Erhaltungszustandes der polychrom gefassten Holzskulptur Hl. Benedikt, Stift Altenburg, NÖ, Wien 2007.

HADEYER E., Restauratorischer Kurzbefund Fassade Osttrakt-Kirchhof, Stift Altenburg, NÖ, Krems / Stein 2007.

RIFF-PODGORSCHEK C., VOITHOFER J., Untersuchungsbericht zur Wandfassung der Sakristei in der Stiftskirche Altenburg und Rückschlüsse auf die originale Gestaltung des Kirchenraumes, Wien 2007.

BILDNACHWEIS / IMPRESSUM

BILDNACHWEIS:

Alpine Luftbild: Vorsatz und Nachsatz
Archiv des Stiftes Altenburg: S. 9 (Collegeville), 17, 22 (Ernst Kugler), 24, 32 (Collegeville),
35 (Ernst Kugler), 38, 54 (Collegeville), 55 (Stundenbuch; Collegeville), 55 (Abtkrümme; Ernst Kugler),
62 (Ernst Kugler), 71 (Ernst Kugler), 141 (Bozzetto), 157 (Ernst Kugler),
Andreas Gamerith: S. 89,
Albert Groiß: Umschlag Rückseite, S. 4, 11 (2), 14, 18, 22, 33, 36 (2), 43 (Malereifragment),
47, 49, 50, 59, 63, 69, 70, 72 (3), 73, 77, 82 (2), 83, 84, 85, 86, 88, 89, 93, 94 (2), 95, 98,
101, 103, 104 (2), 105, 106, 117, 118, 126 (2), 127, 129, 131, 142 (stürzender Usa, Emporenfresko),
143, 144, 145, 146 (2), 147, 151, 156 (2), 159 (2), 161, 163, 168
Josef Grünstäudl: S. 152
Helmut Lackinger: S. 154
Martin Mádl, Tschechische Akademie der Wissenschaften: S. 76 (2),
91 (Detail Deckenfresko), 108, 110 (2), 114, 116 (2)
monasterium.net: S. 56
Bildarchiv der ÖNB, Wien: S. 25
Alice Schumacher: S. 37 (2)
Andrea Sulzgruber: S. 23, 30, 34, 53, 64, 65, 85, 90, 91 (Gesamtansicht Deckenspiegel),
119, 130, 132, 136, 137, 138, 139, 140, 142 („Apokalyptische Frau")
Michael Thallinger: S. 149
Gerhard Trumler: Umschlag Vorderseite, S. 19, 75, 80, 113, 122, 125, 135, 141 (Hochaltarbild)
Wien, BDA: S. 8, 39, 40, 42, 43 (Reliquienkästchen), 44, 45, 46

INPRESSUM:

Bibliografische Information der Deutschen Nationalbibliothek
Die Deutsche Nationalbibliothek verzeichnet diese Publikation in der Deutschen Nationalbibliografie;
detaillierte bibliografische Daten sind im Internet über http://dnb.d-nb.de abrufbar.

1. Auflage

Graphische Gestaltung: Peter Manfredini
Lektorat: Wolfgang Straub
Gesamtherstellung: Grasl Druck & Neue Medien, Bad Vöslau

Copyright © 2008 by Christian Brandstätter Verlag, Wien

Alle Rechte, auch die des auszugsweisen Abdrucks oder der Reproduktion einer Abbildung, sind vorbehalten.
Das Werk einschließlich aller seiner Teile ist urheberrechtlich geschützt.
Jede Verwertung ohne Zustimmung des Verlages ist unzulässig.
Dies gilt insbesondere für Vervielfältigungen, Übersetzungen, Mikroverfilmungen
und die Einspeicherung und Verarbeitung in elektronischen Systemen.

ISBN 978-3-85033-103-6

Christian Brandstätter Verlag
GmbH & Co KG
A-1080 Wien, Wickenburggasse 26
Telefon (+43-1) 512 15 43-0
Telefax (+43-1) 512 15 43-231
E-Mail: info@cbv.at
www.cbv.at

STIFT ALTENBURG
mit Gottes Hilf
Benediktinerkloster